U0858523

朗朗書房

北京朗朗书房出版顾问有限公司
荣誉出品

心灵是一个幽谧的花园

赵丽宏文学作品卷15

Works by Zhao Lihong on Literature

文学道路卷·读书随笔篇

赵丽宏 著

中国出版集团

现代出版社

图书在版编目（CIP）数据

心灵是一个幽谧的花园 / 赵丽宏著 . -- 北京：现代出版社，2014.8
（赵丽宏文学作品；15）
ISBN 978-7-5143-2571-3

Ⅰ . ①心… Ⅱ . ①赵… Ⅲ . ①随笔—作品集—中国—当代
Ⅳ . ① I267.1

中国版本图书馆 CIP 数据核字（2014）第 164136 号

心灵是一个幽谧的花园

作　　者　赵丽宏
责任编辑　张　霆
特约编辑　王雨薇
出版发行　现代出版社
通讯地址　北京市安定门外安华里 504 号
邮政编码　100011
电　　话　010-64267325　64245264（传真）
网　　址　www.1980xd.com
电子邮箱　xiandai@cnpitc.com.cn
印　　刷　北京兴湘印务有限公司
开　　本　650mm × 970mm　1/16
印　　张　19.5
版　　次　2014 年 8 月第 1 版　2014 年 8 月第 1 次印刷
书　　号　ISBN 978-7-5143-2571-3
定　　价　37.80 元

…… 致读者

…… 赵丽宏：静水流深

出版人　呼延华

至性情怀逸洒人间，如椽劲笔抒写春秋。

赵丽宏先生，自梦想起微，或农耕田野，或行走山川；或泛舟书海，或沉浸乐律；或意兴书艺，或撷趣简笔；或际友文坛，或独坐静思。无论身处文革乱世中的黑白颠倒，八十年代文化思想的狂热，还是九十年代商品化大潮冲击下的价值迷失，抑或世纪之初经济崛起过程中的道德缺席，他恒守真善美，不懈追求光明。童心、青春，大地、故土，命运、灵魂，人世的欢与悲，生活的爱与痛，艺术的变与止，都在他那支笔下粲然生辉。亲情的微语、时代的回响、历史的脚印、远古的叹息、异乡的天籁、人迹和自然……四十年行笔，一声声浅吟低唱，在他的作品中宛如清溪穿行于葱茏密林，曲调悠远。

啼鸟鸣春，人间回暖。作家灵感的羽翼，或翱翔于无尽的天际，或栖息于沉默的怀抱。赵丽宏的早期散文，如破冰春风，倏然而至。刻画往事的艰辛，畅叙青春的激扬，用语谦冲平和，文风隽永真挚。《小鸟，你飞向何方》里钟情泰戈尔的小女孩，《雨中》放学回家的孩子们，生命草，铺路者，独轮车，茉莉花，海之歌，雨花石，物语幽思……灵性与深刻兼具的散文篇章映现世态，更见情感皈依。编读赵丽宏，沉浸于他早期的散文世界，共鸣于他的独语，悲喜于他的奇遇。画面清丽，沁人心脾。

亲情和回忆是作家宏大叙事的主题。身处思想启蒙文化勃兴的八十年代，赵丽宏没有愤世嫉俗，不作激昂文字。他用生活的原色和人伦之美，以平和笔触和浓郁抒情，铺陈出一串串晶莹的瞬间：童年足迹，青涩琐忆，舐犊情深，父子悯怀，款款铭刻于心。即便那些来自荒唐时代的痛彻回忆，时而哀伤，时而愤怒，但你从他文字的底蕴里，仍可洞见对真情和灿烂的求索。《他在人间》《旷野的微光》《永远的守灯人》《氿畔》《炭火，燃烧在雪地里》《队长》《纺织娘》《岛人笔记》……他编织出一条抒怀之途，字里行间情真意切，祈望黎明溢于言表。

屐痕之美，成为赵丽宏书写心怀的曲水流觞。从青年梦想到中年情怀，作家的心路历程在河山图卷中徐徐展开。临清风，对朗月，登山泛水，意酣歌。《五老峰遐思》《戈壁魂》《晨昏诺日朗》《山湖琴韵》《长江魂魄》《永康记幽》《日月金字塔》《白夜之旅》《沉船威尼斯》……他把对大地的缱绻编织进自己的生命，他把尘世的纷扰决绝于心灵之外。充满感性的描述和咏叹，恰似他自己创作的清唱剧，个性凸显。但他所追求的个性化，对这个世界深具意义。他以内心的博爱，记载着踏访过的一山一石、一草一木、一水一城，并赋予斑斓而恣肆的色彩。他心系天地苍穹，眼睛里拥有一个阔朗的世界。

作文贵有根，根之所系，非止亲情，非止经历，犹在家园。守望家园之城，是赵丽宏万千诗文篇章中最跌宕的交响。浸染着泥土与江海气息的故乡上海，这个开埠170年历史的悲欢之城，以驳杂与多元、屈辱与骄傲、凋零与繁华、混沌与光明、古朴与时尚、精微与浩瀚，赋予赵丽宏诗情奔涌的创作源泉。品阅《上海抒情》《上海的脚步》《童年的河》《走出石库门》《淮海路的表情》《香山路梧桐》《小楼昨夜春风》《回眸南京路》《夕照中的等待》《城市之美》……历史和现实中的“上海表情”，因文字而更加丰腴。

读到黄浦岸边，你能听见情侣们的甜蜜低语、孩子们的天真笑声；读到豫园，便能看到亭台楼阁，古木葱郁；读到苏州河，你能感受一个城市守望者激浊扬清的强烈渴望；读到夕照中的老人，便会发现那里面灵魂的坚持……健朗的笔触，动情的文字，明亮的初心，相融相生，掠影浮光，美若朝曦。守望家园的赵丽宏，以真实生活为底板，举凡市井风情、社会迁变、城市景致……触物咏怀，尽收渊阁。借朴实散文，发挚诚情愫，这是历经转蓬离乱的作家最深刻的扎根所在。他心里的一串串珍珠，是对故园的一往情深，是对上海的浓切情思。我蓦然发现：这个深夜提笔才情卓绝的文学家，自有一片绿荫匝地的精神家园，只因他纯净如斯的心灵中，植入了一棵馥郁葳蕤、根深叶茂的家园古树。

赵丽宏的文学世界，并非只由回忆、故土、亲情、游历所构筑。他是一个传统的知识分子，痴迷读书，喜爱书画，浸于音乐，犹钟艺术赏藏。他观艺察象，沉迷之中的感知、触动、赏析、慨叹……引人唏嘘，令人陶醉。

旋律如梦。交响乐中音符跌宕，隽永笔下势态起伏。温婉的摇篮曲调，多舛的黑翼天鹅，柔丽的提琴奏鸣，傍着作家的人生情感，完美契合。编读赵丽宏的音乐随笔，品味作曲家的炽热典雅，正是敞开心扉、涤荡浊绪的佳途幽径。瞧！作家细数音乐往事，儿时的提琴梦想，如今的诗人心绪，都洗濯于诗句的溪流中：“我是一只快活的蜜蜂，/萦飞于蓓蕾初绽的花林。/羽翼，透明而又晶莹，/扇动着一阵阵馥郁的清芬。”更播撒在浩瀚的宇宙间：“呵，天边，又隐隐地响起了雷声，/前方，或许会有更为神奇的风景！”谐韵而生的语言，随韵而起的乐章，幽幽落落，驻人心魂。魂所依，情所绊，依绊至深，艺术陡生。赵丽宏的艺术随笔趣意盎然：写意的树根造型，执着的幽暗舞步，简洁的断臂雕像，精致的书刊装帧……宏与微、续与断、幻与静、举与止，都系于文字的真与美。作家思忖之处，艺术博雅之间，门类遍及：篆刻合书印，食古而吐秀；木雕之面具，深藏朴与犷；手卷与尺牍，沛然漾古风；申窑绘彩釉，火中呈异彩。大到园林巨厦的个性设计，小至玲珑古玉的意蕴独具，艺术品与艺术家，在作家妙趣舒缓的文字中，亲切而不失深沉。文理细腻，脉络明晰，随笔尽处，余韵不绝。

散文是铺陈的诗歌，诗歌是凝练的散文。在赵丽宏的文学世界里，诗歌一直是他绵如细雨的心曲。他以诗人的才情瞩目文坛，以想象的翅膀放飞天空，以敏锐的触角感知大地，以意境的追求托物言志。四十年清平洗练，成就篇篇卓尔不凡的诗作。《雪花，雪花》中那莹洁的白花，《江芦的咏叹》那解剖心灵发自肺腑的倾诉，《舞忆》中“我梦里出现过的精灵”，《黄河故道遐想》中曲折动情的人生况味……轻吹的气息，释放的触觉，瞬息之中，灵感已围城。叩击闭锁的门墙，呼唤心底的诗章，恰似诗人在《早春之咏》中所写：“出土便是宣判冬天的

末日 / 尽管寒风仍在江边呼啸横行。”藩篱冲破，再植花木，语言园林，葱葱郁郁。然而，天地的广阔浩荡，自然的渺渺无期，更令诗人神往。融合时空，跨越意表，他慨然写下：“四方的庭院 / 封锁不住自由不羁的心 / 举头向天，天上有古时的明月 / 也有未来的风云和星辰 / 俯首问水，水里有远去的故友 / 也有冥幻中的美人和精灵。”神游太虚、意尽思穷之时，复归故土、提炼诗艺之日——长诗《沧桑之城》焕然诞生。苏醒的理性与感情交汇，潺湲的情意与思想争鸣，短促的诗行，灵动的节奏，吟咏出一曲家国故园的深情赞歌。

灵感泉涌，诗文凝结。赵丽宏的文学成就，并非来自信马由缰的想象的旷野，亦非来自都市一隅的孤芳自赏。四十余年来，他曾于乡下陋室，摸索黑暗，以孤独之语排遣孤独；他曾于四步斋内，结友朋之契，体人伦幽婉；他曾于黄浦江边，发诗文之韵，通天意渺渺，载道于无心不为人迁。许多文坛前辈和文学师友，以关爱和真诚，与他相逢在文学这个幽谧的花园里。巴金先生德高年劭，用真挚高尚的文学心魂，秉烛照亮作家的文学路径；守护暖灯、驱散寒意的冰心先生，给赵丽宏寄来创作的信念；秦牧先生笔端的潮汐，推动年轻的风帆启航远行……文学的路途如何漫长，先驱的身影便如何光明！

四十年文坛耕耘，赵丽宏行板如歌。文明泛青的脚印，早已卷起历史的炊烟。诗人赵丽宏，作家赵丽宏，依然沉浸在他一以贯之的宁静里。与赵丽宏面对面，你永远听不到慷慨激昂之语。平缓的表述里，你似乎难以发现历史镌刻在他心中的爱与痛；安然的目光中，你也无法察觉四十载春秋的波澜起伏。所有的悲欢哀乐，都隐藏在他清澈深沉的文字中，让人读而心动。静水流深，这正是赵丽宏和他文学创作的真实状态。

十八卷作品，辑自先生迄今版行的七十余书卷，积两年又半之功，编纂甫成。聊作序语，比较先生诗文如彼壮丽的篇章，诚惶诚恐。

二〇一四年七月

记于朗朗书房

……自序
……我愿意做一块礁石

赵丽宏

读书和写作陪伴了我大半辈子。写作对有些人来说也许是一种追求时髦、与时俱进的事业，而我却始终认为，这应该是一件以不变应万变的事。这是我自己选择的一种生活，是我的人生。万变的是世事，是永远花样出新的时尚，不变的应该是一个写作者的心境，是他对人生的态度，即所谓在喧嚣中寻宁静，在烦扰中求纯真。这几十年，我努力让自己保持这样的心境。

岁月和命运如曲折湍急的流水，蜿蜒于原野山林，喧哗，奔流，定无轨迹。在水中，你可以是浮萍游鱼，随波逐流，可以漂得很远，却不知所终；你也可以是一块礁石，任激流冲击，浪花飞溅，却始终保持着自己的安静和沉着。我愿意做一块礁石。

我最初的写作，其实是在乡村"插队落户"时的日记。在一间狭窄的茅屋中，在一盏飘忽幽暗的油灯下，一颗年轻的心抒写着对自然的迷恋，对人生的憧憬。那时的写作，不为发表，没有想过要把自己写成一个作家，只是感觉文字和我有缘，写作驱赶了我的孤独，使我的精神世界变得充实，使我在困苦的环境中思考人生的意义。四十多年来，我的人生曲折起伏，经历了各种不同的时代和环境，然而文学一直是我亲密友善的旅伴，写作已成为我的生活方式。文学之于我，恰如那盏在黑暗中燃烧的油灯，尽管人世间风向来去不定，时起时伏，只要心里还存着爱，存着对未来的希冀，这灯就不会熄灭。我的文字，便是这灯光在我心里的辐射。这辐射衍化成文字，记下了我所感受到的时代、人性和自然。和文学结缘，是我此生的欣慰。

巴金先生曾在他赠我的书中为我题写过这样两句话：“写自己最熟悉的，写自己感受最深的。”这是他对自己一生写作经验的总结，也是对后辈的一种鞭策，我一直铭记在心。说真话，抒真情，这是每一个写作者遵循的原则。离开了真，便无以为美，也无以为善。

编这套文集，源自出版界朋友的一片真挚的热心。将我四十多年写作的文字汇编成十八卷文集，是一个浩大的工程，我没有勇气和精力做这件事。这套文集的策划编纂者呼延华先生和他的编辑团队不辞辛劳，从选文、编目到编辑出版，历时两年半，为之呕心沥血，辛苦了无数个日夜，将我的各类作品作了精心细致的搜集和梳理。很多连我自己都不记得的文字，也被他们从那些无人注意的角落里找到，收进了文集。读者即将看到的这十八卷文集，汇集了我的大部分作品，是我大半世人生的缩影，也是我跋涉的屐痕、情感的留影，是我的生命以文字形式长出的枝叶，开出的花朵。它们并非天香国色，只是文学大花园中的一个小角落。出版如此规模的一套文集，也许无利可图，我从一开始就有些怀疑，这样的计划，能否付诸实施。如今，面对着堆成小山一般的书稿清样，感慨万千。一个写作者，能遇到这样真诚执着而有气度的出版家，是我的幸运。我深怀感激。

二〇一四年夏日

于四步斋

…… 心灵是一个幽谧的花园

于纯朴中见深情——读朱自清的《给亡妇》 001 ……

司空图的喜悦 008 ……

秋虫之鸣 010 ……

读稿小札 013 ……

读《雪庐》 021 ……

平淡和深挚——读于伶的散文 026 ……

序曲 030 ……

老屋——读何为《老屋梦回》 032 ……

真实的力量——读林放《延安一月》 035 ……

并不匆匆——读周佩红《来去何匆匆》 037 ……

淡泊和深沉——读姜德明《童年的梦》 039 ……

品味人参——读普列西文散文 041 ……

蝉鸣如鼓——读《斯好散文精选》 043 ……

墨色中的晶莹——读刘桦园散文 045 ……

话说中年——读梁实秋《中年》 047 ……

梦幻山林——读冰夫《山中岁月》 050 ……

太阳之舟——读文昕《太阳之舟》 052 ……

沉思的伊人 054 ……

和平包容着我——读杜宪《我在美国106天》 056 ……

品文札记 058 ……

扉页上的记忆和感念——藏书题跋 067 ……

鹰——谈叶甫图申科 085 ……

…… 089 夜莺——谈米什莱
…… 091 美丽的孤寂——读茨威格散文
…… 093 鱼骨——读海明威
…… 095 一本毛边书——读姜德明《余时书话》
…… 097 远处无数山——读余熙《走向阿尔卑斯》
…… 099 人物绘画——读《蒲宁散文选》
…… 102 旧梦重温——缩写《傲慢与偏见》的感慨
…… 105 悠远的铃声——读阿左林散文
…… 107 人格的渐变——读戴嘉枋《走向毁灭》
…… 110 苦难与风流
…… 113 率真的魅力——读林光《聂鲁达回忆录》
…… 115 关于《瓦尔登湖》
…… 117 飞鸟和野草
…… 120 生命是曲折的——读《钢铁是怎样炼成的》
…… 123 秋叶——读《帕斯捷尔纳克诗选》
…… 126 鸟儿飞去又飞来
…… 129 年轻的诗心
…… 131 他们不会失踪——读《东方十日谈》
…… 134 教皇·作家·总统——读马尔克斯《我的回忆：拜访教皇》
…… 137 面对永恒——谈博尔赫斯
…… 140 爱之魔力——读米斯特拉尔《死亡的十四行诗》
…… 144 真幻之间——谈《百年孤独》
…… 148 遥远的叹息——谈鲁尔福《佩德罗·巴拉莫》
…… 151 稻草和火光
…… 154 文人和官
…… 157 诗意的吻合

人和兽——读基罗加《胡安·达里恩》 160 ……

意味悠长的速写 163 ……

心灵的芦笛——谈吴岩的翻译 167 ……

沉思后的激情——读《'97 诗韵》致纪宇 171 ……

成长的过程——读肖铁《成长的感觉》 174 ……

含泪的诙谐——读《莫吐儿传奇》 177 ……

冰雪的声音 180 ……

传播和积累——有感于《狄更斯文集》出版 183 ……

读《春彦点评录》 185 ……

短小和深厚 188 ……

思想者的足迹 190 ……

莱辛，你不必担忧 193 ……

不灭的诗魂——读诗歌《紫薇山》有感 196 ……

智者的预言——读《院士展望二十一世纪》 198 ……

又见故人来——重读《西窗集》 200 ……

读《轭思》 205 ……

在文字的丛林里飞翔——读萨特的《文字生涯》 207 ……

脚踏实地，然后飞翔——读陈柏森诗歌近作 209 ……

真正的“金玉良言” 213 ……

小品和大师——读苏东坡的小品 215 ……

巍峨的托尔斯泰 223 ……

生命的脚印——读罗洛的散文 225 ……

真的追寻——读袁鹰散文集《灯下白头人》 228 ……

心灵是一个幽邃的花园——读《追忆似水年华》随想 230 ……

音乐塑造人生——读阿加莎·冯·特拉普《音乐之声的故事》 255 ……

清醒的声音——谈刘绪源的书评 258 ……

…… 261 赤子之心——读冀汸自传《血色流年》

…… 264 随读三则

…… 269 时光的魅力

…… 273 北京城南，苍老美丽的面孔——读肖复兴新作《蓝调城南》

…… 276 中国屏风——谈毛姆

…… 281 浑浊和清澈——卢一萍和他的《二傻》及其他

…… 288 历史的回音壁——读周海婴80摄影集《镜匣人间》

…… 290 读傅抱石《编撰苦瓜和尚年表缘起》

…… 293 一切源之爱——读吴子健《教育在哪里》

…… 296 慧眼观星，妙手采花——读李元洛《新编今读唐诗三百首》

于纯朴中见深情
——读朱自清的《给亡妇》

在中国现代文学史上，出现了一批很有成就的散文家，他们像灿烂的群星，辉映着“五四”以后的中国文坛。其中有鲁迅、郭沫若、巴金、叶圣陶、冰心、朱自清、俞平伯、周作人、陆蠡、鲁彦、庐隐、柯灵……这些散文家通过各自创造性的劳动，发展、丰富了有着博大深厚基础和古老优秀传统的中国散文。他们的作品经受了时间的考验，半个多世纪来，一直被读者喜爱着。他们是中国现代文学的骄傲。

朱自清，是这批散文家中杰出的一位，在灿烂的星群中，他以自己独特的光彩，吸引着人们的目光。我喜欢朱自清的散文，喜欢他的真诚，也喜欢他的文采。真诚动人，也许是朱自清散文的最大特点。然而这种特点表现在他的作品中，绝不是单调划一的——其中有一些质朴平淡，孕深情于不动声色的叙述中，如《背影》《冬天》；有一些色彩缤纷，流溢着浓郁的诗情画意，如《荷塘月色》《绿》；还有一些则充满活泼的情趣，从轻快优美的文字中看得见童心的跃动，如《春》《匆匆》。所有的散文大师都是这样的，在保持着自己一贯风格的基础上，他们总是用各种各样的笔墨描绘出不同的、丰富而有变化的思想和情绪，只有这样，才能立体地把作者的个性表现出来。读朱自清的散文，很自然地可以想见他的为人——正直、诚恳、朴素而富有感情。

《给亡妇》和他的《背影》属同一种类型。《背影》歌颂的是慈父之爱，表现了儿子对父亲的深情，《给亡妇》则是丈夫对贤良的亡妻的思念，两者有异曲同工之妙。和读《背影》时的感受一样，每次读《给亡妇》，我总会被他那真挚深沉的感情深深地打动。读罢这篇不到三千字的散文，掩卷沉思，眼前分明出现了一个栩栩如生的妇女形象——这是一个令人起敬的贤妻良母，她善良、勤劳、忘我，为儿女和丈夫呕心沥血、毫无怨言地操劳着，直到默默地死去……这形象竟是那么生动、那么深刻地印在我的脑海里，怎么也忘记不了。

文学作品中悼亡的诗文不能算少，有些也写得真切感人，但大多是一些凄凄惨惨、梦中相会之类的感伤之作，像《给亡妇》这样能使人留下深刻印象的作品实在不多见。《给亡妇》是朱自清怀念他的夫人武钟谦的一篇散文，写于 1932 年 10 月。他用饱蘸深情的笔触，追怀了三年前病逝的妻子生前的事迹，歌颂了她高尚的品德。这篇散文虽然没有表现什么轰轰烈烈的内容，却抒发了一个正直的知识分子真挚的感情，在艺术上是高度成功的。

文贵于情，大凡能打动人的好散文，必定有深厚的感情贯注于其中。这种情，可以是江河决堤、火山爆发式的激情，也可以是如泣如诉、缠绵悱恻的深情，《给亡妇》所抒发的感情自然是后者。在这篇散文中，朱自清以淡淡的语言、娓娓的叙述，淋漓尽致地表达了对亡妻的爱恋、敬重和思念。这种感情，并不像油珠漂浮于水面那样游离于事件的外部，而是与细节的叙述取得内在的融合，真正做到了寓情于事件之中。《文心雕龙》有云：“故情者文之经，辞者理之纬；经正而后纬成，理定而后辞畅：此立文之本源也。”这些议论，强调了思想感情的重要，文章的立意、选材、布局，都应由情而定。朱自清和他的妻子共同生活十二年，所经历的事件可以说是浩如烟海，如何选材？如何熔裁？他没有点滴不遗地抄录一切生活琐事，没完没了地记流水账，而是沙里淘金地选择最有意义、最能表达感情的细节，从而刻画出亡妻的形象。

文章一开始，朱自清这样写道：

> 谦，日子真快，一眨眼你已经死了三个年头了。这三年里世事不知变化了多少回，但你未必注意这些个，我知道，你第一惦记的是你几个孩子，第二便轮着我。孩子和我平分你的世界，你在日如此，你死后若还有知，想来还如此的。

就这样，在满怀深情的开场白中，作者很自然地透露了全篇的主题：他将把对亡妻的追怀凝聚在一个焦点上，即她对儿女和丈夫忘我地贡献了全部心血以至生命。这种对不全之全的追求是成功的，既控制了篇幅，不致面面俱到，又做到了中心明确。一个贤妻良母的形象，活脱脱地出现在他的笔下，而作者深挚的感情，也在描述之中自然而又强烈地流露出来。

我们来看作者是如何“为情造文”，选取素材的。

文章的前半部分，刻画“良母”的形象。在这一部分，朱自清选取了一些看似平凡却很动人的细节。他写道：

> 你的身子本来就坏，四个孩子就累你七八年。到了第五个，你自己实在不成了，又没乳，只好自己喂奶粉，另雇老妈子专管他。但孩子跟老妈子睡，你就没有放过心；夜里一听见哭，就竖起耳朵听，工夫一大就得过去看……

一个半夜起床看儿子的细节，多么生动地表现出母亲的慈爱！

妻子病重时，还为孩子操心劳作着：

这孩子生了几个月，你的肺病就重起来了。我劝你少亲近他，只监督着老妈子照管就行。你总是忍不住，一会儿提，一会儿抱的。可是你病中为他操的那一份心也够瞧的。那一个夏天他病的时候多，你成天儿忙着，汤呀，药呀，冷呀，暖呀，连觉也没有好好儿睡过。那里有一分一毫想着你自己。瞧着他硬朗点你就乐，干枯的笑容在黄蜡般的脸上……

倘有熟识武钟谦者，读到这样的细节和描述，大概都会止不住情动而泪下的。在历数了妻子对儿女爱抚的事例之后，作者来了一段短短的抒情：

你的短短十二年的结婚生活，有十一年耗费在孩子身上；而你一点不厌倦，有多少力量用多少，一直到自己毁灭为止。

正因为有了前面那些描述，这段抒情才显得格外真切，没有一丝半毫的夸张和做作。

"除了孩子，你心里只有我。"作者用这样一句话引出了下半段。这一段刻画"贤妻"的形象。作者选取的细节同样是动人而又说明问题的。我们来看几个细节：

我有一个坏脾气，怕听人生病，也是真的。后来你天天发烧，自己还以为南方带来的疟疾，一直瞒着我。明明躺着，听见我的脚步，一骨碌就坐起来。我渐渐有些奇怪，让大夫一瞧，这可糟了，你的一个肺已烂了一个大窟窿了！……

只要丈夫讨厌的，她就千方百计地避免，哪怕承受极大的痛苦和牺牲。这一个小小的细节，抵得上千言万语！

关于书的那些细节，也是非常感人的：

> 你为我的捞什子书也费了不少神；第一回让你父亲的男佣人从家乡捎到上海去。他说了几句闲话，你气得在你父亲面前哭了。第二回是带着逃难，别人都说你傻子。你有你的想头："没有书怎么教书？况且他又爱这个玩意儿。"其实你没晓得，那些书丢了也并不可惜；不过教你怎么晓得，我平常以来没和你谈过这些个！

只要丈夫爱的，她就不顾一切地去做，万难不辞。关于书的细节，把妻子贤惠的性格表现得入木三分。

这些细节，虽未铺张渲染，然而毫无疑问，作者一定是含着眼泪回忆，含着眼泪记叙的。有了这些叙述，朱自清才可能令人信服地发出这样的感叹："世界上只有你一个人真关心我，真同情我。你不但为我吃苦，更为我分苦；我之有我现在的精神，大半是你给我培养着的。"

读着这样的文字，我常常会觉得如临其境，如见其人，情不自禁地沉醉在一种荡漾着深情的气氛之中。在整个作品中，朱自清没有一处很直露地写过自己如何怀念亡妻，但读者却可以十分强烈地体会到他深沉挚热的怀念之情。这是什么缘故？我想，是作品中那些真实感人的细节在发生作用。妻子已经死去三年，作者还是那么清晰地记着她的音容笑貌，记着她生前的许多事情，而且这么真切入微地写出来，倘无深厚执着的感情，可能如此吗！

文章的结尾，更是低回不尽、意味深长，朱自清对亡妻的怀念深深地蕴含其中。无数读者曾在他这段文字中洒下了动情的泪水：

前年夏天回家，上你坟去了。你睡在祖父母的下首，想来还不孤单的，只是当年祖父母的圹太小了，你正睡在圹底下。这叫做“抗圹”，在生人看来是不安心的；等着想办法罢。那时圹上圹下密密地长着青草，朝露浸湿了我的布鞋。你刚埋了半年多，只有圹下多出一块土，别的全然看不出新坟的样子。我和隐今夏回去，本想到你的坟上来，因为她病了没来成。我们想告诉你，五个孩子都好，我们一定尽心教养他们，让他们对得起死了的母亲——你！谦，好好儿放心安睡吧，你。

这里也没有很外露地写如何怀念妻子，作者的怀念之情却是无限深沉，无比挚切的。我们仿佛可以听见朱自清那含着泪花的低低的呼唤；仿佛可以看见他默立在亡妻的墓前，低头凝视墓地上青青的野草，一任冰凉的露水打湿布鞋和长衫……这种感情和意境，颇有点像苏东坡悼念亡妻的绝唱《江城子》：“十年生死两茫茫。不思量，自难忘。千里孤坟，无处话凄凉……料得年年肠断处，明月夜，短松岗。”只是比起苏东坡的凄惶和伤感，朱自清显得更踏实，更真切，更深沉。

《给亡妇》一文在写作上很有特点。除了前面谈到的选择运用细节的精当和妥帖，还有两点很值得一提。

一是语言上的特点。通篇文字，都是淡淡的白描，几乎没有一处浓重的渲染和铺排。朱自清自己曾经这样说过：“《给亡妇》想试用不欧化的口语。”在这一作品中，他确实在叙述的口语化上下了很大的功夫。如：“这孩子是只可以养着玩儿的，他左挨右挨去争春天，到底没有挨过去。”这样的句子，按一般规范的语法似乎不通，但用在这里一点也没觉得别扭。这样的例子，在文章中到处能找到，譬如：“我瞧你的觉老没睡足”，“可真把你惦记苦了”，“菜照例满是你做，可吃的都是我们”，“你为我的捞什子书也费了不少神”……大量的口语入文，不仅使作品有了浓郁的生活气息，还产生了一种强烈的真实感和亲切感。

另外一个特点更引人注目：朱自清在作品中对死去的妻子采用了第二人称——你。这个“你”字非同小可，它对表达作者的深情、造成感人至深的气氛起到了非常关键的作用。因为这个“你”，整篇文章就像是作者用很亲切的口吻在给妻子写信，又像是在轻轻地、娓娓地和妻子面对面唠着知心的话。第二人称的运用，消除了生者和死者的隔阂，使所有的回忆和叙述都有了自然而又真切的感情色彩。当人们随着作者煞尾的笔墨低声读道：“谦，好好儿放心安睡吧，你。”读到这里，能不为之心颤么！一个“你”字，饱含了作者多么深厚丰富的情感！

朱自清的好友、著名散文家李广田，曾经将《背影》和《给亡妇》两篇散文作过比较，他说：“《给亡妇》一文，那文字与《背影》自然迥异，然而它作为朱先生的至情表现则与《背影》相同。”可以这样说，除《背影》之外，《给亡妇》是朱自清平淡朴素风格的又一篇有代表性的力作。朴素和平淡，绝不同于平庸和淡而无味，而是用素淡的、不加花饰的语言表达出深厚的感情和丰富的思想，“平淡有思致”，于纯朴中见深情。这是散文创作的一种极高的境界，没有精深的修养和功力，是难以达到这种境界的。朱自清不愧为散文大师。在《给亡妇》中，没有惊人之语，没有浓艳之词，很少议论，很少抒情，只是淡淡地描述，淡淡地叙写，然而，全文叙事遣情，无处不自然，无处不真实，无处不感人，写尽妻子生前的贤良，写尽夫妻死别的伤感。

“看似寻常最奇崛，成如容易却艰辛。”《给亡妇》这篇散文，不仅凝结着朱自清对亡妻的一片深情，也凝结着他在散文艺术追求上的心血。如何写好叙事记人的散文？朱自清用他的《给亡妇》为我们作了一个非常出色的示范。

1984 年 11 月 19 日

司空图的喜悦

在古代文艺理论家们留下的诗论中，司空图的《诗品》占有极其重要的地位。记得在上大学时，《诗品》曾把我吸引了一段时间。从那些艰涩的、闪烁着神秘色彩的行文中，透露出许多精辟独到的见解。虽然读得费力，即便是古人，也“每苦其意旨浑涵，卒难索解”，甚至认为“非后人之不能解，实其文之不可解也”。但我还是喜欢它。后来又曾浏览过几本《诗品》的注本，虽得益颇多，但总觉得有牵强附会之憾。

最近得到诗人弘征编著的《〈诗品〉今译》(全名为《司空图〈诗品〉今译·简析·附例》)，拜读之后，爱不释手。作者创造性的劳动，使《诗品》以全新的面目呈现于读者眼前。在体例上也独创一格。作者不仅对《诗品》作了简略精当的分析，还用24首清新优美的新诗，生动形象地译解了《诗品》二十四题。在译诗和简析之后，附录了古今诗人各类风格的佳作，让读者通过欣赏具体的作品进一步领会司空图对诗歌风格的见解。这种体例，避免了一般古典文艺理论著作注本枯燥单调的形式，不搞呆板的注释，也不搞烦冗的考证，而是以诗论诗，以诗证理，用形象说话。这样，读者读这本书，再也不会因《诗品》的艰涩而生畏了。

《〈诗品〉今译》中，最吸引我并令我钦佩的，是作者的 24 首译诗。如果简单地把它们看作二十四题《诗品》的翻译，那就错了。古人云：“《诗品》贵悟不贵解”，“辄曰可以意会，难以言传”。咬文嚼字地直译《诗品》，显然是不智之举。弘征深知其中道理，他的译诗，只是撷其要领，传其神韵，然而却把《诗品》的意境准确地表现了出来。这些译诗，本身就是清新优美、蕴涵丰富的佳作，是真正的诗。我不妨随手抄录一首，以窥全豹：“斟一壶香冽美酒细细沉吟 / 茅屋中听赏潇潇的春雨 / 同座的是几位知心朋友 / 两旁有修长的翠竹迎风飘舒。”这是作者为“典雅”一品撰写的译诗的一部分。司空图的原意被巧妙地表现出来，作者自己的美学观点也从中得到了体现。

《〈诗品〉今译》的附诗也是值得一提的。作者从浩如烟海的古诗中选出 86 首题材各异的作品，其中有唐诗，有宋词，有历代文人志士的佳作，也有当代诗人的新诗。《诗品》中论述的 24 种风格，其类型相似相近者甚多，如“雄浑”和“旷达”，“劲健”和“豪放”，“冲淡”和“自然”等等。要在具体的作品中体味出其中细微的差别，选得恰到好处，实非易事。附诗所选当代诗人的作品中，也选了一些无名之辈的作品。“以诗取人”而不是“以人取诗”，这也表现了作者严谨认真的风格。

弘征是一位多才多艺的诗人。在动乱之年，他历尽人生的坎坷和磨难而矢志不渝，孜孜不倦地追求艺术，写诗、治印、研究理论，终于多有建树。《〈诗品〉今译》是他多年心血的结晶。我相信《诗品》将因此被更多的诗歌爱好者所理解和接受。司空图倘若有知，当然也会为之欣喜的。

1988 年秋

秋虫之鸣

秋风渐紧。窗外的梧桐树叶已不如盛夏时候绿得那么浓，有些叶子已开始泛黄，起风时，这些将枯未枯的黄叶如老者颤抖的手，在我的视野中晃动，使人心头油然生出一阵惆怅。入夜，梧桐叶在窗外隐去，唯闻一片又一片窣窣窸窸的声响，在晚风中絮叨个不停。

窗下院子里，一只蟋蟀不知怎地叫起来。叫声起先极其幽弱，时续时断，若有若无，像茫茫夜色中一缕飘忽不定的微光。过不多久，蟋蟀的叫声便逐渐响起来，那清亮的旋律执著地穿过梧桐叶的窸窣之声，一阵阵飘来，震动着我的耳膜，仿佛夜色中一切声音都让位于它，冥冥之中，有一对晶莹的翅子在那里优美地一张一翕，我的整个身心都融化在那透明幽远的清韵之中了。

于是脑海深处有许多美好的往事浮现出来——故乡月光如水的秋夜，蟋蟀的鸣唱引我走向田野，走向河滩，走向石堤高耸的江岸……循着那诱人的唧唧之声寻找蟋蟀的过程，其乐趣远在斗蟋蟀之上。在故乡的大自然中，自己仿佛也成了一只蟋蟀，在寂静的夜里颤动着透明的翅膀，加入天籁的合唱。

古往今来的中国诗人都说蟋蟀能撩拨乡愁，看来确属经验之谈。

此刻，有一本诗集摊开在我的台灯下，这是台湾诗人洛夫前几日刚寄来的《因为风的缘故》。默默地品味着书中那些发自海峡彼岸的吟唱，我似乎产生了一种幻觉，诗的韵律竟和窗外蟋蟀的鸣唱极其和谐地交织在一起，难以分清彼此。他的诗和蟋蟀的鸣唱一样使我梦魂牵绕，那是一种深沉挚切而又奇丽隽永的思乡之情，我的心灵无法不为之颤动。且读一读那首《床前明月光》：

不是霜啊
而乡愁竟在我们的血肉之中旋成年轮
在千百次的
月落处
只要一壶金门高粱
一小碟豆子
我们便把自己横在水上
让心事
从此渡去

乡愁可以在思乡者的血肉中旋成年轮，这是何等奇特而撼人心魄的意象。我可以想象诗人在海峡彼岸望月望水，炽热的怀乡之火是怎样在他的瞳仁里燃烧……

洛夫是台湾的著名诗人，老家在湖南衡阳，他的诗作早已享誉海内外。我和他虽还未有机会谋面，却已经通过诗，通过鱼雁传书建立了友谊。他曾有三本诗集寄赠我，除《因为风的缘故》之外，还有《众荷喧哗》和《酿酒的石头》。这是一位在艺术上极不安分的诗人，三十余年来，他在诗艺的大海中作奔放不羁的探求，很有“语不惊人死不休”的味道。读他的诗作，有一种强烈的新鲜感，这种新鲜感来自他与众不同的想象力和构筑意象、驾驭语言的独到功夫。而更使我感慨不已的，是诗中蕴含的深情，尤其是那些怀乡之作。他在诗中写长城、写长江黄河，写他故乡洞庭湖的鱼和水，写捧读家书时的激动和伤怀，无不写得回肠荡气、挚切动人。近年来，他的诗风由新奇超谐而趋向于自然恬静，寓深沉和深刻于平淡之中，达到了炉火纯青的境地。很值得一读的是那首《蟋蟀之歌》，淡淡地从院子里一只蟋蟀歌唱写起，其后便奇想不断，诗人的情感随蟋蟀的歌声梦游着故乡的千山万水，写尽了游子思乡的万缕情肠……

读洛夫的《蟋蟀之歌》时，我窗下院子里那只蟋蟀正唱得起劲。我的思绪被那诗一般的鸣唱牵引着飞出窗外，在清凉宁静的秋夜中作着奇妙的远游。假如世上的蟋蟀真如《聊斋》中的那只蟋蟀一样能通人性的话，洛夫的《蟋蟀之歌》大概会使它们引以为自豪的，因为它们的鸣唱，竟引发出人类如此丰富美好的联想。奇妙的秋虫啊！

洛夫去年曾在给我的信中写道："去国数十载，思乡心切，幸台湾近开放大陆探亲，预定明年秋天返湖南衡阳老家一行，顺便旅游各地名胜古迹，上海为必经之地，届时希望有机缘与兄一叙……"我想，此刻，洛夫大概已在返回乡里的路上，我们见面的日子不会太远了。我还想，此刻，洛夫大概也已听见故乡蟋蟀的鸣唱，不知他的感觉如何。那只曾在他梦里唱歌的蟋蟀，如今的歌声是苍凉，是悲伤，是聒噪，是辛辣，还是亲切如母亲的询问？

1988年9月8日

读稿小札

沉重的真情

读完《梨树情》，心情有些沉重。眼前很清晰地闪动着一幅画：梨树下，站着一个泪眼晶莹的女人，她默然抚摸着树干，深情地向人们叙述一个凄凉的故事。

这是一篇叙事散文，有着较完整的情节。倘以情节论，这不能算是一个太新鲜太独特的故事：丈夫死了，年轻的妻子坚贞不渝地为亡夫守寡，并且通过一棵梨树寄托对亡夫的感情，直到青丝转白，青春老去……女主人公的这种殉情，可以为之讴歌，也可以为之叹息，作者取的是前一种态度。不过平心而论，在这样一个故事里，女主人公的命运使人感到压抑，是一个悲剧，读者可能会从中联想到封建传统的强大和顽固，想到中国农村妇女所受的苦难。很显然，作者的用心并不在此，如果这样来理解这篇作品，作者恐怕也不会同意。作者写《梨树情》的用意，是想通过一人一树，控诉那些失去理智的年代，发现农民在那些年代中遭受的痛苦。作者的意图在文中得到了实现，而且处理得比较自然。对那些时代有所了解的读者，大概会产生共鸣。我在农村生活过多年，《梨树情》中叙述的故事，使我情不自禁地回想起当时亲身经历的一些荒唐的事情，这种回忆使人心情沉重，但历史确实是这样曲折地走过来的，我们不应忘记。一篇短短的散文能使人对一段历史进行反思，这应当说是作者的成功。《梨树情》还使我联想到我在十年前写的一篇散文《合欢树》，也是通过对一棵树的回忆，控诉极“左”路线对农村生活的破坏，不知作者是否读过。在相同的历史条件下，相似的情景出现于不同的地点，这是可能的，是一种不谋而合。

散文的灵魂在于真——真实、真诚。倘若作者的感情是虚假的，那么，不管文章写得如何华丽多彩、慷慨热烈，读者都不会为之感动。《梨树情》的文字很朴素，但作者的真挚渗透在字里行间。文中的情节是否虚构我不清楚，但作者对母亲的同情和爱，以及对美好未来的向往，却能给人留下较深的印象。我想，如果没有真实的细节描绘和真诚的态度，这篇短文不可能如此动人。此外，作者对树的拟人化描写，对母亲用第二人称，也增添了作品的色彩和魅力。尤其是那个自始至终的第二人称，使作者和作品的主人公不时产生交流，全文因此而弥漫着一种亲切可信的氛围。

文章的结局，也就是那棵梨树的最后被砍，略给人“做文章”的感觉。有戏剧性效果的光明结尾未尝不可，但过了分寸，便会前功尽弃。最后那一段的处理我以为还是恰到好处的，母亲时常神情肃穆地站在梨树的旧址凝眸远望，她正在望什么、想什么，作者并未点明，而是很突然地发问：“此时此地，您在想什么呢？”这样，便给读者留下一片很可深思的空白。

1989 年 11 月 14 日

偶然中的哲思

山东青年作家杜辉给我看他的一篇新作，题目是《车窗里一张美丽的脸庞》。杜辉把他的这篇短文送来给我看时，并未确定这是一篇小说还是一篇散文。我还是把它当作散文来读。

作者在这篇短文中叙述的故事非常简单：在一个不知名的小火车站，两列客车擦肩而过时，故事的主人公“你”无意中发现对面列车窗中的一张少女的脸，两双眼睛有过闪电般的对视，随后便各分东西。这几秒钟的隔窗邂逅，引起作者的无穷联想，并引申出一些人生的哲理。全篇情景交融，把一种飘忽忧郁、无可奈何的情绪渲染得十分细腻。

这篇短文叙述的故事以及由此产生的联想和哲思，可以在读者的心中引起共鸣，因为，类似的经历许多人都可能曾经有过——一件偶然遇到的美好的小事情，会使人终身难以忘怀，甚至会影响一个人的生活，改变一个人的命运。在文学作品中，不少作家也曾描绘过相似的故事和情绪。这大概是人类生活中一种微妙的经验，虽不是轰轰烈烈，却可以刻骨铭心。读者看这篇短文时，如产生似曾相识之感，也不是什么奇怪的事情。

由平淡的经历引出不平淡的哲理，是这篇散文的特点。“世界难道不就是一列火车？它在不停地向前进，从不逗留，里面盛满美好的机会和美好的错过。”这样抒情而形象的哲理，比那些故作深奥的议论更容易被人们记住。一篇既有情趣，又有理趣，而且弥漫着诗意的散文，无疑是难得的佳作。作者显然在朝这方面努力。倘以挑剔的眼光看，这篇散文也有缺憾。文中最重要的那个细节，似乎过于简单。而且，冬夜灯下，隔着两层窗玻璃，人在行进的车上，要在短促的几秒钟内将对方看清楚，并且留下深刻的印象，很难想象。以“不真实、不可信”来批评这样的细节，当然太过分，不过它确实提供了让人挑剔的地方。

一个细节的失真，可以使整篇作品的立意和情感失去依据，小说如此，散文更是如此。我这样说，并非否定这篇短文，只是想引起作者的注意。相信他可以写出更为自然动人的作品。

1990 年 8 月 27 日

诗 人 气 质

一个十七岁的中学生正在想些什么？上海中学的高中学生张予佳用自己的诗作了回答。《十七岁的弱点》以诗的语言、诗的想象，表达了尚未走出校门的少年人对生活的向往，对未来岁月的渴望。这种向往和渴望并非一览无遗，它们是含蓄的，还带着点朦胧的色彩。作者在诗中一次次梦想着能生出翅膀，去“滑过突兀的岩石”，去访问“苹果树与问号丛生的原野”。他渴望着去“远方”，这“远方”究竟目标何在，究竟是一个什么样的所在，诗中没有具体形象的描绘。这不奇怪，因为作者自己也说不清他渴望抵达的远方到底应该是何种模样，一切都还不具体。然而“突兀的岩石”和“苹果树与问号丛生的原野”作为带有象征意义的比喻，却传达了作者对这未可知的远方的揣测，这远方不是一马平川，也不是风平浪静的港湾，而是艰难的旅途，是美妙和险阻交织的境界。这样，读者便可以理解这位十七岁的诗人的向往了，他是向往一个需要通过拼搏和探寻方能抵达的理想境地。这不失为一种富有进取心的向往。那么，十七岁的弱点又是什么呢？是易变——“每天产生的一个个自己”，正是易变的绝好写照，有人把这样的年龄称为“多梦时节”，时时做着奇丽的梦，不断产生美好的幻想，自己到底需要什么，说不清楚。十七岁的另一个弱点，诗里说得比较清楚，那便是脆弱。诗中有一个具体的细节，踏上旅途，却又犹豫了，并且“重新放下行囊”，这是作者对这种脆弱的描绘和解释。诗的结尾，似乎是无可奈何的哀叹。我想，作者写这首诗时，情绪中带着几分惘然，《十七岁的弱点》很真实地抒发了这种惘然。诗是心灵的写照，是真情的记录，从这一点来看，《十七岁的弱点》是成功的。也许，人们很自然地会说：惘然不应该是十七岁少年精神状态的主旋律。必须走出惘然，才可能充满自信地勇敢地迎接生活和命运的挑战。这当然不错。随着知识积累和生活经验的增长，他们会走出惘然，我想这也是必然的。

用苛求的眼光来看，《十七岁的弱点》的写作技巧谈不上纯熟，由于缺乏具体可感的意象，整首诗给人以飘浮的感觉，另外，有些句子还可以推敲琢磨得更好一些。值得赞许的是作者真诚的态度和无拘无束的想象力——这是成为一个真正的诗人必须具备的素质。我还读过张予佳的另外一些诗作，感觉相仿。他喜欢写诗，把创作诗歌作为自己重要的课余生活，这样，很自然地会养成勤于思索、敢于想象的习惯。这种爱好可以使精神世界得到丰富和充实。在文学的道路上，张予佳只是刚刚迈出了第一步，以后的路还要靠他自己走下去。

张予佳的诗使我想起了人们常常谈论的“诗人气质”的问题。什么叫诗人气质？一两句话说不清楚。真诚，善良，热情，天真，爱幻想，嫉恶如仇，对生命、自然和艺术充满了爱……这些大概都可以包含在“诗人气质”这个范畴之内。能写出分行、押韵的文章未必真有诗人气质。有些人写诗的目的就是为了成为诗人，为了被人注意，而并非生命的需要。诗歌不过用来当敲门砖，门敲不开，便弃之而去，找别的敲门砖去了。其实，对这些人，缪斯的殿堂不会真为他们开门。而有些人，作诗时并无功利之心，写诗只是抒发感情、追寻美好理想的一种方式，是生命的需要。这样的“诗人气质”，恐怕不是刻意追求即能获得的。

希望有更多的十七八岁的少男少女们能够以诗为友。当你们尝试着用诗来倾吐自己的情感和心声时，会体会到青春是多么美好。

1990 年 4 月

哲理从何处来

有人说，诗人都应该是哲学家，否则的话，他的诗歌里写不出哲理。这样的说法也许不无道理。不过写诗的人如果都把这种说法当作座右铭，那么，世界上的诗人恐怕大多会如同流星一般匆匆坠落，人间也不会出现多少动人的好诗。哲学家和诗人毕竟不能画等号。哲学家的思维偏重于理性，而诗歌的灵魂应该是感情。冷冰冰的说理绝不可能成为好诗，而激情喷射的抒发却不仅可能构筑精彩的诗句，也可能使人在感受到激情的同时也体会到光芒闪烁的哲理。如果从这个意义上理解诗人和哲学家的关系，大概不算勉强。这种情况我们曾经见得很多——有些诗作者为了使自己的作品显得“深刻”，绞尽脑汁罗织哲理，似乎弄得莫测高深，其实却生硬牵强。这样的诗不可能打动读者。

以上是我在读了江苏业余诗作者林凤的一些短诗后的感想。林凤是一位热情执著的诗歌爱好者，虽然未曾见过面，但从她创作的大量诗歌中，能看到她勤奋的追求。她的诗作中有青春的活力和憧憬，而且不时闪烁出哲理的火花。她诗作中的哲理，并非故弄玄虚，而是来自对人生的思索、对生活的讴歌。这样的诗也许不时髦，但我以为它们的根须是扎在健康实在的土壤中，尽管还谈不上枝叶繁茂、花果缤纷，但是可以期盼有这样一天——如果她能保持这种热情和执著，不放弃对缪斯的追求。

1991 年 12 月 24 日

最珍贵的是什么

最近，读到作家童孟侯发表在《中国海员》上的一篇报告文学，题目是《海底海面》，心灵为之颤动。这篇报告文学叙述的是一个惊心动魄的真实事件：茫茫黄海上，一条大船被撞沉没。沉船的舱底，还有一个活着的船员。要救出这位船员，几乎是不可能的事情。然而这位被闷在海底的普通船员的生死，牵动了无数人的心。从省长、部长、市长、海军的将军到海洋专家、潜水员、医务人员，全都来到了抢救现场。为了救人，各级政府部门和海军不惜任何代价，出动二十艘救生船、五百名营救人员，累计潜水八十八小时，耗资四十万元人民币，终于从死神手中夺回了一条生命。童孟侯把这一跌宕起伏的事件记叙得非常生动，其感人之处，使人忍不住流泪。读者一面感动，一面会情不自禁地发问：这是真的么？

是的，这是真的。这并不是《天方夜谭》里的传说。也许还会有人问：为救一个普通船员的性命，如此劳师动众、耗费巨资，值得吗？在当今世界，这样的故事真有点像《天方夜谭》。为了赚钱，有多少人埋葬了心中仅存的温情，不惜以牺牲他人的健康、幸福甚至生命为代价，他们是不敢相信，也难以理解《海底海面》所记叙的故事的。

我认为，关于值得还是不值得这个问题，其实是无须回答的。世界上最珍贵的是什么？是人，是生命。对人、对生命的态度，是衡量一个社会是先进文明还是落后野蛮的最重要标志。一个见死不救的社会，一定是一个可怕的、令人心寒的社会。记得六十年代有人写过一篇报告文学，题目是《为了六十一个阶级兄弟》，曾在国内广为传诵。这篇报告文学的主题和童孟侯的《海底海面》完全一样，为了抢救垂危者（他们都是一些普通的老百姓！）的生命，全社会都行动起来，许多人无私地奉献出自己的一切，甚至准备牺牲自己的生命。读着这样的文章，回味着这样的真实故事，人们的心里很自然地会涌起一种自豪感。自豪什么？当然是为我们的社会而自豪。这样真实感人的文章，不知要比那些空洞的口号有力多少倍。

我认为，像《海底海面》这类好文章，值得向人们推荐，其意义不仅是为了使人们对我们的社会进一步产生信心，也可以唤起一种充满人情味的社会美德，这样温馨的人情味现在不是太多，而是太少。

1991 年 10 月 23 日

读《雪庐》

孙颙：

你好！一口气读完了你新作的长篇小说《雪庐》，发生在雪庐内外的林家五代人的故事深深地吸引了我，打动了我。我以为这是你在小说创作上的一个新的突破，真诚地为你高兴，也为目前略显疲软的文坛能出现这样一部有分量的好小说而高兴。掩卷之余，心里涌出不少感想，也有一些问题，便忍不住写信和你聊聊。

《雪庐》所叙述的故事时间跨度长达 80 余年，横跨了整个 20 世纪，写的是一个知识分子家族的历史，五代人的面貌形形色色，关系错综复杂，他们的足迹几乎遍布中国和世界。林氏家族的兴衰盛败、悲欢离合和生死沉浮，真实而可信地刻画出本世纪以来中国知识分子的命运。虽只是一个局部，却如一部涵义深厚的史诗，读后让人感到心情沉重，也使人浮想联翩，思索得很多。我想，如果读一部真实的中国知识分子的现代史，我大概也会是这种心情。在我们这一辈作家中，似乎还很少有人写出类似的作品，在你的小说中，也是史无前例。《雪庐》使我想起了你在十年前写的一个颇有影响的短篇《螺旋》。也是一栋小楼，也是数代人悲欢离合，但《螺旋》和

《雪庐》无法相比，主题不一样，人物的身份色彩也不一样，前者是一簇浪花，后者是一湾海水。《雪庐》所展现的那种史诗般的气势和格局，以及反映世态的深度，在《螺旋》中是看不见的，我以为这不仅仅是因为篇幅的关系。如果未曾对近百年来中国知识分子的命运作过研究和思索，恐怕写不出《雪庐》来。

你在《雪庐》中着墨最多、倾注感情最多的，是林氏第二代家族，若希、若白、若清和他们的配偶曾逸文、曾逸铭和廖空，全篇故事围绕着这一代人的命运展开。这批经历过“五四”、甚至辛亥革命的知识分子，在60余年中的坎坷遭遇，从不同角度表现了这一辈知识分子的追求和失落，以及他们的悲喜爱憎和迷惘。你能把这批我们这代人并不太熟悉的知识分子写得这样活灵活现、可亲可近，而且入木三分地剖露出他们的内心世界，这使我惊奇，也使我佩服。林氏第三代，即聿字辈，在《雪庐》中所占比重不大，给人印象颇深的是从事环境科研的来修，这位使流落海外的廖空感到“雪庐有后”的中年科学家，可以说是当代许多有为而多难的中年知识分子的典型。最后降落在来修身上的那场灾难，是极有深意的一笔，使人在发出叹息的同时，联想到很多现实的问题。林氏第四代，家字辈，你在他们身上着墨不算太多，但小季和小亿两个性格迥异的人物却栩栩如生，把当代青年的心态表现得真实生动。对这点，我不奇怪，因为这一代人应该是我们最为熟悉的。

如果要探讨《雪庐》的意义和其中众多人物的性格，当然可以谈很多，但我不想在这里和你探讨。我想再谈一谈的，是几个有关写作风格的问题。我以为，《雪庐》和你以前的小说相比，在写作风格上有一些变化。

变化之一，是故事的叙事方式。粗看这部小说的结构，似乎是传统的纵向式的结构，自远而近，娓娓道来。仔细读下来，才感到并非如此。小说从头至尾，现在时和过去时始终难舍难分地交织在一起，每一个章节中，几乎都是从现实自然地追溯到遥远的往事，两者如水乳交融。所以我认为这是一种纵向和横向同时并存的叙述方式，这在你以前的小说中似未见过。小说中的许多悬念和情节，似乎一开始便如一把珠子似的被你随手撒出来，它们只是在读者眼前一闪而过，然后一一散落在暗处，无处窥探。你并不急于一下子收拢它们，而是在以后适当的时候一颗一颗不慌不忙地捡起来，串拢来。有些悬念，直到最后仍在迷雾之中，譬如廖空和逸文，能否在古稀之年重圆青春旧梦，譬如那一群出生在台湾的林氏后人，会不会返回故土寻访雪庐……你把这些悬念留给读者，人们自会靠自己的想象去续编你的故事，小说中时空不断交错，一会儿从前，一会儿现在，使故事显得扑朔迷离，然而读来并没有使人感到费神吃力，也没有给人故弄玄虚之感，这是什么原因？我想，大概是你的叙述不管如何跳跃变化，但始终围绕和追随着人物的命运，这样便扣人心弦了。

变化之二，是小说的文风。《雪庐》基本上是一种白描的写法，叙述故事时详略得当，简约时三言两语便可以交代一个人几十年的经历，详写时也很少过分的铺陈，这在你以前的小说中也能看到。你大概是不想把篇幅拉得太长，所以在简约这一点上给我印象特别深刻。然而你在故事中插入的议论和抒情有时却占去不小篇幅，譬如三十一章“假如……生命不会重新开始”，全篇都是游离于故事的议论。这样做，似乎和那种简约的白描有些不协调。不过我以为你这样做还是成功的，因为在读这部作品时，这些不时出现的议论和抒情没有使我厌烦，而常令我怦然心动。议论和抒情，在你以前的作品中也是常见的，我的感觉，你似乎总是颇为严肃。使我感到新鲜的是，在《雪庐》的许多议论和抒情中，你表现出一种机智的幽默感，这在你以前的作品中还不多见。有的似乎是在俏皮地调侃，逗人发笑。如第十六节中关于“中西文化比较”的那段议论，说吃说穿，谈笑风生，轻松而精彩。你的这种幽默为这部显得沉重的作品加进了一些轻松的佐料，有时候回味一下，觉得这是一种含泪的笑，笑得人心颤，更反衬出作品的深沉。

读《雪庐》时，读者会跟着你的叙述走进一种很真实的境界，读着读着，会忘记这是一个虚构的故事。你在小说中提到了历史上的不少真人真事，而且和小说中的人物都有联系，如陈独秀、周恩来、陈毅、张春桥等，这样就更给人一种纪实的印象。我想问一问，你这样写，是为了增强作品的真实感，还是受了人物原型的影响，不愿隐去他们的这些真实的经历？以前曾读过你的一篇写你外公的短文，也曾听你谈起过他，我感觉他颇像《雪庐》中的第二代人物。《雪庐》中的故事，是否有你自己家族的影子呢？

《雪庐》发表时标为“中篇”，我颇不以为然。中国小说的中篇和长篇是否有明文规定的界限？《雪庐》的格局和规模，我以为应该算是一部长篇。在十数万字的篇幅中，要叙述五代人将近一个世纪的历史，想想也实在是难为了你。其实其中任何一组人物的故事，都可以衍化成一部曲折动人的长篇。在《雪庐》中，林氏第二代的一群人都写得很丰满，相比之下，其他几代人就显得单薄了一些，倘以“史诗”来要求，当然不能令人满意。我想，你是不是为了节省篇幅，抑或是考虑到这是一部“中篇”，故不敢展开去写。也许有人会认为我是在要求你面面俱到，不过我想，倘要展现将近一个世纪的历史，只写好一代人恐怕是不行的。对我的这点遗憾，不知你以为如何？

我不是评论家，对小说也是外行，对《雪庐》的这些看法，不过是一些随想，你不要见笑。记得十几年前一起在华东师大读书时，我们两人常常一起从学校骑自行车回家，那段路很长，我们总是一边骑车一边互相交流创作的构想。你曾经把不少构思中的故事讲给我听，我也看着你把这些构思写成了一篇篇小说。有一次我那辆“老坦克”车胎漏了气，半路上不得不停下来补胎，我们便站在路边讲话。

就是这一次，你向我透露，说你总想写一部表现几代人命运的小说。我一直等着，但总不见你写出来。我曾暗想，你老兄不过说说而已。不知你是否还记得？想不到事隔十余年，真的读到了这样一部精彩的小说。这《雪庐》，是不是你当时打算写的那部小说呢？

我最近客串写了几个电影剧本，电影厂的人还在约稿。如果再写一个剧本的话，我想把《雪庐》改成电影，不知你意下如何？

暂此，并祝愉快

丽宏

1991 年 1 月 12 日

平淡和深挚

——读于伶的散文

平淡和深挚，似乎是两个相悖的概念。然而在有些人的身上，这两个概念却可以结合得十分完美。读于伶先生的散文时，我便产生了这种感觉。

于伶先生是一位成就卓著的大剧作家，这是世所共知的事情。然而作为一个散文家，人们却未必了解他。其实，早在三、四十年代，于伶在创作剧本的同时，就已经写了大量和戏剧、电影有关的散文。当然，当时人们的注意点都在他那一部部产生了巨大影响的剧作上，而那些零零星星的、以各种各样笔名发表的短文，很难使读者联想起于伶。几年前和于伶先生同机去北京开会，一路上闲谈时，他曾向我谈起当时写那些短文时的情景。那时他正受到追捕，处境十分危险，而且囊中羞涩，生活无着，主要的经济来源还是这些化名发在报刊上的短文。很难想象，一个时刻担心着被捕，担心着吃饭问题的文人，在茶馆或者小面铺里花个把小时写成的短文，会是怎样一种情调。从我读到过的于伶在那一时期写的几篇短文中，似乎看不见理应有的匆忙和局促，而是依然以一种严谨认真的态度对当时上演的戏剧和电影发表他的见解。譬如《看了美国之“桃李劫”后的对话》，是将美国影片《出路》和中国的《桃李劫》作比较，文章以甲乙两人对话的方式，对两部影片的情节、人物、意境、社会意义乃至演员的表演，作了很生动的评论，文章娓娓写来，不慌不忙，很平易简洁的语言，便把想阐述的道理谈得十分透彻，而且观点公允，使人信服。

前几年，读到了于伶先生的一本散文集《欢笑与沉思》，使我对于伶先生和他的散文有了新的认识。《欢笑与沉思》中的作品，大多写于最近十几年，是他的新作，也是他历尽坎坷和人生磨难后的心灵写照。读这些散文，可以感觉到一种沉甸甸的分量，读后使人难以忘怀。

《欢笑与沉思》中的散文所以感人，主要是因为文章中流露出来的真挚深沉的感情。于伶的散文近作，较大一部分是怀人之作，怀念他已故的朋友，如聂耳、邹韬奋、潘汉年、叶以群、司徒慧敏，也有一些写他的健在的友人，如巴金、夏衍。读这些文章，似乎是在听一位热情敏感而又善良宽厚的人在和他的好友们推心置腹地交谈，谈遥远的往事，那是在黑暗中追求光明的经历，也谈刚过去不久的噩梦。他谈得很平静，很少剑拔弩张，也很少慷慨激昂，然而在平静中却能使人感受到他的真切深沉的激情。对朋友们的光荣和苦难，对他们高尚的人品，他总是不遗余力地向读者介绍，而关于他自己，他却谈得极少，即便提到，也只是轻轻一笔带过。我想，这正好体现了于伶的为人之道。“文化大革命”中，于伶在北京秦城监狱被关押九年之久，受尽了折磨。我曾想在他的散文中寻找这段历史的踪迹，然而，他却几乎没有展开谈这段历史。

于伶散文中的人物，没有一个是干巴巴的，他善于用一些特殊的细节刻画出人物的性格。譬如《韬奋在东江游击区》一文中，他写了韬奋“生活中偶然一次的心灵流露”，那是在东江游击区，人们在农田里为韬奋祝寿，韬奋以姜汤代酒，激情洋溢地谈了一番关于人生和事业的肺腑之言。这种“情跃意表而又意溢于外”的举动，和平时谦和斯文的韬奋似乎不一样，然而这一细节，却传神地描绘出韬奋的内心世界，很真实，也很感人。在《第一次见到夏衍同志》一文里，对聂耳的描写也给我留下深刻的印象。那次是一群进步文化人为三十六岁的田汉祝寿，两个“包打听”突然闯进来，聂耳急中生智，边拉小提琴边说笑话，唬住了“包打听”，使情况转危为安。于伶笔下的聂耳，机智幽默，很可爱。怀念以群的《忆风云咀霜雪》，是于伶的怀人散文中令人注目的一篇。在这篇长达数万字的文章中，于伶对故友的深情洋溢在字里行间。其中最使我难忘的是两个细节：一个细节，是解放初期，以群从香港回到上海，于伶为他换西装，“我一把拉他到后间小仓库里去，挑选了一套布人民装给他换下西服。素来沉着稳重的以群解衣扣的手，有点不自然地抖动，越想快而越不利索。性急的我上去帮他脱与穿，他退后了一步傻望着我，眼眶里含着激动的泪花！”另一个细节，是以群被迫害自杀前，托人转告于伶，叫他当心……仅此两个细节，便把这一对战友的深厚情谊刻画得淋漓尽致。

于伶的散文平实质朴，不渲染，不花哨，大多是淡淡的白描，是大实话。如果以画作比，他的风格如同木刻，虽只是黑白二色，线条也从不朦胧飘忽，其中的内涵却极为丰富。这种文风，和于伶在文章中流露出的深沉真挚的感情是吻合的。我不禁由此而想起鲁迅先生的话：凡是已有定评的大作家，他的作品，全部就说明着“应该怎样写”。

散文艺术，是一种表现真实、展示灵魂的艺术。成功佳作的魅力，往往也就是作者人格的魅力。在我的印象中，我所认识的于伶先生和我读到的他的散文，风格极其吻合。于老是一位朴素谦虚、平易近人的长者，从来不在后辈面前摆架子。三年前的春天，我们在北京开会时住同一个宾馆，有一次闲谈，谈起于老的剧作，他笑着说："我以后把我的所有剧本都送给你。"我以为他是开开玩笑。想不到回上海不久，于老就请他的儿子于力一拎着厚厚的一捆书送到我家里来，打开一看，是全套《于伶剧作集》，厚厚四大本，还有精装的《于伶戏剧电影散论》。捧着这沉甸甸的一大堆赠书，我很感动，也很惶恐。我想，于老不仅在教我怎样作文，也在教我怎样做人。

1992 年 8 月

序　　曲

读完韩少华的《无题》，凝视着稿纸上那些歪歪斜斜的字迹，我的眼睛湿润了。模糊的视野里，仿佛出现了少华用颤抖的左手奋力写作的情景……他是在和命运搏斗，在向病魔挑战，他正用自己的行动向世界证明：一个真正的作家，他的精神，他的感情，是永远不可能瘫痪的！

两年前，少华突然病倒，文学界的朋友们都非常难过。一个生机勃勃、风度翩翩、生性淡泊而又开朗的好人，一下子就瘫倒在病床上，这是一件多么令人痛心的事情。尽管大家希望并且相信他会慢慢地好起来，但很多人都暗暗担心：他还能不能写作？读者能不能再读到他优美细腻的散文新作？一年多前我和肖复兴一起去看他时，他在床上躺着，不能行动，也无法用语言表达思想。我对他说："你一定会好的，你会重新拿起笔来写作的。"他看着我，眼睛里含着泪水，只是苦笑着摇头。当时，我也觉得自己安慰他的那些话空洞无力。然而有什么办法呢？命运为什么总是如此不公平！

三个月前我去北京，还是和肖复兴一起去看少华。这次，他明显地比一年前有很大的好转，左手已能活动，语言能力也有较大的恢复。更令人高兴的是，他似乎又有了先前的那种开朗和乐观。临走前，我约他写稿，我说："你就试着用左手写吧，哪怕每天只写几个字，几十个字，把你心里在想的事情写出来。大家都在等着读你的新作呢！"少华笑着问："我？能行吗？"我说："行，你一定能行！"复兴也在一边鼓励他。我说这些话时，再也不感到自己空洞无力，因为，我已真心地确信他能重新拿起久违的笔来。少华答应了我们，答应得很干脆。他说："好，我听你们的，写！"

今天下午，我终于收到了由少华的女儿韩晓征寄自北京的信件，其中，有少华的《无题》。这是他三个月来艰苦搏斗的结果。读《无题》时，我深深地为之感动。很明显，《无题》和少华病前的文章相比，在风格和语言上有很大变化，短促的语句，跳跃的思路，很有新奇之感，有些地方，也使人感觉生涩。然而在骨子里，却依然是从前的那个韩少华。他的真挚，他的洒脱，他对人的同情、关心和爱，在《无题》中仍以独特的方式如涌泉汩汩流出。相信人们都能读懂他，理解他，并且像以前一样喜欢他。韩晓征为她父亲的《无题》作了极富感情的诠释，读她的《父亲和他的〈无题〉》，可以使读者更好地了解少华此时的心境。

在60年代，韩少华曾以他的散文《序曲》蜚声文坛。在《序曲》中，他把一个女演员初登舞台时的情景写得那么优美，那么感人，使所有读过的人都难以忘怀。30年后，战胜了死神和病魔的韩少华，在搁笔两年之后，又奇迹般地写出了他的第一篇文章。我想，展现在我们面前的这篇《无题》，不也是少华人生道路上新的序曲吗？在这序曲之后，一定会有更动人的乐章紧随其后的！

我们期待着……

1993年3月5日

老　　屋
——读何为《老屋梦回》

前些日子，何为先生赠我一本他新近出版的散文集，书名很有韵味:《老屋梦回》。

在中国，何为先生的散文拥有广大的读者，我们这一辈人，有谁没有读过《第二次考试》？数十年来，他一直在散文的园地中默默耕耘，他的文章是许多散文爱好者追踪的目标。他的创作从不追风趋时，总是有感而发，深挚的感情发自于内心。他的散文语言也始终保持着特有的清丽典雅的风格。读他的散文，如同欣赏交响诗，旋律优美，余韵不绝。这样的大家风范，在中国也是寥寥可数。他赠我的几本著作，是我放在案头常常翻阅的心爱读物之一。十余年前，百花文艺出版社出他的散文选集《临窗集》，一版再版，印数近十万册，书店里仍是供不应求。他的新著《老屋梦回》，也是百花文艺出版社出的书。

《老屋梦回》的版式是百花文艺出版社特有的那种小 32 开，这是一套精致玲珑的散文丛书，曾经风靡全国。我的散文集《诗魂》也是这套书中的一种。如今的读者，对书的包装要求越来越高，很多人买书，不仅是为了阅读，也是为了放在书架上作装饰。所以不少出版社开始在书的包装上下功夫，各种各样的“豪华本”纷纷出现在书架上。对于作家来说，这当然是好事情，谁不希望自己的书出得精致一点，好看一点呢？相比之下，百花的这套丛书显得非常简朴。如果设计得别致，简朴也不失为一种美。然而《老屋梦回》的装帧设计却远没有我预想的那么好，封面上，用一些直而单调的线条画了一幢小楼的屋顶，黄蓝相间的色彩，似乎没有多少艺术感，也无法使人产生美好幽远的遐想，这使我感到遗憾。不过我想，书的封面毕竟只是一种包装，与内容并无直接关系。也许，把书看作装饰物的人会因此而不注意这本书，喜欢何为先生散文的读者，却绝不会因为封面的暗淡而忽略了书中的美文。

《老屋梦回》是何为先生在80年代后期所写的散文新作的结集，其中有些篇章已经脍炙人口，譬如《风雨醉翁亭》《寻找诗境》《旱》《搬家和搬书》，另有一部分忆人怀旧的文章，也都写得情真意挚，读来十分感人。使我特别感兴趣的，是他在序文中关于老屋和亭子间的那些描述和议论，关于他自己和老屋在生活以及情感上的种种联系，写得深沉委婉，缠绵感人。在叙述了自己曲折的人生经历之后，何为先生这样描述他的老屋，以及他在老屋中的生态和心态：

> 老屋像历尽沧桑的老者，屋前的绿色小院则是一片烂漫。小院同样遭受劫难，一度是满目荒芜凋零。整修后，我和小儿子一起壅土栽培。一株亭亭玉立的广玉兰，越年就高出邻屋墙垣。一丛翠竹摇曳多姿，招来清风疏影。紫荆先开花后长叶，叶子呈心形，枝头像缀满嫩绿的心。四壁的英国爬山虎，藤蔓厚实，小院遂布满浓绿。阶前数丛红黄相间的月季，花开甚盛。劳生之余，在屋前小坐，静观这满院的绿色生命，自有一种恬澹宁

静的境界。在新建的重重高楼压迫下，我在院子里见到的，只有被挤成一小块的天空，却也未能心如止水，常常遐想天边外的风景。

读这样的文字，仿佛能看见他那间充满诗意的老屋，仿佛能看见一位心情淡泊的老人正在静静地栽花植树，并且想着他悠远辽阔的心事……

读者在书店里能买到《老屋梦回》的机会，恐怕非常少，因为这本书只印了一千册。

1993 年 4 月 3 日

真实的力量
——读林放《延安一月》

这几天，读了已经去世的林放先生的《延安一月》。开始只是想随便翻翻，没打算仔细读，然而一读就再也放不下。林放先生这本写于半个世纪前的老书，居然把我吸引住了。

我喜欢《延安一月》，并不是因为这本书有什么非同一般的文采，也不是因为书中有什么特别深刻的思想，而是因为它的真实。这本书对延安和延安人的看法，以及对当时在延安的领袖人物的描绘，和以前的许多读物不尽相同。作者非常尊重事实，也注重自己的看法和印象，不是人云亦云，绝没有无原则的溢美，也没有虚构和夸张。他笔下的毛泽东，是一个聪明而有个性的凡人。这样的描写，在“文化大革命”中是可以给他带来“反革命”的帽子的。特别使我感兴趣的是他对延安的文人们的印象，譬如周扬、萧三、丁玲、艾青、成仿吾、柯仲平、萧军、艾思奇、陈学昭等等。我以为他对这些文人当时生态和心态的观察描述是极为准确的。尤其是丁玲和陈学昭，作者作为一个冷静的记者，对这两位女作家的观察和分析简直是入木三分。有意思的是，书中也写到了因写《野百合花》

而遭到批判的作家王实味。作者绝不可能料到以后将会发生的事情，不会想到他会被杀，然而他却看到了王实味当时的惶然和紧张。

《延安一月》初版时，林放的老朋友张恨水为他写了一篇很短的序，现在读来，也颇有意思。序文中有这样的话："我以为向来有心著史的人，其史就难以靠得住。陈寿作《三国志》，就敲过人家的竹杠。学理一点说，《三国志》这部书，当下笔，就不会客观。我相信，这《延安一月》，绝无陈寿写《三国志》的态度。"

《延安一月》这样的书，当然不是史书，然而却是客观而生动的历史记录和见证。50年后读它依然吸引人并使人信服，为什么？因为真实。是真实使它拥有了不会过时、不会被遗弃的力量。读这本书时，我也很自然地想起了我和林放先生的一次谈话。那是两年前在北京，我和他同住在香山饭店开会，我们曾在饭店的大厅里聊天，他没有半点老前辈的架子。他这样对我说："我只是一个记者，记一点事实而已，但求无愧于历史。"很朴素的语言，却道出一个正直的老报人的心声。

1993年4月8日

并不匆匆

——读周佩红《来去何匆匆》

《来去何匆匆》是周佩红的一篇写人物的散文，读后使我难以忘怀。写人的散文，如果都是叙述故事，那可能会和小说无异。《来去何匆匆》里并没有什么完整的故事，只是一些印象，一些生活的片段，一些“我”和“马”（一个人的绰号）的交往。然而“马”的形象却那么生动那么深刻地留在了读者的脑海里。“马”是怎样一种类型的人物呢？他的聪明，他的孤傲，他的痛苦和无奈，可能会使现实生活中的许多人产生共鸣。一个能力不俗而且心怀大志的人，在现实中却一筹莫展，终于背井离乡，远走异域。在海外，丰富了经历，体验了更复杂的人生，也有种种成功，发了小财，然而却未必幸福，未必心满意足。我们这个世界上有很多这样的人，他们的一生都是追寻的过程，别人看他们似乎很充实，很洒脱，很轰轰烈烈，然而他们内心的真相，并没有多少人知道。文章中有一个细节任何人读后都不会忘记，那是“马”从美国回来后的一段自述：

我每天开车去上班——知道吗，我已经学会自己开车和修车了——有一天我下班出了旅馆门，忽然感到天空灰暗一片，大概夜已经很深，但那里晚上总有许多霓虹灯，所以天永远没有漆黑一团的时候。我钻进汽车，感到很累，也不像往常那样急着把车开回去。我趴在方向盘上，半天，才憋出一句话来……我喊了一声“妈妈”，我说，“妈妈呀，我又过了一天了！”这句话只有我一个人听到，汽车像个闷罐，把这句话闷在里头了。但好像同时，全世界都听到了。一片嗡嗡声，只是响着这句话。

这是一个坚强的男子汉极偶然的内心流露，然而却极为传神地表现了一个海外游子的疲惫和孤独。这类细节，在《来去何匆匆》中还有多处。这样的文章，这样的人物，不会在读者的印象中匆匆而过。

周佩红是一位很有个性和风格的女散文家，她的散文中表现出的优美、细腻和那种真挚的倾诉，打动了很多读者的心。她的散文集《心痕一抹》一出版便售罄，听说已经在重版。读者对她的喜爱，由此可见。

1993年4月10日

淡泊和深沉
——读姜德明《童年的梦》

最近，读到姜德明的散文《童年的梦》，很短的文章，才千把字，然而读后老也忘记不了。亲切质朴的文字，其中蕴藏的感情却是那么深沉真挚。这是一个饱经世事沧桑、阅遍人间冷暖，却又淡然处世的文人很自然的心情流露。倘若是一个沉醉于名利场中的人，怎么也写不出这样的文字。这和我所认识的姜德明的为人非常吻合。

文章中说的是童年的一个天真而可笑的梦——想当一个电影院里“管事的”，看尽世间的一切电影。也说了和父亲之间的冲突，父亲希望他能继承父业去经商，而他偏偏选择了文学。这选择与他自己的梦想和父亲的愿望都不同，是应该遗憾还是应该满足？他并不在文章中作正面的回答，而是写了一个梦作为结尾。最使我难忘的，是这篇文章的结尾：

> 年纪老了，夜里梦多。有时久别的父亲，忽然站在自己的跟前，他好像满脸不悦，仍在责备我：
>
> “你就是不听我的话……”

我想向他申辩，假如我当初不是想着电影的话，也许……

还没有等我说出口，父亲又不屑地问我：

“你后来干的营生，又能值几个钱？”

我已记不得，我在梦中是怎样回答他的了。

和父辈的理想以及价值观的分歧，自然是永远也无法弥合的事情。然而父子的亲情仍在，而且依旧感人，尽管文章中没有一个字直接在这方面抒情，读者却可以感受到。梦见父亲，本身就是一种感情的寄托。至于这问题的答案，其实是不言自明的，从文章中对儿时幻想那种充满文学色彩的温馨描绘，便可以体会作者此时的心情。“后悔”这两个字，不可能属于他。写得含而不露，淡淡的故事，淡淡的叙述，淡淡的开始又淡淡地结束，留给读者的想象却是意味深长。

1993 年 5 月 16 日

品 味 人 参
——读普列西文散文

这里所说的“人参”，自然不是从山林中采来当补品的人参，而是一篇极有意思的长篇散文，它的题目便是“人参”。《人参》的作者是俄罗斯作家普列希文。在从前的一些译本中，一直把《人参》当做小说，我却固执地把它当散文来读。散文和小说，有时候其实很难设定界线。我心中为这两者设定的界线是：前者纪实，后者虚构；前者偏重于抒情，后者偏重于叙事。当然，这不可能是科学准确的界线。

曾经读过普列希文的很多短小的散文，主题大多是人和大自然的交流，是人对自然的欣赏和沉醉，是一个陶然于自然中的诗人的优美咏叹。我曾在《我所认识的散文家》一文中这样描绘普列希文：

“他从大自然中走来，浑身散发着森林和田野的气息……

“他引我沿着隐隐约约的羊肠小道，走进一片被晶莹的月色笼罩的神奇密林……

“他坐在密林中的一个潮湿的树桩上，膝盖上铺展开翠绿的稿纸……”

读他的散文，仿佛可以听见他和整个大自然对话：和山林，和流泉，和树，和林中的动物，和天上的飞鸟，和草叶上的露珠……是的，他可以把一片在秋风中飘落的黄叶写成一篇洋洋洒洒的动人的抒情散文——为什么不可以！因为大自然中每一种生命的运动都使他激动不已，使他产生无穷无尽的联想，他的灵感和思绪像四处迅跑的清风，在大自然的每一个角落里发出悦耳的回声……

他在大自然和人类之间作着翻译的时候，自然而然地向人们透露出许多人世间的哲理。他是深刻的。

最近重读普列希文的《人参》，很自然地又想起了很多年前写过的关于普列希文的这段话。使我突发奇想的是，普列希文的散文有点像来自未被污染的山林中的植物，它们把山林的气息凝集在块根和茎叶之中，只要闻到它的气味，你便会很自然地联想起幽远宁静的山林，想起山林中神奇美丽的一切。这样的植物，大概就是人参。

《人参》一文中，写到了一个在中俄边境采人参的中国老人，一个上海人，普列希文以充满感情的笔调描写他，把他写成了辽阔山林的一个美妙的组成部分，使人读后难以忘怀。我在读关于这位名叫卢文的上海人的文字时，不禁暗暗自问：在现代社会，还会有这样把自己融入在大自然中的上海人吗？

《人参》中写得最富有诗意的，是森林中的梅花鹿。普列希文在描写他见到的几只梅花鹿时，就像在倾诉对美丽恋人的一片深沉的痴情。作为一个猎人，他因此再也无法扣动猎枪的扳机。

1993 年 6 月 20 日

蝉鸣如鼓
——读《斯好散文精选》

前几日，收到斯好寄来的《斯好散文精选》，一本从包装到内容都使人爱不释手的好书。斯好从事散文创作多年，终于出了这样一本精彩的书，真是从心里为她高兴。

和斯好认识多年，以前她曾是一个很热心很尽职的好编辑，约我写稿，做我的责编，负责尽心得无可挑剔。后来和我一样，她也当了专业作家，专业写散文，一个既要甘于清贫，又要甘于寂寞的职业。我曾经为斯好担心，像她这样一个纤弱的女子，能承受吗？然而事实证明我的担心是多余的。这些年，她以自己清丽而富有底蕴的文字，向世人展示了一个女作家缤纷斑驳的心灵世界，斯好的名字，也已经成为散文爱好者关注的对象。

斯好的散文很耐读，原因是她把自己深沉的感情和不同凡响的思索都融化在了文字中。《斯好散文精选》中的作品，我有的以前读过，有的还是第一次读到。不管重读还是初读，她的文字都不时使我心灵颤动。譬如那篇《倾听蝉鸣》，一千多字的短文，写蝉鸣，写日食，写渔村中守寡的渔妇阿网，从小小的昆虫写到浩瀚的宇宙，又写到充满苦难和扭曲的人生……它们之间似乎毫不相干，又似乎密不可分，是如鼓的蝉声像一根奇妙的游丝一般把这一切都连在了一起。

“如鼓的蝉声伴我从清晨到午夜。我静听它有如静听人类的心声，有如静听宇宙的回音。为什么我如此清楚又如此悲哀，如此透彻又如此缠绵？”当她在自己的文字中发出这样的感慨时，谁也不会觉得这是牵强的、不自然的。这是一颗敏感多思的心灵在叹息。我想，有很多人会在她的叹息中心有共鸣的。

1993 年 6 月 21 日

墨色中的晶莹
——读刘桦园散文

“突然地感到一瞬也是一生。有突然，就有取之不尽的年轻。”

“生命不用翻译，不必流行。谜就是谜底。”

“命运，从未有过什么年代和现实。只有屈服和自由的延伸。”

“精神的来去总是那么孤独。然而，人的力量也就在这里。”

以上这些闪烁着智慧和哲理光彩的句子，都引自刘烨园的散文集《途中的根》。在这本散文集中，有很多这样读了可以使人眼睛一亮、心头一颤的语言。我可以随手从他的散文集中引出很多这样的警句。刘烨园的散文，有很多篇章都充满了思辨的色彩。他似乎醉心于理性的思索，醉心于用带着些许神秘色彩的箴言似的句子点缀自己的散文。这就使他的文字不同于常人。因为，并不是所有的人笔下都能涌出这样机智而又不乏深刻的文字来。然而仅仅用这样的警句罗织文章，恐怕不会成为真能打动人的好作品，弄得不好，很可能会成为一种虚夸的炫耀或者卖弄。刘烨园的成功，在于他能将这些理性的警句很自然地交融穿插在行文之中，是在细节的描绘和抒情的咏叹之间的巧妙点缀。它们是墨色天幕中的点点星光，使沉闷的夜空变得晶莹动人。

我想，刘烨园的这一副文笔，不仅得益于他的善于思索，也得益于他的勤于阅读。从他的文章中就可以发现，他情不自禁地就会谈到他所崇仰或者欣赏的那些睿智独立的文人、艺术家，譬如鲁迅、萨特、米兰·昆德拉、凡·高和保罗·高更……他读他们的作品，也读他们的精神和人格，而且不时流露出自己对他们的独特见解。

数年前，曾读到刘烨园的第一本散文集《忆简》，书虽然出得极为简朴，其中的文字却留给我很深的印象，他那种独立野外、静静思索的风格，使我产生了共鸣。很显然，《途中的根》较之《忆简》有了很大的发展，依然是独立野外，然而文字中流露的思绪和情感却更为丰富深沉。我以为这是一本很耐读的散文集，读者可以通过那些不慌不忙的冷静的行文，走进一个孤独却富有激情的心灵世界。

1993 年 8 月 3 日

话说中年
——读梁实秋《中年》

读梁实秋的《中年》，很为其中的许多感叹和描绘叫绝。也许自己也是人到中年，一边读，一边生出不少共鸣。

从青年到中年，这过程往往是在不知不觉中完成的。“有一天会蓦然一惊，已经到了中年……所谓‘耳畔频闻故人死，眼前但见少年多’，正是一般中年人的写照。”梁实秋写到中年人在生理上的种种变化，真是惟妙惟肖。年轻人喜欢照镜子，到了中年，便和镜子的缘分逐渐减少，“以至于有一天偶然揽镜，突然发现额上刻了横纹，那线条是显明而有力，像是吴道子的‘莼菜描’……再一看头顶上的头发有搬家到腮旁颌下的趋势，而最令人怵目惊心的是，鬓角上发现几根白发，这一惊非同小可，平素一毛不拔的人到这时候也不免要狠心地把它拔去，拔毛连茹，头发根上还许带着一颗鲜亮的肉珠。但是没有用，岁月不饶人。”写女人到中年的变化，就更生动了，“曲线还在，但该凹入的部分变成了凸出，该凸出的部分变成了凹入，牛奶葡萄变成了金丝蜜枣，燕子变成了鹌鹑。最暴露在外面的是一张脸，从‘鱼尾’起皱纹撒出一面网，纵横辐辏，疏而不漏，把脸逐渐织成一幅铁路线最发达的地图，脸上的皱纹已经不是熨所能熨得平的……”

像此类生动形象的描绘和感慨，在《中年》中还有许多，读着它们，使我不禁感佩梁先生的一枝生花妙笔，竟能在人体的生理变化中寻到这么多富有幽默感的比喻和联想。如果这篇散文仅此为止，大概也不能算什么警世之作。梁实秋当然不是浮浅之徒，人的中年，不仅有生理的变化，更有心理的变化。施耐庵在他的《水浒》序文中有如下感叹：“人生三十未娶，不应再娶；四十未仕，不应再仕。”而西方的民间谚语却有着完全相反的意思：“人的生活从四十岁才真正开始。”对中年的看法，竟会有如此大的差异。梁先生很幽默地把中国中年人不思进取的原因归咎于营养不良，“吃窝头米糕长大的人，拖到中年就算不易，生命力已经蒸发殆尽。这样的人焉能再娶？何必再仕？服‘维他赐保命’都来不及了。”这种说法有点像说笑话，不过在从前，这也确是事实。那么，中年人究竟应该如何对待生活呢？梁先生的高见是：问题在对“生活”两字如何理解。“如果年届不惑，再学习溜冰踢毽子放风筝，‘偷闲学少年’，那自然有如秋行春令，有点勉强。半老徐娘，留着‘刘海’，躲在茅房里穿高跟鞋当做踩高跷般的练习走路，那也是惨事。中年的妙趣，在于相当的认识人生，认识自己，从而作自己所能作的事，享受自己所能享受的生活。”

至于如何理解生活，如何认识人生和自身，我想大概是因人而异的。

有人认为中年是人生最成熟的时期，对社会、对生活、对人，都有了自己独立的见解，在事业上也多少有了建树，只要不虚度时日，不消沉悲观，不被声名和闲情所累，积极奋进，拼搏不止，那么，在这个时期，应该会达到事业的辉煌境界。也有人认为，少年时糊涂，青年时辛苦，人到中年，应该充分体会人生的欢乐和幸福，该得到的，一定不能放弃，该享受的，一定要不失时机“过把瘾”。前者以事业为先，后者以生活为重。我想，人活着，最可怕的便是走极端。对中年的这两种态度，如果也走到了极端，那么，恐怕难得善终，在这两者之间，能不能走一条“中庸之道”呢?

1993 年 8 月 22 日

梦幻山林

——读冰夫《山中岁月》

最近读到冰夫的一组散文诗《山中岁月》，感觉是跟着他神游了广阔而又神秘的大山和丛林，和他一起呼吸山中潮湿的风，追逐山林中飘荡不定的云雾，和他一起走进密林寻访猎人的小屋，听老猎人用平淡而隽永的语言谈森林中的一切……我们在山路上走得累了，便采路边的山葡萄解渴。我们也曾在森林中迷路，迷路的瞬间，大自然突然在我们周围变起了奇妙的魔术，使我们依稀回到遥远的故乡，回到弥漫着爱情悲欢的青春时代……这种感觉，神奇如梦幻。

许多年前，我和冰夫曾经一起在远离都市的山林中生活过一段时间，我们曾一起跋山涉水，一起访问深山中的人家，一起在大森林里迷路……这是非常难忘的经历。人在大自然中，心会很静，想象的翅膀却会变得异常发达，而这些想象，都是人间的美妙景象，即便其中蕴涵着些许感伤。那时候，我们甚至在相同的题目下写了不少诗文，读冰夫的这些散文诗，使我仿佛又重温了多年前我和他一起漫游山林的景象。过去这么长时间的经历，竟然还能这样清晰真切地出现在他的笔下，带着湿漉漉的自然气息，带着缤纷奇丽的梦幻，也带着他的叹息。一个年逾花甲的人，还能有这样的感受，他不愧为一个诗人。

使我心灵受到震动的是他写森林大火的那些文字，“千万株树木在火海中粉身碎骨。茫茫森林被烟雾笼罩，几乎变成荒漠。岩石烧成干枯的裸体。乌焦的断肢在冷风中飞飘……”这样的景象，未必是他亲眼目睹的，但他紧接着又写了森林的复苏，写了在一片焦土上重新生长起来的新的森林：“那些蓬勃的树木正悄悄地繁衍后代，全无幸存者的谦卑和夸耀。”他是由人间的灾难联想到大自然的火灾，又由大自然的复苏联想到了人间的希望。

好的文学作品，应该向读者展示希望的亮光，哪怕这亮光极其微弱。有时候，一星豆火比满天的大太阳更为美妙。

1993 年 9 月 6 日

太阳之舟

——读文昕《太阳之舟》

《太阳之舟》是一本诗歌和散文的合集，作者是北京的女作家文昕。读完她的诗文，觉得有很多余音在耳畔缭绕，其中有风的歌唱，有流水的叹息，有很多色彩不同的生命在大自然中发出的无拘无束的呼喊……梦幻和现实交织在她的诗文中，使人感到飘忽神奇，感到作者正驾驭着文字的翅膀在情感和思想的天空中遨游飞翔。我想，绝不是每个舞文弄墨的文人都能作这样自由自在的飞翔的。

"荒原，请给我一把锋利的藏刀！"

"我要用我咬过黑夜漫长脐带的牙齿，紧紧咬住你的锋刃，让我的目光中闪动出电光般狂暴的刀光。"

"跃上天边烈马般奔腾的红云，撞碎浓密的阳光之网，向着荒原，向着大山，飞驰，飞驰！"

这是书中《荒原的女人》一文的开头。我很难忘记《荒原的女人》这样的作品留给我的印象，作者的思绪犹如天马行空，忽而沙漠，忽而高山，忽而黑夜，忽而黎明，忽而寒冬，忽而阳春，忽而远古，忽而未来，忽而在母亲的视线里，忽而又在恋人的怀抱中。

文章中的人物和自然景象竟会那么不可分割地交融在一起，并且不时转换，有时是人变成了山冈河流，有时是鹰和风暴变成了人……作者就在这种物我一体、时空流转的氛围中尽情宣泄着心中的激情，传达着丰富而又辽阔的憧憬。很难想象在一个纤弱女子的心中会蕴藏着如此浑厚博大的情感。

我能感觉到她的孤独，能感觉到她对生活对人间真情的渴望，她不甘心这种渴望永远得不到回报，于是她才用她那不同于常人的声音放声歌吟。

有些人天生是诗人，生活中遭遇到一切：欢乐、痛苦、忧伤、爱和恨……在他们的笔下，都成了令人难以忘怀的咏叹。文昕大概也属于这一类。

1993 年 9 月 25 日

沉思的伊人

伊人是个只知耕耘、不问收获的散文家。他写了很多出色的散文，赢得了众多的读者，他的作品还被收入语文课本，成为孩子们的范文。然而伊人似乎总是默默地走他自己的路，不张扬，不鼓噪，他从来不宣扬自己，也不见有人来评论他。然而读者们不会忘记他，因为他的文章如同一块又一块里程碑，恒久地竖立在他走过的路上。他的思想，他的感情，他的智慧，包括他的幽怨和孤独，都已经刻在这些里程碑里，只要有人读它们，就会有共鸣在他那些独特的文字间回响。

伊人在八年前问世的第一本散文集题目为《沉思和遐想》，他最近出版的一本散文集的书名是《飘零的思绪》，这些书名，很能体现他的风格。读他的文章，我的眼前很自然地会出现一个默默沉思着的人，一个内心丰富、情感炽热，然而表情却严肃的人，一个在一条无人的小路上低着头沉浸在漫漫遐想中的人。他的思想天地，绝不是一个沉默的世界，他时而和中国古代的哲人们对话，时而和外国的思想家们对话，也和变幻莫测的大自然对话，就是面对着一块无字的碑石，他也有很多话可以说。他的散文，使那些无病呻吟的、轻浅飘忽的文字相形见绌。

伊人散文中的哲理不是枯燥乏味的说教，他从不忽视形象的思维，总是把哲理很巧妙地蕴含在一个人物的故事，或是一种物体的存在之中。他常常借助大自然或古人之口，奏出他自己的心曲。他的哲理也不是文人关在书斋里的自说自话，对社会，对人生，对世风，他有着犀利而触及时弊的看法。譬如《吃蟹勇士的死》《植树人和凉亭批评家》诸篇，虽无一句言及现实，但读者很自然地会想到当今社会中的许多使人不平的问题。

有人哀叹，现在是一个不需要思想的时代，哲人们的感慨早已失去了存在的价值，失去了现代人心灵的共鸣。伊人固执地用自己的声音改变着人们的看法。我想，只要仔细读他的文章，那些缺乏远见的看法是可以改变的。

伊人的散文，其实用不到我来推荐，读者自会在文字的海洋中作出他们的选择。但是，中国是如此之大，中国的报纸和出版物是如此缤纷，中国的作家和所谓的“作家”是那么众多，忙忙碌碌的读者们是很难选得过来的。因此，我还是要很郑重地向爱读散文的人们推荐伊人。

1993 年 9 月 18 日

和平包容着我
——读杜宪《我在美国 106 天》

去年，杜宪去美国之前，我曾问她，你去了还回不回来？她说："当然要回来，我只是去看看，了解一下世界。"她在美国待了三个月，又回到了北京。

前几天，收到杜宪从北京寄来的一本书，是她的新著，也是她的第一本书：《我在美国 106 天》，长春出版社出版。书不厚，文字也不算多，所以我只花两个小时就读完了。使我一口气读完这本书的原因，当然不是因为它短，而是因为这是一本值得一读的书。

杜宪的文章是她性格的再现，朴实无华，真实诚恳。读她的书仿佛在听她用很直白很生动的语言和你说话，不做作，不摆弄噱头，使你觉得亲切可信，就像当初听她在电视屏幕中播那些真实的新闻：一个 90 年代中国的知识女性，在美国会遇到一些什么样的故事，会产生一些什么样的感慨，会引起一些什么样的思索？杜宪的书作了很有意思的回答。三个月，时间不算长，也不算短，作为一个旅游者，她的足迹留在了美国的很多地方，从北到南，从东到西，她睁大眼睛仔细地观察这个被很多人诅咒、也使很多人流连忘返的陌生国度。

她在纽约繁华的街头散步，在拉斯维加斯亮如白昼的夜色中发出种种疑问，在市郊接壤的墓地中对人世和生命作与众不同的思索……她和形形色色的美国人交谈，也和许多在美国的中国人接触……虽然只有几万字，但从中传达出的信息却极为丰富。如果对这一切加一番渲染，大概可以写成厚厚的一本书，杜宪却谈得很简洁，没有过多的描绘，没有摆开架势讲她的经历，水分很少，但这些叙述绝不是一个观光客走马观花的印象，她无时不在思索。对美国的印象，是好，她就说好，是困惑，她就谈困惑，并不含糊。她是一个有独立见解的中国人。记得《北京人在纽约》播出后，陈村曾在他的一篇文章里提出质疑：北京人，你们为什么不回来？我想，杜宪的书也许能够回答这样的问题。不过杜宪还是回来了。

《我在美国 106 天》中有很多照片，为这本书增添了不少色彩。杜宪在这些照片下的题词很有意思，譬如她和陈道明一起在赌城的灯光中留影，她的题词是：人在赌城面前显得黯然失色。她在草坪上和一群鸽子的合影，题词为：和平包容着我。纽约联合国大厦前有一尊雕塑，造型是一把左轮手枪，杜宪站在这尊雕像前留影，并在照片下题道：我真心地喜欢这尊雕像。初看这张照片，我不由一惊：杜宪居然会喜欢一把手枪？仔细一看，我才明白了，雕塑上的那把手枪，枪筒已被打成一个死结——这是一把永远也不可能再发射的枪。这是表现和平愿望的一种特殊的艺术语言。杜宪既然喜欢，总有她的道理。

1993 年 12 月 29 日

品 文 札 记

美丽的翅膀

一双深沉的眼睛凝视着辽阔的大地……

一颗充满挚爱的心在大地上飞翔……

一个人和大地奇妙地融合在一起……

读泰戈尔的《我对大地的爱》时，我不仅被文章中的深情震撼，也为作者神奇的想象力惊叹。泰戈尔爱大地爱得如此之深，以至于产生了幻觉，仿佛自己也成了大地的一部分，“我上面长着青草”，“我上面照着秋光”；作者的意识竟会流过草叶和草根，会“穿过树干和树液一同上升”……

似乎每一句话都是荒诞的，但它们却使人感到真实。因为，作者的爱是真的。大胆而又出奇的想象，并没有损伤作者所要抒发的感情，相反，有了这些非同一般的想象，作者对大地的爱才显得更丰富、更真切、更深沉。

大胆的、合乎情理的想象，如同美丽的翅膀，能把读者引进深邃的意境。

憎恶和爱

左拉的《我的憎恶》，是一篇震撼人心的奇文。

写这篇文章时，左拉还很年轻，血气方刚，无所顾忌。他在文章中以激昂的情绪、犀利的语言抨击了他所憎恶的人，无情的批判和嘲讽犹如寒光四射的利剑。可以想见，在当时发表这样一篇锋芒逼人的文章，需要何等的勇气；也可以想见，当这篇文章在法国流传时，曾引起多少人的惊骇和仇视。时隔一百多年，我们依然可以体会到这篇奇文的力量。

左拉憎恶的是什么？他的观点鲜明，毫不含糊。他憎恶那些没有价值和软弱无能的庸人，他憎恶那些纠缠于个人偏见，无视真理、趋炎附势的人，他憎恶那些不正常的冷嘲热讽，他憎恶那些高傲而又无能的蠢人，他憎恶那些惯于发号施令的学究，那些回避现实生活的书呆子一样的令人讨厌的家伙。在抨击了他的憎恶，并历数了他为何憎恶的理由之后，他又奇峰突起地宣告："现在你们知道了我爱些什么，我作为一个青年的美好的爱是什么。"

尽管左拉在文章中没有解释过一句他的所爱，但是，当我们最后听到他这样宣告时，却一点不觉得突兀，因为，在批判他所憎恶的同时，其实他也已经告诉人们他的爱是什么：他所憎恶的对立面，便是他的爱。所以可以这样说，《我的憎恶》实际上也是一篇爱的宣言。

这样的文章不可多得，它充满了旺盛蓬勃的朝气和生命力，洋溢着无所畏惧的批判精神。文章中那些大胆、夸张和生动的描绘，表现出青年左拉的惊人才华。也许，至今仍会有人认为左拉的观点失之偏激，但谁能否认《我的憎恶》中闪耀着真理的光芒，谁能否认其中奔突着青春的活力呢？

重　奏

迎着秋天的艳阳漫步田野，就像走进了一幅明朗高旷的油画中。秋天的大自然是那么奇妙，收获的喜悦弥漫在天地之间。在林间草地意外地发现一颗晚熟的草莓，不禁想起了春天和夏天，想起了大自然的千百种生灵在不同季节的千百种微妙的变化。也回忆起已逝去的青春时代的单纯和天真。阳光使万物走向成熟，人类亦然。虽然美妙的时刻一去不返，温暖的春天和清纯的青春岁月却永远使人留恋……

这就是波兰作家伊凡什凯维奇在他的散文《草莓》中向我展示的情境。这情境充满了对青春、对生命、对大自然深挚的爱。这些爱并不是孤立的，它们如水乳交融，你中有我，我中有你，谁也无法把它们分割。大自然的法则制约着世间的一切生灵，有些人漠然视之，有些人从中悟出生命的深刻意义，因而更加热爱自然，热爱青春和生命。在这样一篇短短的散文中，作家表达了曲折而又丰富的情绪。原本似乎不相干的事物，经过作者巧妙贴切的组织糅合，极其自然地融汇在一起，犹如几把小提琴，各自发出不同的鸣响，却奏出一阕和谐优美的短曲。这样的重奏是令人赞叹的。

紫罗兰的哲理

纪伯伦在他的散文《虚荣的紫罗兰》里讲了一个童话，一个忧伤而富于哲理的童话。一株娇小的紫罗兰，因为不满足于自己的命运，不满足于自己渺小可怜的形象，不顾一切劝阻，求造化把自己变成了一棵盛开的玫瑰。然而一个小时后，玫瑰便被一场暴风雨摧毁。虚荣心使紫罗兰失去了宝贵的生命。

这个童话告诉我们什么呢?

玫瑰花和造化作了很好的回答：要克服空虚的幻想和无谓的骄

傲，要满足于自己的命运，谁要求过多，就会失去一切。

纪伯伦的思索并没有到此为止。更发人深思的，是紫罗兰临死前发出的感慨："我听见更高的世界对我们的世界说：'生活的目的在于追求比生活更高更远的东西。'""我反抗了自己，我追求那些我不曾有过的东西，直到我的愤怒化成了力量，我的向往变成了创造的意志。"濒死的玫瑰毫不后悔，骄傲而又神往地回顾了它那一个小时的玫瑰生涯。她含笑死去，死而无憾。

紫罗兰说出了两层哲理，前一层是对虚荣心的贬斥，后一层却是对拼死追求理想的褒奖。两层哲理是一对互相排斥的矛盾，纪伯伦似乎并没有厚此薄彼的倾向。这样一来，文章便给读者留下了一大片空白，你必须通过自己的思索来填补这片空白。常说好文章应当余味无穷，我想，这大概也是余味无穷之一种吧。

林中泉水

谈语言的文章常常使人觉得枯燥无味。巴乌斯托夫斯基的《小树林中的泉水》却是一个例外。这篇散文是在谈语言，然而我仿佛是被引导着在读诗，在品画，在宁静的大自然中散步。

巴乌斯托夫斯基把语言比作泉水，描绘泉水时，他却似乎故意游离了命题，只是以自己独特的感受和想象力描绘自然。他笔下的湖水，是一片静静的星星色的碧水，"在它透明的深处有柔和的浅绿和碧蓝的色调……"这样细致入微的刻画，不仅使人如临其境，也使人品味到文学语言的魅力。他的文字犹如音乐，不管是大声朗读还是轻声吟诵，都可以体会到一种美妙的节奏。

我不懂俄语，不知"泉水"一词在俄语中有多少种解释。然而就是这么一个普通的词，却引出了作家的丰富联想："泉水产生河，而河水流过我们母亲大地，流遍辽阔的俄罗斯，养育着人群……"作者的感情渗透在文字之中，当他以真诚的态度娓娓而谈时，读者情不自禁地和他一起陶醉在语言的优美旋律中。

用充满魅力的文字来赞美自己的母语，巴乌斯托夫斯基达到了自己的目的。他的散文本身就是非常有说服力的证明。

火　光

这是大约一百年前的情景了：在一次俄罗斯文人的聚会上，一位活跃的女作家拿着一本装帧精美的纪念册，在人群中寻找着她所敬重的作家，请他们在那本纪念册上签名题词作留念。她找到了柯罗连科。柯罗连科看了看年轻可爱的女作家，先是微笑，然后皱起眉头，用笔在掌心里轻轻地拍了几下。女作家以为柯罗连科要拒绝，睁大眼睛问道："怎么，您不愿意为我写点什么？"柯罗连科摇摇头，凝视着女作家那双忧郁的眼睛，燃烧的灯火在她幽深的瞳仁中闪闪发亮。柯罗连科的眼睛也亮了一下，似乎联想起什么遥远的往事。他从女作家手中接过纪念册，走到大厅的一边，伏在一张桌子上，默默地写起来。他几乎是不假思索，飞快地在纪念册上写着……女作家焦急地在一旁等着，她没想到柯罗连科会在纪念册上写这么多字，也不知道他会写一些什么。等纪念册回到女作家手里时，她的眼神中闪射出欢乐的光芒，嘴里情不自禁地念出声来：

"很久以前，在一个漆黑的夜晚，我泛舟在西伯利亚一条阴森森的河上……"

这就是后来脍炙人口的散文名作《火光》。几百个字的短文，又是即兴而作，却写得有声有色，有情有理，这是写给颓丧和失望的人们看的一篇优美的散文，在黑暗中看到火光，尽管遥远，然而它在前方燃烧。当生活之河在阴森森的两岸之间流着，有了这样的光亮，便增添了继续扬帆划桨的勇气。我想，那位请柯罗连科题词的女作家，当时大概正被烦恼和沮丧的情绪笼罩着，柯罗连科在她的纪念册上写这篇《火光》，是不是为了给她一种安慰呢？

红豆和常春藤

《红豆》和《囚绿记》，是陆蠡的两篇散文，写了两种植物，红豆和常春藤。

在陆蠡的散文中，我以为《红豆》并不是最出色的一篇，然而却是很特别的一篇。读完之后，你会觉得有很多东西可以咀嚼。文章中流露出来的情绪，是喜是悲，是开心是遗憾，有些说不清楚。文人以红豆寄托相思和爱情，而《红豆》中的新娘却浑然不知这风雅的典故，只是以它和蚕豆、扁豆作比，关心它是否能吃。于是“我”索性恶作剧，将红豆烹制成羹，让新娘品尝。文章的结尾是一阵大笑，但读者却笑不出来。这样的恶作剧（我以为是恶作剧），究竟是取悦新娘的一种幽默，还是为了讽刺新娘的无知和缺乏诗意？我想，不同的读者可作不同的理解。文中只有“抚然”一词流露出失望，其余都是平静的叙述。明白如画的故事，朦胧曲折的感情，这大概就是《红豆》的魅力吧。

写花草的散文，容易流于轻浅，陆蠡的《囚绿记》却不同凡响。在小斗室中养一株常春藤，原本是一件普通甚至乏味的小事情。但在这篇文章中，一株绿草却有了喜怒哀乐，它完全和主人的生存状态和思想情绪合二为一了。陆蠡对这位“绿友”倾注了那么深的感情，却不使人觉得牵强。通过一株绿草表达向往光明、追求自由的心情，寄托思想的载体似乎太弱小，然而小小“绿友”非常胜任。为什么？我想，是因为作者的真诚，还有那行文的自然。我在少年时代读过这篇散文，读一遍之后再也无法忘记，直到现在。《囚绿记》使我认识了陆蠡。我曾根据这篇散文想象作者其人——这是一个瘦弱、斯文的读书人，是一个善良、热情的好人；他一定性格内向，沉默寡言，因为一个爱喧嚷的人绝不可能和一根无言的青藤“对话”，产生如此细腻动人的感情交流……后来据认识陆蠡的前辈作家告知，我的想象并不错。一篇短文能使读者如此遐想，当然是佳作无疑了。

母子亲情

我和肖复兴相识多年，彼此都很了解。我知道他对母亲非常孝顺。我曾听他讲过不少关于他母亲的故事，也曾见过他的母亲，见过他对待母亲的温和耐心的态度。四年前，肖复兴的母亲逝世后，他给我来了一封信，信中流露出失去母亲的悲痛，他告诉我，把他抚养长大、共同生活了很多年的母亲，其实并非他的生母。这件事情，他还是第一次告诉别人。这消息使我震惊，也使我更加深了对复兴的了解。他一直像对待生母一样对待后母，恐怕不是人人都能做到这样。

又过了一段时间，我在《文汇月刊》上读到了复兴的新作《母亲》。我一口气读完了这篇万字长文，深深地被打动，并且懂得了肖复兴为什么对母亲有如此深挚的感情。这是一篇自叙性的散文，从小时候一直写到母亲逝世。文章中叙述的似乎都是细微琐碎的小事情，然而却始终动人心弦，不少段落催人泪下。为什么？是因为作品中表现的母爱，为人子女者，谁没有体验过母爱，这种平凡而伟大的感情是人类感情中最恒久、最不带功利色彩的。读者读这样的文章时心有共鸣，是很自然的事情。而复兴所体验的母爱，又是那么特殊，从对后母的疏远、仇视、不信任、不理解，到最终发自内心的感激和爱，其间的经历漫长而曲折。最使我感动的，是童年时的那些故事，母亲的善良、慈爱、忍让、坚强和温柔敦厚，通过许多细节得到表现。复兴笔下的母亲，是一个活生生的、有血有肉的贤妻良母。这样真实动人的故事和人物，使许多虚构的小说相形失色。复兴在讲述关于母亲的故事时，用的是极为自然朴素的文字，没有夸张，没有渲染，也没有很多议论和抒情，然而从头至尾都能感受到作者深挚的感情。我一直认为，散文作者应该在作品中袒露自己的灵魂，诚如鲁迅先生所言：把自己的灵魂亮出来给别人看。肖复兴在《母亲》中，毫无保留地展现了自己的灵魂色彩，他的那些自责和对母亲的负疚，更使读者体会到，真诚是多么珍贵动人的一种品德。在《母亲》中，读者不仅认识了一位值得尊敬的好母亲，也认识了一位值得尊敬的好儿子。

《母亲》也感动了电影艺术家孙道临，他把肖复兴和其母亲的故事搬上了银幕。这部名为《后母》的电影我还没有看过，有机会我要去看一看。看电影和读散文，能不能得到相同的感受呢？那只有等看了才能知道。

1993 年春日

今夜不孤独

陈村的散文小品很受读者欢迎，然而读者总是无法找到他的散文集，有很多人为此而遗憾。其实，他有好几本散文集正在出版的过程中，只因为我们的出版周期实在太长，所以好书也须千呼万唤才出来。前些日子，陈村终于将他刚刚出版的散文集送给了我。这是他的第一本散文集，书名耐人寻味：《今夜的孤独》。

《今夜的孤独》使我度过了好几个快乐的夜晚。这本书中的文章，有的我以前读过，有的是第一次读到。读陈村的散文，是一件愉快的事情，他总是以轻松幽默的口气，议论着人间的种种现象，不管是喜剧是悲剧，是欢悦是忧伤，在他的笔下，不会是忘形的开怀大笑，也不会是绝望的愁眉苦脸。陈村自有他与众不同的表情。

陈村的表情是什么？恐怕他自己也说不清楚。我以为，除了他色调冷峻的幽默，除了他天马行空式的想象力，还有很重要的一点，他总是不愿意以一个一本正经的正人君子的面目出现在读者面前，尽管他正在自己的文章中谈着极严肃的事情——谈极严肃的事情，他也不会苦着脸，而是天南地北地调侃，委婉曲折地进入主题，使你在忍俊不禁时，猛然悟出其中的涵义。做到这一点其实非常不容易，不仅需要才情，需要思想，需要知识，需要独特的文字表达功夫，还必须有对人、对生活的一份爱心。陈村自己大概不会这样说，然而实际是这样。曾有人在我面前议论陈村的文章，说他有时幽默过头，有点油滑，我并不以为然。我的感觉是，他在以调侃的面目出现时，心里其实并没有淡忘自己的精神追求。对一个真正的作家来说，这其实是一件情不自禁的事情。

陈村曾以很轻松的口吻说自己的文章是“自娱娱人”。在写作圈里，还少了一点这样的“自娱娱人”。

是的，在我们的文坛上，陈村是不可替代的。

1993 年 5 月 26 日

扉页上的记忆和感念
——藏书题跋

书房里共有七个书架，已经全部放满。再有新的书进门，只能堆在地上或者椅子上。面对数不清的书，可以寻找到数不清的快乐。有些书，从买来到现在，一直没有机会去读，有些书，却常常忍不住要拿出来翻翻。一本书，就会有一个只有我自己知道的故事。有时候来了兴致，总喜欢在书的扉页或者书的其他空白处写上一些文字。这些题跋，其实是很个人的情致和思绪，而且零碎片段，并不成文。

《普希金抒情诗一集》[①]题跋

《普希金抒情诗一集》和《普希金抒情诗二集》曾经是我青少年时代最珍爱的书之一。我从这两本书中认识、了解并喜欢上了普希金。这种喜欢，一直延续到现在。在中国翻译出版的无数种普希金诗选中，这两本无论是翻译、编排还是书的封面装帧，都是出类拔萃的。

在“文化大革命”中，我曾拥有的这两本书被抄家的“好汉们”

① 《普希金抒情诗一集》和《普希金抒情诗二集》，1957年由新文艺出版社出版，译者查良铮，封面设计西厓。

投进了烈火，看着它们被无情的火舌舔为灰烬，我心如火焚……

大概是在70年代末，与好友罗达成（当时为《文汇月刊》副主编）谈及我对这两本诗集的怀恋，罗兄笑道："我正好有多余的一套，以前在旧书店淘来的，送给你吧！"罗兄言而有信，几日后果然给我送来了这两本书。使我惊喜的是竟和我当年痛失的那套是同一版本，而且，书品远比我那两本几乎要被翻烂的书要好，就像新的一样！

1993年岁末于四步斋

《普希金抒情诗二集》题跋

关于这两本书的封面，说几句。

在中文版的普希金诗集中，我以为这两本是封面设计最好的一种。诗人在窗前的剪影，窗外是萧瑟的秋枝，弥散着一种幽远而又忧伤的情境，是普希金许多诗作中的意境。前年出访俄罗斯，在圣彼得堡参观普希金故居，流连于他的大书房中时，充满我脑海的，就是此书封面上的情景……

前几年，有幸结识此书的封面设计者西厓先生，一位几乎被世人遗忘的老画家。在三、四十年代，他的木刻和漫画曾名满天下。然而进入50年代后，他的名字却突然消失。他是无数蒙受冤屈的不幸者中的一个，几十年中被剥夺发表画作的权利，复出后亦被势利者们轻慢。我看了他近几年创作的所有画作，钦佩惊奇不已，他完全具备了一个大画家的风格和水准。在30多年前就能画出如此意境的诗集封面，岂非大家！

1993年12月8日

《波斯人信札》题跋

在文化荒芜的年头，孟德斯鸠这本书陪伴我度过了很多寂寞的时光。孟德斯鸠以严肃理性的《法意》著称于世，《波斯人信札》和《法意》是完全不同的面孔。一个写《法意》的学者，会写出《波斯人信札》这样的小说，真是一件很奇怪的事情。我想，较之《法意》，这本书更容易为大多数读者接受。当初读这本书，开始只是被书中奇特的情节吸引，这类后宫故事，对现代人来说，是《天方夜谭》的另一种版本。当年，在乡村“插队落户”的岁月中，就着油灯昏暗的微光读这样的故事，感觉是极其奇妙的。孟氏不仅以他独特的故事把我引进一个陌生神秘的世界，也以他流畅严谨的文字陶醉了我。我相信，《法意》这样的著作将成为历史的一种严肃而枯燥的注释，现代或者后代的普通读者不会对它感兴趣，它只能放在学者专家的案头以备查考。而《波斯人信札》却会永远使人产生浓厚的兴趣，不管世界上是不是还有书中描绘的那种与世隔绝的后宫。这使我想起中国的钱钟书，作为学者，他已经著作等身，这等身的著作，一般的读者大多不会去读，但他的小说《围城》却是家喻户晓。

当年读这本书时是偷偷摸摸的，因为有人认为这样的书有点“黄色”。现在重提往事，有点像说笑话了。

1994 年 8 月 9 日

《猎人笔记》题跋

书已经如此破旧，扉页早就不知去向，只能把字写在正文的书眉上了。

最初读这本书，是 30 年前的事情了，书页中留有我少年时代的指痕。这本书使我了解并且喜欢上了屠格涅夫。我无法忘记他在书中讲的那些故事，无法忘记他笔下的俄罗斯大自然。这是从一个健康的、生机勃勃的、对生命和大自然充满了爱的人心中流出的一条河，这条河中奔腾着清澈湍急的流水，挟带着树林、草原和野花的芬芳，使我情不自禁地追随着这流水走向远方。我可以想象，当初他是怎样以这本书轰动了俄罗斯文坛。前几年访问俄罗斯时，曾在屠格涅夫生活过的森林和草原中散步，感受和屠格涅夫笔下的气息和氛围十分吻合，尽管时间已经过去了一个世纪。

现在再读这样的书，也许会嫌故事和描述的节奏过于缓慢。究竟是现代生活的节奏已和一百年前的俄罗斯完全不同，还是现代人已经少有了前人的那种闲适和沉静，少有了感受人生和大自然的那份精细和缜密？

1994 年 8 月 10 日

《擂鼓集》题跋

这是陈山的一本诗集，很多年前在旧书店里淘得。

陈山在五、六十年代曾经是很活跃的一个诗人，我并不认识他。和当时的很多诗人一样，用诗句讴歌现实生活，把很多并不值得庆幸的现象诗化、理想化。但我并不怀疑他在诗歌里表现出的激情是虚伪的。这是时代的产物，大多数人都无法超越自己所处的时代，诗人当然也不例外。比起当时很多既空洞浮夸，又缺乏艺术魅力的所谓诗歌，《擂鼓集》还是值得一读的。不过，这样的诗现在读起来仿佛已经是隔了一个时代，要想让读者从中产生什么共鸣，是不可能了。

我买这本书的原因，是因为诗集的扉页上有诗人的签名，这是他送给朋友的一本书。我无法知道这本书为什么会来到旧书店，是书的主人在“文化大革命”中被抄家，致使这本诗集无可奈何地到了旧书店，还是陈山的这位朋友认为这本书再无保留价值，把它送到了废品回收站？或者还有其他什么我无法想象的原因。如果我是陈山，发现自己送给朋友的书出现在旧书店，会怎么想呢？大概也就付之一笑吧。写书的人指望自己的书千古不朽，当然是痴心妄想。但如果发现自己曾非常珍重的友谊被人以这样的方式出卖，也许会有些悲凉。

1994 年 8 月 19 日

《拜伦传》题跋

一个 20 世纪的日本人，写 18 世纪英国诗人的传记，会写得怎么样？而且，在法国的传记大师莫洛亚写过《拜伦传》之后，要写一本新的拜伦传记，实在需要一点勇气，这勇气如果不是以渊博睿智作为基础，那便可能是无知和愚蠢了。在读这本书之前，我持怀疑的态度。读完全书，我才改变了看法。鹤见佑辅不愧为一个出色的传记作家，他不仅有叙述故事的能力，不动声色，却将曲折的事件描绘得跌宕起伏、错落有致，使读者的情绪沉浮在传主的命运波涛中。作为一个伟大诗人的传记，这本书写得很简略，这大概也是作者无可奈何的事情，毕竟隔着遥远的距离，不能凭空杜撰无法了解的一切细节。但这本书有着莫洛亚所没有的激情，这激情打动了我。

传记作品，有两种不同的风格。一种是纯客观的叙述，作者几乎不流露自己任何的感情色彩，也不随意发挥自己的褒贬评价，这些作品的传主，往往是一些有争议的人物。另一种风格，作者并不掩饰对传主的爱憎好恶，在叙述事实的同时，也不时流露自己的情绪，这样的风格有时会影响作品的真实性，但对读者来说，这样的作品往往更有感染力。《拜伦传》大概是介于两者之间的另一种风格。不能否认，鹤见佑辅是成功的。

1994 年 8 月 19 日

《音乐的解放者悲多汶》题跋

这是一本大 16 开的毛边书，印于 1946 年，作者 R · H · 夏弗莱，翻译者为彭雅萝，由上海悲多汶学会出版。（“悲多汶”，即“贝多芬”。）这本保存了将近半个世纪的书完好如新，只是纸张已经泛黄。今年年初得到它时，书页还未曾裁开。可以说，这是一本古老的新书。

送这本书给我的，是一个名叫周贤能的读者。一次我在书店签名售书，他来买我的书，还带来了一些外国邮票，多为音乐家和文学家的纪念邮票。他说：“读过你的文章后，知道你喜欢音乐，以后我送一本和音乐有关的书给你。”想不到他后来竟给我送来这么珍贵的一本书。在书的扉页上，他为我抄写了贝多芬的一段话：“我们这些精神上无限而生命有限的人，就是为了痛苦和欢乐而生的。几乎可以说：最优秀的人物通过痛苦才得到欢乐。”是我很欣赏的一段话。

这是一本评传性质的传记。写了贝多芬的一生，对贝多芬的音乐有不少专业性很强的评价，附有很多乐谱的片段，对一般的读者说来，太专业了一点。但其中附录的一些照片，一些贝多芬书信的手迹，会使所有的读者都产生兴趣。

读这本书，不仅使我了解贝多芬，也使我不断重温着读者赠予我的美好情谊。

1994 年 10 月 9 日

《论音乐的美》题跋

这也许是一本过时的书。作者爱德华·汉斯立克，德国人，19世纪的音乐理论家。写这本书时，他只有29岁。中国的译者把这本书称为“近代资产阶级唯心主义音乐美学的代表性著作之一”。

这本书中的观点，和我对音乐的看法差距甚大。作者认为：“音乐的内容就是乐音的运动形式。”而否认情感对音乐的影响。我一直认为，音乐是人类感情的一种最为奇妙、最为美丽的宣泄和流露。音乐对人类的贡献，也就是它们丰富了人类的感情，激发了人们对美好事物的憧憬和幻想。音乐就像润滑剂，润滑着人类干渴焦灼的心灵。很难用理性的目光去剖析音乐。而汉斯立克却以他的理论阐述着奇怪的观点，即音乐不需要感情，只是一种用音符构成的形式，这种形式也就是内容。而音乐所引起的激情，在他看来是一种病态。何等奇怪的观点！

不同意书中的观点，但可以读一下，看看一个恃才傲物的理论家怎样将一种荒唐的理论编织得精密而雄辩。可以确信的是，作曲家和演奏家们是不会根据这样的理论来作曲和演奏的。

汉斯立克有很多关于音乐的著作，如《音乐的驿站》《现代歌剧生活》《德意志作曲家画廊》《音乐和文学事物》，很想读读这些书，可惜没有中译本。我想，四五十岁之后，他的观点会不会有一些修正呢？

1994年11月2日

《陈敬容选集》题跋

那是1983年深秋的一天，我意外地收到了作者寄赠给我的这本书。我不认识陈敬容，但她的名字我并不陌生，我熟悉她的诗歌，她是四十年代“九叶诗派”中很著名的一位。

这使我很系统地读了她的作品，也了解了她的思想和为人。我很喜欢她的诗歌和散文，尽管她写得不算多。从她的诗文中可以感受到，这是一个心灵世界丰富美丽的女人，是一个很纯粹的诗人。在这本书中，她用钢笔亲手改动或增删的地方有二十多处，有时增加几个字，有时是改动一个标点，或者是加上写作年代和地点。我想，光是在书上做这些改动，就要花费大半天时间，送书给一个素不相识的年轻人，竟也这么一丝不苟，可见她是一个多么认真的人。

此后，常和她通信，我也将自己的新著寄给她。她陆续寄来了她这些年中所有的著作。1985 年春天，在出席中国作家第四次代表大会时，终于和她见了面。感觉这是个内向的老人，岁月的风沙和命运的磨难在她的心灵中留下了创伤。然而只要读到她新作的诗歌，我就会体会到她热情洋溢的诗心，被她在诗中展示的美妙心画所感动。

陈敬容已经离开人世多年，重新展读她的选集，颇多感慨。也许很多人已经不熟悉这个名字，但是，如果能读到她的诗文，一定也会被她的热情和幻想感动的。而我，面对着她为我留在书上的一丝不苟的笔迹，面对着扉页照片上她年轻时温馨优雅的微笑，总是会默默地想：真诚的人和真诚的诗，她们的魅力和生命力是永远不会暗淡的。

1994 年 10 月 22 日

《图象与花朵》题跋

这是湖南人民出版社 80 年代初期出版的“诗苑译林”丛书中的一种，是法国诗人波德莱尔和奥地利诗人里尔克的合辑，译者为陈敬容。书是译者所赠。

这是很好的一本翻译诗集。陈敬容自己是很出色的诗人，将外语诗歌转化为中文，她当然会比一般人做得更好。书中波德莱尔的不少诗歌以前也曾有过多种译本，但我以为陈敬容的翻译诗味很浓，自然、流畅，能从中体会到原作的意境。书中有译者亲自用钢笔指出的多处错误，陈敬容的严谨和认真由此可见。

我一直认为，诗歌很难翻译，甚至可以说，有些诗歌根本无法翻译。一般而言，诗人只为同一语种的读者写诗，如果翻译成其他文字，就会失去诗作特有的语感、音乐感和意境。譬如西方人翻译唐诗宋词，怎么可能转换原作那种凝练而富有音乐感的语言，怎么可能传神地表达出原作幽深的意境呢？有些意境，必须通过特定的汉字来表达，翻译成外语，完全可能走样成一段不相干的文字。另外，有些翻译者并不会写诗，也不懂诗，他们怎么可能将其他语种的诗歌翻译好呢？这也就是我们读很多闻名遐迩的外国诗歌时，会产生“不怎么样”的感觉的原因。

所以我想，诗歌的翻译者，自己最好也是诗人。

1994 年 11 月 4 日于四步斋

《早恋》题跋

很多年前，读屠格涅夫的《初恋》，他所描绘的少年人那种朦胧而真诚的爱情使我惊叹。屠格涅夫不愧为大师，把书中人物微妙复杂的心理刻画得精微而合乎情理。这样的情景和心理，绝不是每个作家都能写出来的。我相信少年时代的屠格涅夫也许有过类似的经历。

肖复兴的《早恋》，大概是中国当代文学中把这类题材写成长篇的少数几个。对当今少男少女这方面的生活，听到的议论很多，但很少见到有作家写出像样的作品。复兴写这本书是在 80 年代中期，在当时可以说是闯入了一个禁区，非常不容易。后来接触不少中学生，都是这本书的读者，他们告诉我，中学生都喜欢这本书，尽管有些中学生觉得肖复兴写得“不过瘾”。中学生对《早恋》的着迷，也波及我的成人朋友。有一天，剧作家宗福先跑来向我借《早恋》，说是他做医生的妻子想看这本书，而书店里却买不到。还给我时，书有了很漂亮的外套，宗太太不愧是一个爱书者。此后，又有一个小朋友借走了这本书，小朋友读完之后，又将书转借给他的朋友，听说它曾在一群年轻人中传阅。书最后回到我手中时，已经有点旧了，看得出，书页上留下了很多人翻阅的痕迹，然而书还是被包得好好的，只是已经换了一张新的包书纸。一本书能够使这么多人产生阅读的兴趣和欲望，这就足以使作者感到欣慰了。

80 年代中国中学生的早恋，和 19 世纪俄罗斯贵族少年的初恋完全是两码事。屠格涅夫的《初恋》是人的本性的自然流露，而肖复兴的《早恋》则多少反映了扭曲的社会对少年人情感生活的干预。两种现象都很复杂，然而却是两种完全不同的复杂。肖复兴能写出《早恋》，并不是偶然的事情。我看过他和很多中学生的通信，他对少男少女的那种真挚、热诚和耐心使我感动，我想，恐怕大部分作家都难以做到这样。对置身于浮躁氛围中的文学家来说，这样的感情尤其珍贵。

1994 年 11 月 5 日于四步斋

《小巴掌童话》题跋

张秋生以儿童诗出名。这几年常看到他写童话，写得很别致、短小、生动，总有些与众不同的想法。难能可贵的是，有趣的故事常常蕴含着有趣的哲理，而这些哲理大多深入浅出，绝无说教的腔调。他把这本书送给我的儿子，当时读二年级的儿子读完了其中所有的故事。我问他写得怎么样，儿子回答，挺有趣。

能将童话写到这样，不是一件容易的事情。写这样的童话，先要有一颗对孩子的爱心，而且必须十分了解孩子们的兴趣和心情。和张秋生接触得并不多，感觉他是个温和、不怎么爱说话的人。在《小巴掌童话》里，看到了他的一颗晶莹活泼的童心。

1994年11月6日于四步斋

《九叶集》题跋

十四年前，辛笛先生托他的女儿王圣思带给我这本书。当时读这本刚刚出版的诗集时，我无法抑制惊讶和激动的心情。我这才明白，这四十年代的中国，曾经有过这样出色的诗歌，而以前我们几乎不怎么知道！我一面为自己的孤陋寡闻惭愧，一面为这些险些被历史的风沙湮没的诗人不平。

《九叶集》后来产生广泛影响是必然的事情。这也又一次证明了这样的真理：真正优秀的文学，是不可能被埋没的，尽管它们曾经被冷淡于一时。人们后来把这九位诗人称为“九叶诗派”，也是一件自然而有意思的事情。在中国的现代文学史上，这是很奇妙的一个景观，也是很值得研究的一种现象。

在“九叶诗派”的九位诗人中，我熟悉的有三位：辛笛、陈敬容、杭约赫（曹辛之），和唐湜也有过交往，但不熟。我尊敬这些前辈诗人，也珍视同他们的友情。在和他们的交往中，最使我难忘的，是1983年夏天，和辛笛先生一起去新疆吐鲁番。当时，辛笛先生已经七十二岁，但他和我一样兴致勃勃地游葡萄沟，过火焰山，逛戈壁滩……在吐鲁番的腹地，我和他住在当地的一个部队营房里，屋外是四十几度的高温，我们一边摇着扇子，一边聊天。遥远的往事，在他谈来就好像是在昨天。老人一点也没有因为历史委屈了他们而愤愤不平。离开吐鲁番的腹地，没能赶上去乌鲁木齐的火车，我们只能在车站的小客栈里再住一夜。那天夜里狂风大作，风把门窗刮得乒乓作响。然而这并未能妨碍我们的谈兴。那晚，除了谈“九叶诗派”，他还谈了他和巴金的交往，谈了他所认识的诗人袁水拍。谈到袁水拍时，他说：“人就像一棵树，在风中必须保持自己的品格，不能随风倒。否则，就会被连根拔起。”

《九叶集》的封面上画着一棵大树，树上是九片硕大的绿叶，它们向四面八方展开自己的形象。我想这是很有含义的一种象征。在八面来风中保持着独立不羁的大树，它的生命力一定是长久的，它的枝干上一定有着长青的绿叶。辛笛先生已经八十二岁了，前几天我们一起出席一个文学晚会，老人幽默地说：“诗人应该越活越年轻，今年八十二，明年二十八。”他的话引起了一片欢笑。在笑声中，我默默地为老人祝福，愿他健康。我也很自然地想起了《九叶集》中他写于1948年的那首诗《山中所见：一棵树》：

你锥形的影子遮满了圆圆的井口
你独立，承受各方的风向
你在宇宙的安置中生长
因了月光的点染，你最美也不孤单

风霜锻炼你，雨露润泽你
季节交替着，你一年就那么添了一轮
不管有意无情，你默默无言
听夏蝉噪，秋虫鸣

1994年12月31日

《最初的蜜》题跋

有的书装帧精美，却没有精彩的内容，这样的书虚有其表；有的书内容非常出色，但包装却十分俗气或者寒酸。在我的书架上，两种书都有。让我选择的话，当然是选后者。不过，用现代人的眼光看，好书没有好的装帧，多少也是一种遗憾。曹辛之的诗集《最初的蜜》，这两种遗憾都没有。

曹辛之是一位老诗人，也是“九叶诗派”中的一叶。当年，他曾以杭约赫为笔名写过不少诗。那时他还是个二十出头的青年，激情洋溢，奇想翩跹。“把握一线光、一团朦胧，让它在这纸片上凝固。凝固了你的笑、你的青春。生命的步履从这里再现，领你去会见自己……”这样的诗句，写于50年前，现在读来仍然魅力不减。这使人想起了陈年的老酒，时光流逝，竟酿出了美妙的奇香。可见真挚的感情是不会过时的。《最初的蜜》汇集了曹辛之诗作的精华，是一本耐读的诗集。

曹辛之也是中国的书籍装帧大家，曾经为很多好书设计过令人难忘的封面。这本书当然是他自己的设计，给人的感觉是朴素、精美、大气。封面是古朴的红线稿笺，很古典的风格，封底却是西洋的情调，天青的底色上，白色的拼音和简练的图案，内文的排列也与众不同。这样的书拿在手上，就是一种艺术的享受。

一个常常出书的人，看到《最初的蜜》这样的书，情不自禁地会产生一种羡慕感。我和辛之先生是忘年之交，每次见到他，总想开口请他为我的书设计封面，但又不忍增加他的负担，所以总是没有开出口来。

1995年1月3日于四步斋

《袁鹰散文六十篇》题跋

这是袁鹰赠我的第十一本书。在此之前，他还曾赠我《风帆》《秋水》《横眉》《袁鹰散文选》《袁鹰儿童诗选》《留春集》《风雨故人》等。这些书中，这本《散文六十篇》是我很喜欢的一本。

袁鹰是我敬重的散文家前辈，我的文学创作曾经得到过他热情真挚的指导和帮助。20年前，我还是一个年轻的文学爱好者，经一位好友介绍，认识了他。他和我心目中的大作家完全不一样，没有架子，待人诚恳亲切，是一个温和善良的忠厚长者。那时，“文化大革命”还没有结束，“四人帮”还在肆虐横行，他的情绪也有些压抑，但是，在我们这些文学青年面前，他竟毫不掩饰对这些新贵的厌恶和反感。他在福州路的一家饭店请我们吃饭，讲40年代的往事，然后又一起到外滩散步……这些往事，直到今天还清晰地留在我的记忆中。后来，袁鹰一直关注着我的创作，经常给我鼓励和帮助。我的第一本书——诗集《珊瑚》，就是他为我写的序。在这篇序文中，他一点没有摆文坛前辈的架子，而是像一个老朋友一样在和我谈心，谈他对诗和文学的看法。现在读他十几年前写的这篇序文，我依然非常感动，从他那些充满智慧的文字中流露出的真诚的期望和深挚的感情，曾经给了我怎样的鼓舞和温暖！

1995年2月26日

《雕塑家传奇》题跋

徐开垒先生不仅是我尊敬的散文家，也是帮助和引导我走上文学之路的前辈师长。我最初发表作品，就是在他主编的《文汇报》的副刊“笔会”上。20多年前，我还在故乡崇明岛“插队落户”，是一个未见过世面的幼稚青年，他无私地向我伸出了热情的手，在“笔会”上，用很多篇幅发表我的习作，还经常就我的创作谈他的看法，提出中肯的意见。他会为一篇散文写一篇长信，很具体地提意见，使我获益匪浅。和袁鹰一样，开垒先生也是一个平易近人的长者，面对他的后辈，也一直把我看作他的朋友，从开始交往至今，他从来没有居高临下地对待我。很多年前，我住在离《文汇报》社不远的一间密不透风的小黑屋里，开垒先生有时会突然来看我，使我感动得不知说什么才好。他的谦虚和真诚，是发自内心的，和他交往过的文学界朋友，都仰慕他的高尚人格。我至今仍保存着他写给我的那些信。我想，在我的人生和文学创作的道路上，如果没有遇到这样热心的前辈师长，大概也不会有今天。这一切，我怎么能够遗忘！

开垒先生几乎把他的一生都贡献给了报纸副刊的编辑工作，他是一位真正的“资深编辑”，一位有成就的“老报人”。可作为一位散文家，他的创作成果也令人瞩目。最近几年，他又写出了《巴金传》，引起广泛的注意和评论。在我的书橱中，有他赠我的七本书《孟小妹》《圣者的脚印》《鲜花和美酒》《笼里》《巴金传》（上、下卷）。《雕塑家传奇》是人民文学出版社出版的他的一本散文选集，出版于1981年12月，开垒先生在1982年3月赠我。这是我很喜欢的一本书，曾经放在案头常读。柯灵先生在这本书的序文中有很精辟的论语：“我们从这里看到了作者的爱和憎，欢乐和哀愁，美好的愿望和理想：一颗正直和质朴的心。”

1996年1月16日

《普希金抒情诗集》题跋

这是这本诗集的初版本，1955年由平明出版社出版，译者是查良铮，是普希金诗选中我最喜欢的一种。此书虽是旧书，但属于我的日子并不长。在60年代，我曾有过一本相同版本的《普希金抒情诗集》，然而“文化大革命”开始后，这本书和不少我喜爱的其他外国文学名著一起被投入烈火。我为此一直耿耿于怀。80年代后，有多种版本的普希金抒情诗选重版或新版，然而我仍然怀念这本诗集。此书的封面上有诗人的塑像，90年代初我出访俄罗斯时，曾在莫斯科街头见到这尊塑像，普希金身披风衣，扪胸垂首，凝视大地，作着永恒的思考。面对诗人的塑像，我又想起了那本被烈火吞噬的书。

去年，上海译文出版社建社20周年，约我为他们的纪念集刊写一篇文章，谈谈对文学翻译的看法，我撰文谈了对普希金诗歌的想法，其中写到了我珍爱的那本《普希金抒情诗集》。文章在《新民晚报》发表后，收到一位不署名的读者来信，并附寄来这本书。这位读者在信中这样写道：“在晚报上读到你的文章，知道你喜欢普希金的诗，今寄上《普希金抒情诗集》，送给你，请查收。”从字迹看，似是一位老人，此书虽历经40余年，却完好如新，只是纸张有些发黄，封面和封底有一些霉点。可以想象，这位读者40多年来是如何爱护这本书。收到此书，我非常感动，遗憾的是无法向这位读者道谢。

这本书于我有了特殊的意义，既能引起我对青春岁月的回忆，也使我感受到读者的深情厚谊。

1998年5月22日

《屠格涅夫散文诗》题跋

1988年4月21日，去看望巴金，临走时，他拿出此书签名赠我。这是巴金译著中的一种，1987年由人民文学出版社出版，是巴金赠我的多种著作中的一本。

书中的文字，我很早以前就读过，并且为之感动。我以为，屠格涅夫的这些散文诗，魅力甚至超过他的小说。人类的智慧和感情，以美妙的方式闪烁在这些文字里。它们将优美和沉重、哀愁和欢乐，将憧憬和忧虑、爱和恨奇妙地交织在一起，使人情不自禁地发出意味深长的叹息。

巴金在40年代就翻译了屠格涅夫的这些散文诗，这次重印时，他又对原来的译文作了精心修改。他的译文无疑是出色的。

1998年8月22日

《莱蒙托夫传》题跋

此书出版于1949年，由时代出版社出版，作者安德朗尼科夫，译者朱笄。这是一本简洁明了的传记，以诗人短暂一生中的大事件为骨干，简略地叙述生平，没有作者的虚构和想象，也没有过分的描绘和渲染，和时下的不少传记和“纪实文学”大相径庭，然而读来却给人可信的感觉。莱蒙托夫是我喜欢的一位俄罗斯作家，上中学时，我就读过他的很多诗歌和长篇小说《当代英雄》，我曾经想过，如果他不是在27岁的时候死去，不知道还会写出一些什么作品来。这样的作家，是能够改写文学史的。我很有兴趣地读传记中写诗人决斗致死的情节，然而作者却写得极为简略，这和整部传记的写作风格相符合。普希金与人决斗身死之后，莱蒙托夫曾以长诗《诗人之死》发出悲愤的呐喊，也因此而声名大振，踏上文坛。然而他竟会和普希金一样以决斗致死。对普希金和莱蒙托夫之死，苏联的文史家都说成是沙皇和上流社会的蓄意谋杀。俄罗斯人这么看这两位诗人的死，更多的是从政治和历史的角度看问题。我想从这本传记中读到关于诗人性格的分析，读到更接近真实的描绘，然而没有。这大概也是那个年代的传记作者的局限。与莱蒙托夫的才华和文采相比，这样的书当然显得有些枯涩，然而以此来了解诗人，却是一条捷径。以后读过别的莱蒙托夫的传记，不是安德朗尼科夫写的这本。不知此书 50 年前印行后是否有机会重版。

此书是读者周贤能所赠。这位热心的读者，曾经将他收集的一批俄罗斯文学名著的旧版本拿来送我，这是其中一本。他从上海旧书店购得此书，扉页上有“华东话剧团资料室”的图章，书后还有原来的借书卡，借还记录上有两位读者的名字。这样，除了这两位读者，加上周贤能，我大概是第四个读者。一本书，有四个人认真阅读，也算是物有所值了。

1998 年 8 月 27 日于四步斋

鹰
——谈叶甫图申科

他的眼睛浅蓝色，含着灰色的浅蓝。不大，却有些深不可测。别人讲话时，他似乎心不在焉，微蹙着眉峰，将蓝灰色的目光定定地落在高于听众头顶的某一个未知点上。这目光很锐利，似能穿透一切。然而当他手中的烟蒂以袅袅上升的烟缕遮断视线时，这目光便有些模糊起来。模糊自然只是瞬间，烟缕散去，锐利的蓝灰色依然越过众人头顶射向远处，无法断定这目光为何思索和寻觅。

这目光使我想起了鹰。我没有见过高飞在天的鹰的眼睛，但我想它们的目光大概就是这样，遥远的目标一旦出现，没有任何东西可阻挡它们探寻的目光。

这是苏联诗人叶甫图申科。

来访的四位苏联作家中，他的年纪最轻，名气也最大。大概是因为年纪最轻的关系吧，他总是走在后面，总是先坐在一边一言不发地听别人说。越是沉默，他的神秘的吸引力便越强烈。那双蓝灰色的锐利的眼睛是一双诗人的眼睛。

我坐在离他三米的地方默默地观察他。他的眼睛深深地吸引了我。他没有像别人那样微笑着用亲切友善的目光在周围的人脸上扫来扫去，只是沉醉在自己的冥想之中，举在手中的香烟也难得往嘴里送，似乎想让那永不凝固、永不定形的烟缕随着思绪飞……那双蓝灰色的眼睛在看什么，想什么呢？

我突然想起很多年前这里的报纸为他起的绰号：“阿飞诗人。”

我直到现在还不明白，当时为什么要给他这么一个绰号。即便写过几首骂中国的诗，也不该是“阿飞诗人”呀！不过，撇去“阿飞”这个词儿的贬义，似乎还是有点意思的，至少和我此刻的联想有关系，我不是觉得他的眼睛像鹰么！鹰是会飞的。

轮到他讲话了。他微笑，蓝灰色的目光立即变得温和亲切，不再锐利，不再深不可测。于是，他不再像鹰。话极其简短，友好的情感洋溢在每一个词汇中。不必作任何解释，在那些微笑的声音里，历史的阴影烟消云散了……

讲完话，他用缓慢的动作从藏青色的西装口袋中掏出几张纸——这是他的诗稿。蓝灰色的目光复又锐利，复又深不可测。只是这目光不再射定在一点上，它默默地扫动着，在每一个凝视着他的中国作家脸上停留极短的瞬间，不断地从一张脸移向另一张脸，目光和目光无声地撞击，有火花在静默中闪耀……

和我的视线接触时，他似乎停顿得长了一些。也许是过于专注的谛察使我的目光变得异样了。他微微地点点头，严峻中掠过一丝意味深长的微笑。我也以微笑点头作答，而他的目光已经移向别处……

当他的声音突然在静静的大厅里回响时，所有的人都吃了一惊。这声音，绝不同于他先前说话的声音。这是一种浑厚、深沉、带着金属声的音响，这声音带着奇妙的节奏从他的口中射出，生机勃勃地回荡在大厅里，弹跳在四壁之间，震动着每一个听者的耳膜，也拨动着人们的心弦……

语言是陌生的，节奏和旋律却似曾相识。他的声音忽而高，忽而低，忽而箭一般直射向远方，忽而又云一般在原地悠悠回旋。我突然想起几年前坐船过长江三峡时看见的一只鹰，一只孤独的峡鹰，我用高倍望远镜追掠了很长一段时间，它飞翔的姿态强烈地印刻在我的记忆中。它稳稳地展开黑色的翅膀，迎着呼啸凛冽的江风，用一种孤傲而又沉着的姿势向前飞，有时候它的翅膀一动不动，以极慢的速度在我头顶滑翔，有时候它奋力振动翅膀一直旋入云霄。当我以为它已经远走高飞不复回时，它又突然从天而降，扑向汹涌起伏的江面，不可思议地停落在浪涛和旋涡之间……你无法预见它飞翔的轨迹，然而你的视线却不得不被那对黑色的翅膀吸引，你的心绪也不得不随之起落跌宕。在他的声音里，那只神出鬼没的峡鹰仿佛又在我眼前出现了……

毫无疑问，这是真正的诗。在飘忽的旋律中我体会到了他的深沉，在音乐般的节奏中我触摸到了他的激情。我甚至仿佛看见了那对黑色的翅膀，正稳稳地展开着，自由自在地在冥冥之中翔舞。

根据翻译，这是一首表现都市和乡村生活的诗，两种差别极大的生活被巧妙地交织在一起，都市的烦躁，乡村的宁静，人们对生活和自然的种种渴望……然而这一切似乎并不重要，那回旋飞翔在空间的声音所传达的情绪和画面，远比翻译出来的内容要丰富。文字的诗难译，声音的诗更难译。与其离开了那陌生而动人的声音去咀嚼那些被规定了的含义，不如以自己的想象追踪那声音，只要打开心灵的门窗，陌生和遥远在最初的瞬间便会发生截然相反的转变。

我融化在他的声音里，我的思绪随着他的声音无拘无束地翱翔。天空广阔，然而无处不可抵达……

他的最后一个音符在空中消失后，大厅里静默了片刻。人们在目送那只神奇的鹰远去，似乎不相信它就这样隐匿到了天边的云雾之中。当掌声轰然而起时，我看见他端坐在人们面前，脸上含着超然的微笑。我突然发现，在此之前，我竟没有注意他的脸部表情。

他的光芒四射的声音使其他一切黯然失色了。

会议结束后，我们在大厅外的花园中相逢了。我们握手，像老朋友，他那蓝灰色的眼睛里，丝毫没有咄咄逼人的锋芒。我们一起照相时，一位中国诗人突然凑着我的耳朵说："知道么，他还拍过电影，演一个飞行员。"

哦，他确实是喜欢飞翔的！

1987 年初春

夜　　莺

——谈米什莱

一个研究人类社会和历史的学者，却对大自然充满了好奇，会像孩童一样睁大眼睛，仔细观察两群蚂蚁之间的争斗，留心树林里小鸟们的飞翔和歌唱，连田野里的蜜蜂和地窖里的蜘蛛也逃不过他的眼睛。他把这一切都写进了自己的散文……100多年过去了，他的那些大砖块一般的学术著作也许已经少有人问津，然而他描写动物和小昆虫的这些散文，却至今被人们喜欢和传颂着。这是多么有意思的事情！

这位人类和历史学家，是19世纪的法国人米什莱。他的几十部历史著作，大概很少有哪个中国人会一一读过，但他讴歌自然的散文，生命力却是历久不衰。读他的散文，并没有使我产生遥远陌生的感觉，一切都那么亲切，那么有趣，那么生动，令人浮想联翩。看得出，他热爱大自然，热爱自然中一切朝气蓬勃的生命，他用细腻而满怀柔情的心绪，和他所遭遇、观察到的一切生命作着千姿百态的交流。他把大自然中的所有生灵都当成了朋友，在他的散文里，夜莺是孤傲而忧伤的艺术家，啄木鸟是爱劳动、爱和平的英雄，燕子是技巧高超的飞行员，也是最懂得爱情的恋人……他把动物在自然中的生存状态和生命的氛围描述得充满了诗意和人情味。他在《夜莺的迁徙》一文中有这样的抒情：“天空固然昏暗，但是你可以创造一个新的天空。爱围绕着你；每个人听到你的歌声都会激动得不住颤抖；最纯真的爱心为你突突跳动……这是真正的太阳，最美丽的东方。有爱的地方才是真正的光辉。”这哪里是一个冷峻的历史学家的语言，分明是一个诗人的声音。这声音犹如夜莺的歌声，永远会有人为之陶醉。

一个历史学家，同时又是一个善于抒情的诗人和散文家，这大概并不多见。因为，在很多人看来，这两者是对立的，历史学家要的是事实和冷静，并不需要激情和幻想，而米什莱却把这两者统一于一身。据说米什莱的历史著作很严谨，很忠于史实。但我相信，他的文字一定不会缺少激情，不会缺乏对人、对这个世界的爱。

1993 年 11 月 15 日

美丽的孤寂
——读茨威格散文

前年去俄罗斯，有一件遗憾的事情，没能去托尔斯泰庄园，没能去看一看被奥地利作家茨威格称为“世间最美的坟墓”的托尔斯泰墓地。在普希金的故居中，在陀思妥耶夫斯基和阿赫玛托娃的墓地前，我都情不自禁地想起托尔斯泰，想起他与众不同的墓地。为我提供这种想象的依据，便是茨威格的那篇散文《世间最美的坟墓》。

茨威格认为，他在俄国的所见，“再也没有比托尔斯泰墓更宏伟、更感人的了”。而这宏伟感人的墓地究竟是何等模样？作者在他的散文里告诉人们，这只是一个长方形的土堆而已，无人守护，无人管理，只有几株大树荫庇。那长方形土堆上，没有十字架，没有墓碑，没有墓志铭，连托尔斯泰的名字也没有。任何人都可以随便踏进他的墓地，这样的墓地，简单得不能再简单了，就像一个流浪汉，一个不为人知的士兵，不留姓名地被人埋葬……

在我们这个星球上，大概没有一个举世公认的大作家的墓地是如此朴素简单。活着的时候声名显赫，被最热烈、最虔敬的言词簇拥包围着，得不到一刻清闲。死后，被人抬入豪华的棺材，葬入花岗岩的墓穴，墓前必定要竖起大理石的墓碑，碑上镌刻着死者生前的成就和荣耀，让人们一走到这样的墓地便肃然起敬。只有托尔斯泰，为自己设计了如此朴素的坟墓。然而，“这个世界上再也没有比这最后留下的、纪念碑式的朴素更打动人心了。”茨威格提到了拿破仑的墓穴、歌德的灵寝、莎士比亚的石棺，尽管这些墓穴金碧辉煌、独具个性，但它们都不像托尔斯泰的墓地那样能剧烈震撼每一个人的内心。茨威格觉得，这里的朴素是“逼人的”，它禁锢住任何一种观赏的闲情，使你收敛了所有不必发出的声音，使你没有勇气从这幽暗的土丘上摘下一朵小花留作纪念。所有人来到这里，都会情不自禁地产生深深的敬意。而这种不在墓地留下姓名的做法，恰恰比所有挖空心思置办的大理石和奢华装饰更动人心弦。在朴实无华的幽静之中，人们看到的是一个永远不会腐朽的伟大灵魂。

在俄罗斯和芬兰交界的一片森林里，我曾去过阿赫玛托娃的墓，墓地上也没有留下姓名，但是有十字架，有作家的浮雕。在朴素这一点上，无法和托尔斯泰的墓相比。不留姓名的做法是不是学托尔斯泰，我不知道，不过我想是有可能的。

茨威格善于渲染和描绘，很注重文采，然而在写《世间最美的坟墓》时，他用的是最简洁最朴素的语句，所以读来和文章所描述的对象非常吻合，虽只有千把字，却使读者如临其境，令人感动。我相信他在这篇文章里抒发的感情发自于内心，否则难以使这么多的读者产生共鸣。

1993 年 11 月 16 日

鱼　骨
——读海明威

曾经很喜欢海明威的小说，那种刚劲铿锵的文风，那种对世界和人生充满挑战意味的哲思，使他成为一代文豪，成为美国人引以为豪的伟大作家。

把诺贝尔文学奖授给海明威，他当然当之无愧。不过当年海明威并没有出席诺贝尔奖的颁奖仪式，而是委托美国驻瑞典大使宣读了他的一份简短的书面发言。读海明威的这篇讲话稿，可以使所有从事文学工作的人们心灵为之震撼。

海明威说："写作，在最成功的时候，是一种孤寂的生涯。作家的组织固然可以排遣他们的孤独，但是我怀疑它们未必能够促进作家的创作。一个在稠人广众之中成长起来的作家，自然可以免除孤苦寂寥之虑，但他的作品往往流于平庸。而一个在孤寂中独立工作的作家，假如他确实不同凡响，就必须天天面对永恒的东西，或者面对缺乏永恒的状况。"

这是他的体验，也是所有真正有作为的作家的体验，只是海明威以理性的语言把这种体验阐述得比常人更深刻。海明威所说的这种孤寂的状态，并非与世隔绝，把自己囚禁在远离人群的小屋子里，而是指作家的一种心境，一种独立不羁的精神和人格。不追风趋时，不媚俗，不盲目从众，不违背自己的人格、感情和良心。即便是在茫茫人海中，也可以保持这种状态。是不是这样呢？

作家的写作应该是一种极具个性的创造。这是海明威对自己的要求，他也果真这么做了。这样做的代价，是创作的艰辛远甚于那些平庸的作家。不过，创造者的幸福和快感也就在这种艰辛之中。

读海明威在诺贝尔文学奖颁奖仪式上的那篇书面发言，使我想起了他的《老人与海》，所有不愿意向时尚和世俗妥协、坚持着自己追求的作家，其实都和那个坚韧倔强的老渔夫一样，时时都在以自己的心血和生命与许多无形的敌人搏斗，这种搏斗，有时候看起来是一无所获，就像那个老渔夫，经历了九死一生，却只拖回来一具巨大的鱼骨……其实，鱼骨又何妨呢，那些亮晶晶肉滚滚的鱼，人们已经见得太多太多，而一具完整的赤裸裸的鱼骨，却可以使观者产生惊心动魄的印象，这是剔去了一切伪装和虚饰的真实，是不同凡响的真实。

如果你是一个渔夫，能不能也从大海里拖起一具完整的鱼骨？

1993 年 11 月 26 日

一本毛边书
——读姜德明《余时书话》

收到姜德明寄来的《余时书话》，一本与众不同也很值得一读的好书。

说《余时书话》与众不同，是因为这是一本毛边书。读这本书时，手边须放一把裁纸刀，一边读，一边把连在一起的书页裁开。关于毛边书，以前曾听得很多，那是鲁迅时代常见的书，那时出得讲究的文学书籍，经常有一些毛边书。这种边读边裁的书，要让读书人付出一些劳动，是一种古典与现代、脑力与手工相结合的特殊情调，一种和现代文学相联系的情调。旧时的毛边书我见过，但那是被前人读过裁过的。《余时书话》是我亲手边读边裁的第一本毛边书。

《余时书话》能吸引我，当然是它的内容。姜德明是一位很有成就的现代文学研究专家，也是一位执著而且富有的藏书家。《余时书话》很生动地体现了他的这两种身份。这是一本关于书的书，其中不仅有许多现代文学著作的介绍，也有写书人的故事，有现代文学中许多不为人知的趣闻轶事，有一个痴迷的藏书家种种奇特的经历和遭遇。我想，凡是爱读书的人，大概都会喜欢这本书。

《余时书话》中提到的有些现代作家，我还是头一次听说，譬如“不知所终”的高长虹，诗人白宁。40年代上海的女作家施济美，据说当年曾和张爱玲齐名，但后来几乎被人忘却，“文化大革命”中，她因为不堪忍受侮辱，开煤气自杀。她在“文化大革命”中自杀的事，我多次听人说起，但这位女作家的创作和生活，我却一无所知。我曾想写一篇关于施济美的文章，收入我的《岛人笔记》，但一直无法找到有关她的资料。《余时书话》中有《女作家施济美》一文，介绍了她的著作，也介绍了她的身世。读这篇文章，填补了我心中的一段空白。《余时书话》中提到的有些文学期刊，我更是闻所未闻。读姜德明的这些文章时，我一边惭愧自己的孤陋寡闻，一边对他的渊博和细致肃然起敬。

读《余时书话》前，我曾想，不知我要花几天时间才能将这本毛边书裁完？这是对我阅读耐心的一种考验，也是对这本书是否好读的一种测验。于是我边读边裁，读得专注而愉快，手中的裁纸刀也很忙。只花了一天半，我就将这本书裁到了最后一页。

1994年1月5日

远处无数山
——读余熙《走向阿尔卑斯》

在很多写国外风情的散文集中，余熙的《走向阿尔卑斯》（长江文艺出版社出版）是很出色的一本。

余熙是记者，也是画家，他是作为一名中国画家被邀请访问瑞士的。他在瑞士游山玩水，以画家敏感独特的目光观察自然，用画笔描绘阿尔卑斯山的奇丽风光；也以记者敏锐细致的目光扫描世态人情，用文字记录他在这个“地球首富之国”的所见所闻，写下自己的感慨和思索。全书40余万字，可谓洋洋大观。我不知道，在这本书之前，国内是否有过比这更详尽丰富的关于瑞士的书。

以前我并未读过余熙的文字，所以开始时，我是以一种挑剔的眼光来读《走向阿尔卑斯》的。这本书很快就吸引了我，因为它内容的丰富和新鲜，也因为作者行文的自然和生动。从大自然到社会、人和形形色色的艺术，这本书把瑞士的风貌立体地凸现在读者的面前。在讲述他在国外的种种见闻和遭遇时，作者用的是朴素而客观的语言，不夸张，不渲染，完全以事实说话，偶尔的抒情和议论也都是有感而发、恰到好处。我想，写这本书时，作者确实是处处在为读者着想，他知道读者对什么感兴趣。余熙在书的后记中这样说：“我只想老老实实地写出自己目力所及的新鲜事物，写我与瑞士朋友之间那种纯洁真挚、超越功利的深厚情感（我对此非常看重），写作为一个中国记者和画家对这一美好国度的独特感受。”“我写我的心。我想藉此跨越心灵的阿尔卑斯。”这是他写这本书的初衷，也是对自己这部著作的很实在的评价。我相信，大多数读者都会和我一样，喜欢这本内容丰富、言之有物的书。

值得一提的是这本书中的精美插图。其中不仅有余熙在瑞士写生的水彩画，也有大量照片，这数百幅彩色和黑白的照片作为全书的组成部分，为读者提供了非常生动形象直观的资料。作为对文字的诠释和补充，这些照片有着不可忽视的作用，它们不仅丰富了作品的内容和层次，也增加了读者阅读的兴趣。我一直以为，纪实类的散文，如果有精彩的图片作为附加和衬托，应该是一种很可取的做法。可惜我们以前的出版物在这方面往往是忽视了——也许未必人人都能提供精彩的图画和照片吧。读《走向阿尔卑斯》时，使我更加明确了这样的想法。

余熙画瑞士的水彩画中，有一幅《阿尔卑斯山主峰——杜富尔峰的晨曦》。深蓝色的基调中，积雪的山峰如同玫瑰色的钻石，冲破云雾，在黑暗的天空中闪烁着神秘的光芒。画面上这种冷峻神奇的情调，和书中许多温馨平静的记叙形成很强烈的反差。在我们这个地球上，自然和社会、人群和人群之间的反差，确实十分强烈。当我们打开窗口，遥望远山，才感到这个世界的浩瀚和多彩。《走向阿尔卑斯》为我们打开了一扇遥望远山的窗口。

1994 年 1 月 6 日

人物绘画
——读《蒲宁散文选》

俄罗斯作家蒲宁以他的散文获得诺贝尔文学奖。这里所说的“散文”，其实是指他的小说。不过，蒲宁的散文确实非常好。据说在他的俄语散文原作中，极其讲究修辞，用词造句都与众不同，别具风格，有着音乐般的旋律。高尔基曾称赞他是“当代最优秀的修辞家”。契诃夫轻易不肯赞美别人，却也忍不住亲口对蒲宁说：“拿我来和你类比，就像拿普通的猎犬和灵猩相比，我从您那里是怎么也剽窃不到一个字眼的。您比我厉害。”我无法读蒲宁的俄语散文原作，所以很难品味他在文字中表达出的音乐般的节奏。然而作为一个小说家，他擅长刻画人物，我喜欢读他散文中那些写人的篇章。

以前零零碎碎地读过几篇蒲宁的散文，最近读了戴骢先生翻译的《蒲宁散文选》，更加强了我对蒲宁散文的这种看法。蒲宁曾经在他的散文中写过很多他所认识的俄罗斯著名艺术家，譬如画家列宾、音乐家拉赫玛尼诺夫、歌唱家夏里亚宾、作家库普林和阿·托尔斯泰，都写得与众不同。他的人物散文特点是，着重刻画人的性格，并不拘泥于情节和过程，然而绝不放过他所知道的精彩细节。这种写法，有点像中国画中那种写意和工笔相结合的作画方法：一片荷叶，只是一团泼墨，而荷叶上的一只甲虫或者蜻蜓，则精心描绘，使之纤毫毕现，栩栩如生。这样，整幅画都显得灵动活泼。蒲宁在他的人物散文中，对许多背景和人物的经历总是一笔掠过，而对那些能反映性格的细节却不遗余力地精雕细刻。读过他的人物散文，对他所描绘的人物会留下非常深刻的印象。譬如他写大画家列宾的文字，不到一千字，只写了他和列宾的一次会面，一次没有成功的合作，然而读者不会忘记他笔下那个热情、固执又有些怪癖的画家。其实蒲宁只写了列宾的一件事，就是他对素食主义和清新空气的入迷，而且非要别人和他一起消受这些常人难以忍受的癖好，结果使蒲宁不得不放弃被列宾画像的殊荣，不辞而别，像逃难一样逃离了列宾的家。蒲宁在描绘别人的时候，同时也表现了自己崇尚自由、不愿意受人束缚的独立性格。这种特点，在《忆“托尔斯泰第三”》一文中表现得更为突出。《忆“托尔斯泰第三”》是蒲宁对他的老朋友阿·托尔斯泰的回忆。文章里流露的感情极为复杂，钦佩、喜欢、厌恶、鄙视、怜悯……各种不同的情绪在这篇文章中交织在一起，似乎驳杂，却极为真实。他在表现这些情绪时，很少理性地分析，都是亲身经历，是他和阿·托尔斯泰的交往，是许多生动的细节。动荡复杂的时代，产生复杂的人物和复杂的感情，这是很自然的事情，然而未必所有的作家都能用自己的文字表现出这种复杂性。蒲宁不愧为大师。

俄罗斯当代作家邦达列夫曾这样感慨：“那种具有鲜明的民族性的文学和散文，譬如像蒲宁这样的艺术家的散文，要译成其他民族的语言绝非易事。因为他所用的语言，无论就节奏、色彩和气息来说，都是俄语所特有的，那里有俄语词汇运用时的一切最细致的差别和明暗面，他的散文的气氛是难以再现的。”这绝不是什么吓人的话。要把中国的文学大师们的名著转译成外语，同样是一件极为困难的事情。值得一提的是戴骢先生的译文。戴骢先生对蒲宁的作品有极为独到的理解和研究，欣赏他的译文，没有使我产生任何“隔”的感觉。读《蒲宁散文选》时，我完全沉浸在蒲宁为读者创造的独特意境之中，跟着作者极富个性的叙述，进入了他的世界，一一认识了他的那些性格各异的朋友们。戴骢先生译笔的流畅、精确和优美，使我这个爱挑剔的人无法从中找茬。我想，戴骢先生介绍给中国读者的，是一个很真实的、没有走样的蒲宁。

1994 年 3 月

旧梦重温

——缩写《傲慢与偏见》的感慨

名著的被冷落，曾使很多人忧心忡忡，似乎这就是现代人懒于读书的最重要证明。我以为，也不能这么简单地看问题。名著之所以成为名著，大抵是它们真实生动而深刻地反映了一个时代的人物感情和社会生活，于是它们引起了当时读者的强烈兴趣，成为那一个时代的名著，并且流传于世。然而一个过去时代的声音，未必能在后代人的心中引起共鸣，这并不奇怪。现在的年轻人对有些名著难以产生阅读的兴趣和热情，也很难怪罪他们。一二百年前人们津津乐道的某些问题，现代人感到疏隔和陈旧是很自然的事情。譬如奥斯汀的《傲慢与偏见》，现在的年轻人恐怕不会怎么喜欢。记得我少年时代读这本书时，也不喜欢，觉得书里的事情太婆婆妈妈，太琐碎。男女间很平庸的纠葛，女人间的鸡鸡狗狗，舞场和客厅里的无聊闲话，一点芝麻绿豆的小事情，可以絮絮叨叨叙述一大堆，很烦人。我曾经疑惑：这样的小说，怎么会使当时的英国人如痴如醉地喜欢。如果没有什么特殊原因，我想我不会把这部小说再读一遍的。

偏偏轮到我来缩写《傲慢与偏见》。只得又耐着性子重读这部小说，而且找来了几种译本仔仔细细地研究比较。说实话，重读这部名著，并没有使我对这部小说的看法发生根本的变化，不过我理解了当时的人们为什么会喜欢它。奥斯汀在她的《傲慢与偏见》里，对婚姻问题提出了与当时传统观念相悖的看法，她认为婚姻最重要的基础应该是爱情，而不是地位和门第出身。这未必是什么新观点，但对当时的青年男女却意义非凡。小说中几个主要人物的刻画，也是生动成功的。此外，小说幽默轻松的风格，小说中对日常生活细致入微的描绘，在当时都使读者产生极大的新鲜感。我想，也许当时的女性读者对这部小说的兴趣更大，因为作者是女性，看事情的角度和眼光大多是从女性角度，叙述的风格和习惯也是女性化的。也许我们感到琐碎烦人的那些对话和细节，正是当时的女读者们津津乐道的。《傲慢与偏见》这样的小说，把平民的生活和感情写进了曾经非常贵族化的文学作品之中，这就使它有了一种生机勃勃的清新感和生命力。读这样的小说，可以很形象地了解社会和文学发展的轨迹。问题是，大部分现代人并没有了解这种轨迹的欲望。于是，把精彩的名著介绍给读者，并且使他们捧起书时能够被吸引，能够有耐心读完它，这是一件很有必要做的工作。缩写世界名著的做法，大概就属于这类工作。

把一部长篇小说删去三分之二，还要做到不损伤原作的精神和故事结构，这不是一件容易的事情。我对《傲慢与偏见》的压缩，主要是改变了原作那种悠闲的、慢吞吞的叙述方式，本来并不复杂的事情，就恢复它们的简单状态，一些和主要情节无关的插科打诨和枝蔓细节，一一删除。大段的对话，尽量精简，而对一些重要而精彩的对话和情节，缩写时必须小心翼翼，尽可能保持原来的风貌。这样做的结果，便使一部三十万字的长篇变成了一个十来万字的中篇。我自认为我的缩写本保留了奥斯汀笔下人物的思想感情和音容笑貌，缩写后的《傲慢与偏见》，也许比原作更紧凑，更精练，更符合现代人的阅读习惯。但是，被删去二十万字的小说，要说是“原汁原味”，就很困难了。也许，地下的奥斯汀女士假如有知，会大声抗议：“你怎么能这样大刀阔斧削砍我的小说？你不能这样做！”而我，只能和颜悦色地向她解释：“你想让更多的现代人读你的小说吗？如果想，那就忍着点吧。”

1994年4月20日于四步斋

悠远的铃声

——读阿左林散文

阿左林的散文翻译成中文的并不算多。30 年代卞之琳编《西窗集》时，曾经收入过他的短文。后来，也只是见过他的一本薄薄的中译本散文集《远去的车铃》。然而阿左林的文章却一直使我难以忘怀。许多年前，我曾以这样一段文字描写过对阿左林的印象：

"一阵阵清幽的铃声带着一种颤动而悠长的声音响了起来……

"一阵阵遥远的笛声在黄昏的微光里飘荡……"

他似乎只是沉湎在逝去的岁月里，只是讲着过去的故事。他沉着地、不紧不慢地讲着，所有的感情都蕴含在缓缓流淌的语音的清溪中。那种淡淡的哀愁，那种隐隐的忧伤，使人黯然伤神，又使人心驰神往，使人不知不觉陶醉其中。

我总以为西班牙人都是热烈奔放、血气方刚，热衷于在斗牛场叱咤风云，用剑和血昭示人类的勇敢和豪迈。阿左林却摇着他的铃，吹着他的笛，把我引进了另外一个世界。

他的世界同样令人神往。

现在读阿左林，我的感想依旧。在喧嚣的噪声中，他的文字使我感到一种清新和清静，犹如跟着他坐上一辆古老的马车，在晶莹的铃声中悄然远去。譬如那篇《上书院去的路》，才几百字，却把童年时代的一段往事写得那么优美动人，对母亲的怀念，对单调枯燥的书院生活的惧怕和厌烦，天真的梦幻和无可奈何的现实交织在一起，组成的情景和画面自然而又悠远，读这样的文字，使我情不自禁地想起自己儿时的许多故事。小学毕业后，我读的是一所远离市区的寄宿中学，十几岁的孩童，第一次离家过独立生活，心里感觉又新鲜又害怕。记得去学校报到是父亲送我的，坐了很长时间的汽车。在车上，父亲和我都默然无语，然而我的紧张和难过，父亲的惜别和失落，都能在默默的无言之中感觉到……而我却无法将当时的感觉写成像《上书院去的路》这样精彩动人的美文。

1994 年 6 月 13 日

人格的渐变

——读戴嘉枋《走向毁灭》

读戴嘉枋的《走向毁灭——“文化大革命”文化部长于会泳沉浮录》(光明日报出版社出版)，使我产生不少联想和感触。

作为一部人物传记,《走向毁灭》非常值得一读。对于会泳这样一个反面人物，作者用的并不是漫画式的笔法，而是通过大量真实细节，一层一层地刻画出了这个人物的内心世界，写出了他卑劣的一面，也写出了他的痛苦与无奈，对他曾经在艺术创作领域表现出的才能，作者也没有忽略。我以为最有意义的是，作者令人信服地写出了于会泳精神和人格“渐变”的过程。向读者展现这一过程，可以使人们了解“文化大革命”是怎样一回事，可以了解这个荒唐的年代是多么可怕。在无数知识分子受到迫害的同时，也有为数甚众的人在暴权的淫威和权力的诱惑前出卖了自己的灵魂和良心。当历史的车轮以它汹汹的声势碾压过来时，大多数人都处于无可奈何的状态。有两部分人，只占着大众的极少数，做着与众不同的努力，两部分人努力的动机完全不同。一部分以惊人的勇气不自量力地企图改变这车轮的轨迹，结果便是惨烈的牺牲；另一部分则或为了保身，或为了发迹，不择手段追随潮流，紧跟这车轮奔跑，他们往往得逞于一时。然而他们的得逞不会是永久的，因为历史总会转入合理的轨道，他们被历史抛弃也是必然的结局。于会泳自然属于这后一部分人。这一部分人中，也是性格各异的，为保身而投靠者往往性格懦弱，但倘若发迹，这懦弱也会转化成颐指气使，转化成无妄的自大。在这方面，于会泳非常典型。于会泳本来也是一个很普通的大学教师，一个很普通的作曲家，一个在政治运动中心惊胆战、如履薄冰的"有问题"的"臭老九"。如果不是参加了"样板戏"的创作，不是因为江青的青睐，他很可能也是可怜而又无奈的人群中的一个。然而历史开玩笑似地选择了他，使他一步一步走向深渊，走向毁灭。他的灵魂和性格的变异，也刻在这一步步的脚印中。《走向毁灭》一书在表现人物性格变异的曲折过程时，没有概念性、结论性的语言，没有不负责任的虚构，也没有"合理想象"，有的是真实而细致的情节，人物的言语、行为乃至表情，都有着可以追溯的出处。从中可以看到作者为写这部著作所做的采访是多么深入和细致，他为此付出的辛劳也是可以想见的。这和一些仅靠资料和传闻就能写出长篇的所谓"传记"的撰稿人相比，创作的态度差异是何等之大。

我们这里的有些传记的"传主"，往往非好即坏。好的"传主"无异于天才、圣人，而且几乎完美无缺，这种完美无缺往往起始于孩童；坏的"传主"则坏得一无是处，脚底流脓，没有一点正常人的感情。其实，这样的传记中的人物，无论好或者坏，都不真实，也不可信。《走向毁灭》一书并没有把人物写成只有政治意识、没有世俗感情的"政治动物"，而是把人物当成普通的人来写。于会泳既是一个混迹于政治舞台的新贵，有利令智昏、面目可憎的一面；也是母亲的儿子，妻子的丈夫，女儿的父亲，也有和他的政治行为无关的普通而纯朴的朋友。在嚣张的同时，他常常又表现出懦弱，在得意的同时，他常常也流露出痛苦与无奈。总之，这是一个被异常的年代异化扭曲的活生生的人。这符合生活的真实。人们早已经明白，世界上没有一个人生来就是坏蛋，也没有一个十全十美的人。人的性格、思想和情感，无不随着时代变迁和个人地位的起落发生着变化，不管是伟人还是罪人，都是如此。传记《走向毁灭》的作者深谙其中的道理。

这本书给我印象特别深的有两点：一是材料的缜密丰富和描绘的准确朴实，作为传记，这是成功可信与否的最基本要素。二是对时代气氛和重大历史事件把握的准确性，这本书几乎是写了整个“文化大革命”的历史，其中无法回避的重大事实，书中常常只是三言两语，便恰到好处地道出了这些历史事件的外观和内涵。

我以为,《走向毁灭》不仅真实地展现了历史，展现了一个神秘人物的一生，它的贡献还在于向中国的读者揭示了一个很深刻的历史现象：荒唐的“文化大革命”曾经怎样扭曲和异化中国知识分子的心灵和性格。于会泳的毁灭，不仅是一个人的悲剧，也是一个时代的悲剧。

1994 年 6 月 8 日

苦难与风流

“苦难与风流”，是一本书的名字。这本由上海人民出版社刚刚出版的新书，是一本关于“老三届”的书，书的作者是散布在全国各地的“老三届”，是一群年龄相仿、但经历各异的中年人。虽然我也是这本书的无数作者中的一个，但读完这本书，我还是无法抑制内心的辛酸和激动。其中的甜酸苦辣，大概只有“老三届”才能品味出来。

用“苦难与风流”作为这本书的名字，非常有意思。这一代人经历和承受过的苦难，在历史上大概也是绝无仅有。我们曾经置身于一个狂热的失去理智的时代，我们崇拜过，迷信过，热血沸腾过，当狂热的激情如潮汐般退落，当命运如狂风席卷蒲公英般把我们吹向遥远而陌生的角落，当心中的偶像在岁月的尘土中一一破碎坠落，我们这一代人哪一个不曾经历过痛苦的失落和迷惘？从这种失落和迷惘中走出来的历程，是艰难、曲折而又痛苦的历程。和老一辈人相比，我们的经历也许还不算坎坷，然而我们这辈人心路历程的曲折和艰辛，恐怕是连我们的前辈也无法比拟的。这就是“文化大革命”送给我们这代人的礼物。正如这本书的题记中所说：“对‘老三届’这辈人来说，不可能理解、不可能选择、不可能超越的东西太多了。反过来，历史又要他们用命运去承负过重的责任……”所幸的是，这一代人大多走出了迷惘，选择到了自己的道路。痛苦的代价换得的，不仅仅是眼角的皱纹和两鬓的白发。经历了这一过程的这一代人，大概不会再人云亦云，不会再糊里糊涂地盲从，也不会因为一点挫折而丧魂落魄。这本书中很多人的故事证明了这一点。

谁也不会说这一代人是历史的支柱，但面对历史赋予这一代人的责任，“老三届”从没有推托逃避。社会的责任感和历史的忧患意识，似乎已经根植于这一代人的精神中，没有人能够否认这一点。尽管很多人尝尽了失败和失落的滋味，灿烂的青春年华消耗在生活的沼泽之中，但这一代人没有停止过对理想的追求。对人类社会来说，这是何等珍贵的事情。我想，所谓“风流”，其实就是这一代人锲而不舍地对理想的寻觅和追求。苦难和风流，并存在这一代人走过的道路上。《苦难与风流》一书中，很多同龄人谈了自己的人生经历，谈了他们对历史、对人生、对生活的看法。不管是在事业上获得成功的佼佼者，还是普普通通的劳动者，对自己走过的路，都没有表示后悔。读这本书时，我更感兴趣的是那些至今仍在社会底层的“老三届”朋友写的文字，朴素的叙述中往往发出震撼人心的声音。这批人占了我们这辈人的大多数。有些在工厂企业的“老三届”女工，好不容易挨过了最艰难的时光，竟轮到了“下岗退休”，命运对她们似乎特别严酷。然而我们仍可以听到这样的心声：“‘老三届’人应该压缩地看过去，展望地看未来；放松地看过去，追慕地看未来，即不要被过去的沉重所压死，而要努力踏上未来列车，让生活更美好，让生命更年轻。”这充满理想主义色彩的说法，也许会被一些唯功利为大的“现实主义者”嘲笑，然而说这些话的“老三届”，真诚而恳切，绝无哗众取宠之心。

《苦难与风流》是很多“老三届”的心声和足迹。“老三届”留给后人的，大概是一曲发人深思的悲歌。悲歌，常常比那些甜美的曲子更动人更发人深省。这一代人的痛苦会过去，而他们创造的精神财富将留下来。我想，历史是不会抛弃“老三届”，也不会嘲笑“老三届”的。

1994年6月12日

率真的魅力

——读林光《聂鲁达回忆录》

曹辛之先生从北京转寄来一本书:《回首话沧桑——聂鲁达回忆录》。书是译者林光先生所赠，给我意外之喜。因为在此之前，曾听说此书很可一读，读后方知名不虚传。

聂鲁达以诗歌著称于世，他得诺贝尔文学奖也是因为诗的影响。这本回忆录，是他对自己的生活和创作生涯的真实记录。漫长的时代，跌宕起伏的经历，诗人娓娓道来，亲切而动人。少年时代的梦幻，青年时代的浪漫和激情，在诗人的笔下如流水云雾，充满了令人目眩的诗意，然而读者无法怀疑它们的真实。其中有悲欢离合的故事，有刻骨铭心的爱情，有形形色色的人物，有光彩斑斓的诗人式的感慨和印象。诗人的童心和浪漫，一直保持到他的晚年，而晚年的睿智和幽默，又使诗人的风格变得更为丰富多彩。聂鲁达在叙述中将自己的思想和感情和盘托出，我读到的是一个透明可爱的灵魂。

聂鲁达在书中写到的几次中国之行特别使我感兴趣。第一次来中国，是 20 年代，青年聂鲁达在上海坐黄包车遭抢劫，是一次惊险而狼狈的经历。但这并未影响他对中国的感情。后两次访华，已是50年代，作为世界著名诗人，也有很多奇特的遭遇。书中关于和艾青交流的那一段，我曾亲耳听艾青说过，和聂鲁达记载的基本一致。记得艾青曾这样评论聂鲁达："这是个很有意思的人，我忘不了他。"而聂鲁达对艾青的印象是"令人心醉"、"才思敏捷"、"狡黠而善良"。他很亲热地称艾青是老朋友。艾青曾开玩笑地问聂鲁达："你名字中的'聂'字，在中文中是三个耳朵，为什么我只看到你两个耳朵？还有一个耳朵在哪里？"聂鲁达沉思片刻，笑着回答："它在倾听未来。"两个幽默的智者相聚，撞击出来的就是这样灿烂的火花。那次艾青陪他在中国旅行时，正是"反右"之初，当时报纸上已经公开批判艾青。聂鲁达在他的回忆录中真诚地表达了对艾青的同情和关切，对中国当时发生的事情，他无法理解，也难以接受。他把困惑也坦露在自己的文字中了。诗人的率真，使这本书充满了独特的魅力。

读这样一本有意思的书，真是莫大的享受。值得一提的是林光先生出色的译笔，无可挑剔，将聂鲁达光彩四溢的文字表达得十分传神。

1994年9月5日

关于《瓦尔登湖》

有些书只能随便翻翻，有些书可以仔细一读，还有些书当然只是少数，能够一而再、再而三地重读。《瓦尔登湖》就是常读而不厌的书。

《瓦尔登湖》是美国作家亨利·戴维·梭罗的一本散文集。很多年前读这本书时，我被深深地吸引，从中获得的愉悦和欣喜，直到现在还有美妙的回味。

这是一本使人宁静，使人对纯净优美的自然产生无穷向往的书。作者用一种恬淡的心情，通过朴素亲切的文字，叙述了他在瓦尔登湖畔的生存和思想状态。那种对大自然的陶醉，对生命和社会的静静思索，使我怦然心动。在喧嚣的现代市声中，读到这样的文字，真是别有一番滋味。在美国，很多人是因为梭罗的这本书而知道瓦尔登湖的，久居繁华都市的人读着《瓦尔登湖》时，想象湖畔的生活就像天堂。然而真的住到湖畔的小木屋中，在寒冷的冬天独自怅望灰蒙蒙的湖面时，恐怕未必都会有梭罗这样的情绪和感受。梭罗把自己的一颗心袒露在大自然中，他的情绪完全和自然融为一体。当他在湖畔品尝着冬天的寂寞时，并不是渲染可怕的闭塞和孤独，他的寂寞是一种安闲、一种宁静、一种远离尘嚣的超然。他在山林湖泊之间思索想象着："太阳，风雨，夏天，冬天，——大自然的不可描写的纯洁和恩惠，他们永远提供这么多的康健，这么多的欢乐！对我们人类这样同情，如果有人为了正当的原因悲痛，那大自然也会受到感动，太阳暗淡了，风像活人一样悲叹，云端里落下泪雨，树木到仲夏脱下叶子，披上丧服。难道我不应该与土地息息相通吗？我自己不也是一部分绿叶和青菜的泥土吗？"……这样的寂寞，是令人神往的寂寞。对于整天在喧嚣和拥挤中忙忙碌碌的现代城市人来说，这样的寂寞是多么难能可贵。梭罗并不是一个与世隔绝的隐士，他的林中小木屋中，也有各种各样的客人，他们是纯朴而聪明的伐木者，是见多识广的渔夫和猎人，也有隐居山林的智者。总之，他的客人都是一些没有被都市尘嚣污染的健康人。读《瓦尔登湖》，就像是和这些有趣的人一起围着温暖的炉火，谈天说地，评古论今。这样的话题，在我们的周围绝对不会有，于是你更能体会这本书的魅力。

读《瓦尔登湖》这样的书，能使你沉静下来。不过有一个前提，读者必须向往并接受这种沉静。所以我想，也许不是人人都有耐心读完《瓦尔登湖》，也就是说，并非人人都能有流连湖畔的缘分。

值得一提的是这本书自然而流畅的译文。我没有读过英文原版的《瓦尔登湖》，所以无法将两者对照，但就我读到的中文译本而言，实在是精美传神。这本书的翻译者是徐迟，我想，作为一个出色的诗人和散文家，徐迟恰如其分地把握了原作的风格，把它的精髓准确无误地传达给了中国的读者。

1994 年 10 月

飞鸟和野草

我的中学时代是60年代中期。那时，没有现在这么多的书可供选择。不过，能在书店和图书馆里找到的书，都经过了严格的挑选，无聊庸俗的书很少有机会在少年读者中流传。在可以找到的书中，当然有大量优秀的文学著作，对于一个好读书的文学青年来说，这些书就够你读的。那时读书，如饥似渴，似乎是不加选择，只要是文学作品，拿到就读。记得有一年放暑假，我在一个街道图书馆里买了一张图书卡，一个暑假两个月时间，竟借了四十几部长篇小说，几乎是每天读一本厚厚的书。这样的阅读，有点囫囵吞枣，但是，少年时代阅读的这些书还是影响了我的人生，它们开阔了我的视野，丰富了我的知识，使我懂得了什么是真和美，什么是丑和恶，也使我对文学产生了越来越浓厚的兴趣。

中学时代除了喜欢读小说，也喜欢读散文和诗歌。也许是喜欢散文和诗歌的缘故，对介于这两者之间的散文诗便情有独钟。那时，我最喜欢读两本散文诗集，一本是泰戈尔的《飞鸟集》，另一本是鲁迅的《野草》。读这样的书犹如欣赏韵味无穷的音乐，其中的每一段旋律都可以让你反复回味，而且时时能品出新的韵味来。那时觉得这两本书很优美，也很神秘。作者把曲折的感情和深刻的哲理，很巧妙地蕴藏在飘逸美丽的形象之中，引人入胜，也激发人的想象力。对少年来说，越是神秘的东西，越是想深入其中，企图悟出真谛。我一遍又一遍地读这两本书，也在自己的小本子上抄过，直到能背出书中的许多段落来。“文化大革命”中，《飞鸟集》和大部分文学名著一样，成了毒草和禁书，而《野草》却是极难得的一个例外，因为它的作者是鲁迅。即使是当着那些气势汹汹的造反好汉们，也可以堂而皇之地读《野草》。《野草》中的一些文字，甚至成了当时流行的革命语录，譬如：“地火在地下运行，奔突；熔岩一旦喷出，将烧尽一切野草……”不过我还是很难将《野草》和那些激昂的政治口号连在一起。这时读《野草》，竟生出先前未有过的感想来。我在鲁迅那些优美的文字里读到的是一个痛苦的、忧伤的、充满幻想的灵魂在苦苦思索……我特别喜欢其中的《影的告别》《雪》《死火》《死后》等篇章，从那些飘逸跳跃的文字中散发出的沉重情绪，轻轻地拨动着我的心弦。那时我也曾孤独而又迷惘，当读到“我独自远行不但没有你，并且再没有别的影在黑暗里，只有我被黑暗沉没，那里世界全属于我自己……”我的思绪怎能不随之飞舞远翔。这样的文字不会引人沉沦，而是能激起你的憧憬和幻想，诱发你的思索和想象。在萧瑟的寒冬还有什么比憧憬和思索更可贵呢！

我在崇明岛“插队落户”时，简单的行囊中，就有《飞鸟集》和《野草》。它们陪伴我度过了艰辛寂寞的漫长岁月。那时，我曾经在诗中这样表达对这两本书的感情：“在我的天空中，有飞鸟悠长的啼鸣，它们使我的心灵生长出美丽的翅膀。在我的田野里，有野草坚忍的翠绿，它们使我拒绝黑暗和荒凉……”

直到现在，我依然喜欢读《飞鸟集》和《野草》。我常常想，倘若泰戈尔和鲁迅先生没有他们那厚厚的十几本著作，只有这一册薄薄的《飞鸟集》和《野草》，他们同样是两个了不起的大作家。能将自己的生命和智慧化成一只翱翔的飞鸟，化成一株常青的绿草，永生在这个世界上，有几个作家能做到这样呢？

1994 年 10 月

生命是曲折的
——读《钢铁是怎样炼成的》

在五、六十年代，大概没有一部外国小说像《钢铁是怎样炼成的》那样，对中国的年轻人产生过如此巨大的影响。可以说，那时读书识字的人，如果没有读过这本书，就是一个非常背时、非常落后的人。“钢铁是怎样炼成的”，几乎成了年轻人成长为一个坚定革命者的代用语。《钢铁是怎样炼成的》的主人公保尔·柯察金在烈士墓前的一段思索，是当时家喻户晓的名言：“人最宝贵的东西是生命。生命属于人只有一次。人的一生应该这样度过：当他回忆往事时，不会因为虚度年华而悔恨，也不会因为碌碌无为而羞愧，这样，临死的时候，他就能够说：我的整个生命和全部精力，都已经献给了世界上最壮丽的事业——为解放全人类而斗争。”至今在我儿时的笔记本上还能找到这段话。

最初读《钢铁是怎样炼成的》，还是在读小学三年级时。那时吸引我的，并不是保尔的革命经历和百折不挠的精神，而是小说中那些有趣的故事情节，譬如他小时候和别人打架，用学到的拳击术把比他大两岁的小霸王打倒在水里。到上初中时再读这本书，对其中恋爱的情节特别感兴趣，尤其是保尔和林业官的女儿冬妮亚的初恋，使我心驰神往。对于他们两人的分手，我一直引以为憾。读到保尔和冬妮亚在铁路工地邂逅时，我非常希望已经成为贵夫人的冬妮亚和满身雪污的保尔会重叙旧情，希望爱情能战胜阶级的偏见，创造出浪漫的奇迹。但是我无法改变小说为读者设计的故事和结局。再后来，就对主人公的人生态度产生了兴趣，他的正直、坚毅和执着的性格在沉重灰暗的泥沼中发展着，闪烁出夺目的光芒。命运的跌宕多变，生活的挫折辛酸，可以使一个生机勃勃的人变得消沉颓唐，变得对生命失去爱和激情，保尔也曾经走到过这样的边缘。我很难忘记书中的一个情节：当保尔得知自己的疾病无可医治后，准备用手枪自杀，在生与死之间，他做着艰难痛苦的选择。这样的描写很感人，也很有震撼力。正因为保尔也走到过这样的边缘，作为一个成功的文学形象，他才更可信更真实。否则，他绝不可能打动那么多读者的心。

用几句话说清楚《钢铁是怎样炼成的》在我心中留下的印象，是一件困难的事情。也许，现在的年轻人读这本书时不再会像我们年轻时那样激动，但我相信，保尔这样的文学形象，他的生命力并没有消亡。因为，塑造这样的形象，并不是凭着几个简单的概念，并不是几句空洞的口号，其中有血有肉，有真情的泪水和发自灵魂的叹息。这本书展现的，不仅仅是一场战争或者一场革命的历史，也是一个普通人曲折的命运。小说告诉人们：生命是美好的，也是曲折的。这就是他的生命力之所在。

作者奥斯特洛夫斯基几乎是在失明的状态下写出这部小说来的，小说取材于他自己的生活，这就更使得这本书有一种真实和传奇交织的动人色彩。我一直珍藏着一枚纪念奥斯特洛夫斯基的苏联邮票，邮票上，作者目光炯炯，这是盲人特有的那种目光，这样的目光使他胸前的勋章失色。前几年在莫斯科，我专程去看奥斯特洛夫斯基的墓地，但是那天墓地关门，只能透过墓地围墙的铁栅栏，远眺一大片林立的墓碑。陪同的俄罗斯作家告诉我，在奥斯特洛夫斯基的墓地上，还常常有无名的俄罗斯人奉献的鲜花。这些鲜花的涵义和它们表达的心情，我完全可以理解。

1994 年 12 月

秋　　叶

——读《帕斯捷尔纳克诗选》

五年前，在基辅的一家书店里。一个俄罗斯作家从书架上找到一本精致的小书，丢下我一个人埋头看了半天。我走过去问他，看的是什么书，他把书递给我，神色诡秘地说："是《帕斯捷尔纳克诗选》，一本神奇的书。"

这是一本48开的袖珍本诗集，印得很精美，红色的封面上，飘着几片金黄色的秋叶。我不懂俄文，但还是忍不住花五个卢布买了一本。在我从前的印象中，这位因《日瓦戈医生》而名震世界的俄罗斯作家，是小说家，而不是诗人。这新的发现，使原本在我的心里便有些神秘色彩的帕斯捷尔纳克又增添了几分新奇。后来，我听好几个俄罗斯作家谈起他的诗歌。他们告诉我，帕斯捷尔纳克的诗极有魅力，他对大自然、对人生、对爱情有着与众不同的感受，也有着独特的表达方式。对俄罗斯的语言，他也有自己的独到见解，出现在他诗中的词汇，非常古典，有时显得隐晦艰涩，使一般人望而却步。然而用心去读，他的诗会震撼人的心灵。这些，大概就是有人说他的诗"神奇"的原因。在前苏联，不少知识分子喜欢帕斯捷尔纳克的诗，尽管他的书曾经被禁止出版，这些诗还是在知识分子中悄悄流传。越是被封禁的作品，越是广为流传，这大概是人类世界的共同规律，不管在古代还是现代。

我把那本精致的诗集带回了中国。在我的书架上，它不过是一个小小的摆饰，因为我读不懂。有时候翻开看看，这些分行排列、长短不一的文字，使我产生很奇妙的联想，俄罗斯的大地和天空，在帕斯捷尔纳克的笔下，一定美妙如瑰丽的神话，而他所体验到的爱情，一定蕴含着深深的忧伤。他像一个寂寞的漫游者，在幽深的白桦林中独步，思绪的微风吹动了枝头的秋叶，那些金黄的树叶便随风飘落，在辉煌的夕照中和他的诗情一起翩跹翔舞……印证我的遐想的，是封面上那几片凝固在深红色中的秋叶，它们带着几分朦胧，意味深长地凝视着我。

然而，我的这些遐想终于在一个乏味的黄昏烟消云散。

这天，我在书店里买到了一本汉译《帕斯捷尔纳克诗选》，是一套外国诗歌丛书中的一种。诗集的封面上，也是树，不过不是几片树叶，而是一棵秋天的大树，金红色的树叶像晚霞覆盖了天空。我无法抑制自己的兴奋，因为，心中一个美妙的谜团，马上就可以得到破译。一回家，就翻开这本诗集读起来。诗集很薄，我很快就读完了。出乎我意料的是，读这本诗集，我既没有因它的艰涩怪诞而惊奇（书中看不到艰涩和怪诞），也没有心灵受震撼的感觉。说实话，我读到的这本诗集，是一本平淡、平庸的书，是一个三流诗人随手从他的行囊中拣出来的“大路货”。诗中的春天是这样的：“今年春天一切都很特别，连麻雀的鸣叫也挺欢快。我甚至不想描述心里多么高兴和舒坦……”我看不出这春天有什么特别。诗人在诗中这样描述他的生活：“今冬我住在莫斯科近郊，但正值严寒，风雪交加，每当必要时，我就经常因事进城……”就是这样的文字，没有光彩，没有想象力，把它们分行排列，看上去像诗，却毫无诗意。我想，在中国，再蹩脚的诗人也不会这样写诗。然而这是帕斯捷尔纳克的诗，是写过《日瓦戈医生》的诺贝尔文学奖得主的诗！诗集的封面上赫然印着他的名字。

帕斯捷尔纳克的诗，难道印证了“南橘北枳”的寓言？

不过我还是慢慢想通了。我想，这大概还是翻译的问题。我一直以为，诗歌是很难翻译的，从严格的意义上来说，诗人的诗歌，只为他们母语的读者而写，他的喜怒哀乐只能通过自己的母语才得以倾诉，他如何使用自己的母语，其实也是一种思想和情绪的表达和流露。一首诗，如果翻译成外国语，完全可能会变成和原作不太相干的另外一段文字。倘若翻译者本来对诗就一窍不通，那么，他翻译出来的是什么，就更难预料了。很多外国人曾把我们的唐诗和宋词翻译成外语，我不信他们能译出其中的韵味，这些用最精练的汉字表现出的意境和声韵，怎么可能转换成外语？帕斯捷尔纳克的诗歌，也许是同样的道理吧。

这样想着，心中的遗憾似乎得到了解脱。

在我的书橱中，那本俄语《帕斯捷尔纳克诗选》和中文的同名诗集仍然并列着。不过我想，这是两片完全不同的秋叶，一片是来自诗人故乡的真正的秋叶，而另一片，大概只能是纸叶或者塑料叶之类。

1995 年 7 月 21 日于四步斋

鸟儿飞去又飞来

说一本书能影响一个人的一生，或者改变一个人的性格和生活，那大概有些夸张。不过在人生的旅途中，确实会有一本或者几本书，可能在你的心灵中留下美丽的烙印，留下悠长的回声。对一个喜欢读书的人来说，有什么回忆能比这样的经历更为美妙呢！

在读初中的时候，我得到一本由郑振铎翻译的《飞鸟集》。泰戈尔那些简短、优美而又含义深长的诗句，像磁铁一样吸引了我。尽管有些诗句的涵义我还不怎么理解，尤其是那些闪烁着神秘之光的叹息，但我还是为之痴迷。我在小本子上抄录自己喜欢的段落，并且把它们背下来，觉得其乐无穷。我是从《飞鸟集》认识泰戈尔的，后来又读过他的许多作品，然而最喜欢的还是《飞鸟集》。人类对大自然的观察、想象，对生命的思索、憧憬，对爱情的讴歌和哀叹，在这本薄薄的小书中被表达得那么缤纷多彩，那么意味深长。我由此而懂得，在一颗充满爱的心灵中，可以产生出何等美妙的思想。

“文化大革命”初期，“破四旧”之风席卷中国，几乎所有古今中外的文学名著都成了毒草。上海街头到处有焚书的火和烟。在一次抄家中，我的《飞鸟集》和许多文学书籍一起，被几个“造反队员”投入火堆。我眼睁睁地看着那绿封面的《飞鸟集》被金黄的火舌烧焦，烧成了灰烬。当时的感觉，是一件心爱的宝贝被人毁灭，是一个亲近的朋友被人谋杀。再看看火光中烧书者那几张笑嘻嘻的脸，心里想到的是《飞鸟集》中的句子：“当人是兽时，他比兽还坏。”

书可以被烧成灰烬，那些已经铭刻在心里的诗句，却是任何人也夺不走的。当狂暴的口号在周围喧嚣时，我经常独自默诵《飞鸟集》中的句子，从中得到平静和安慰。我常常默诵的句子中有这样一段：“人类的历史在很忍耐地等待着被侮辱者的胜利。”这种默诵，是一种旁人无法知晓的快乐。

在失去《飞鸟集》大约一年之后，有一次去旧书店闲逛，我竟然在一批出售的旧书中发现了一本《飞鸟集》。和我同时发现这本书的，还有一个十几岁的小女孩。她没有争夺，微笑着把这本《飞鸟集》让给了我。我拿着书去付款时，收钱的营业员吃了一惊，她失声自语道：“怎么搞的，谁把这样的书放出来了？”没容这位面孔严肃的中年妇女继续追问，我已经夹着书一溜烟离开了书店，就像是一个偷了书的窃贼。那个将《飞鸟集》让给我的小女孩，使我难以忘怀，她的表情既天真又开朗，而且熟悉泰戈尔（在60年代，泰戈尔在中国的名气远没有现在这么大）。尽管和这小女孩没说几句话，但以后只要读《飞鸟集》，我就会想起她。她在我的记忆中似乎成了一种希望的象征。

对失而复得的《飞鸟集》，我当然特别珍惜。当年去“插队落户”时，我简单的行囊中便有这本书。在农村孤寂而又漫长的岁月中，《飞鸟集》是我百读不厌的书。这真是一本奇妙的书，不管在怎样的环境中，不管以怎样的心情去读，我都能从中领悟到新鲜的意境。烦躁时读，它使我平静；平静时读，它又使我心驰神游。少年时代感到神秘深奥的那些段落，此时似乎都能使我产生心灵感应。我也开始在烛光下写一些诗文。在我的笔记本的扉页上，抄录的是

《飞鸟集》的片段:“静静地听,我的心呀,听那世界的低语,这是它对你求爱的表示呀。”

关于《飞鸟集》的这段往事,我在70年代末写成了散文《小鸟,你飞向何方》。这篇散文在当时曾产生较大的影响,并被收入国内外的很多散文选集和大、中学文科教材。使我欣慰的是,很多读者来信告诉我,他们是读了我的《小鸟,你飞向何方》后,才去找《飞鸟集》来读的。他们和我一样,也喜欢上了这本奇妙的书。

现在读《飞鸟集》,我依然会激动。因为,书中那些熟悉的诗句,已经和我的青春回忆交织融化在一起。

1995年10月

年轻的诗心

好几年前，故乡崇明岛上有人带给我两本厚厚的笔记本，里面密密麻麻写满了诗句。它们的作者叫杨秀丽，是一个师范学校的学生，一个从崇明到上海读书的女孩子，一个痴迷的缪斯的崇拜者。读她的诗歌，展现在我面前的是一片清新的绿色，是一个涉世未深的少女对人生和世界的朦胧认识，她用幻想构筑着心目中的理想天堂，这天堂中，人和自然交织为一体，“眼前会有玫瑰的心事，如云朵飘游”，“在风中走动，在黄昏里行走，我们的生命动人如风……”当然还不能用“出类拔萃”这样的词来形容这些诗，但其中有不少诗句还是打动了我。我曾向在《萌芽》杂志编诗歌的女诗人孙悦推荐这些诗，孙悦也很鼓励这位爱诗的女师范生，在《萌芽》杂志上以显著的篇幅发表了她的署名为“洁韵”的组诗。后来，杨秀丽成了上海一所中学的教师，执教之余，她依然沉浸在她所钟情的诗歌王国里，我不断收到她的新作，也看到她诗风的变化，在保存着清新的同时，她的思维和情感的触角努力向着更深更远的领域拓展。

读杨秀丽的诗，很自然地使我想起了至今仍在东海边默默行吟的沈晓。十多年前，这位来自南汇县的“少年诗人”曾经为上海的诗坛吹拂过一阵清新之风。我和沈晓的联系曾经中断过十来年，这期间不再看到他的诗，我以为他就此放弃了对诗的追求。想不到时隔十多年，我突然又收到了沈晓寄自东海边的一大叠诗稿，原来，这些年里，他一天也没有忘记诗歌，他一直在默默地写着，他的诗歌中流露出的深沉和淡泊超然使我惊奇，也使我欣慰。有人担心中国的诗歌正在走向没落，依据是对诗歌感兴趣的人越来越少。在沈晓和杨秀丽这样的青年诗人的歌唱中，我听到的是另外一种洋溢着希望的声音。

前几天，很意外地收到杨秀丽寄的一本诗集，是国际文化出版社出版的《梦中的新嫁娘》。虽然是薄薄的一本书，却是一个青年诗人多年追求的心血结晶。我相信，这样的诗集，会在很多爱好诗歌的年轻人心中引起共鸣。

1995 年 11 月 9 日于四步斋

他们不会失踪
——读《东方十日谈》

近日，读上海人民出版社新出版的《东方十日谈》。这本书有一个副标题："老三届人的故事"，书的内容便不言自明了。原打算作为消遣随便翻一下，想不到仿佛有无数双有力的手从书中伸出，一次又一次有力地拨动着我感情的弦，使我心潮起伏，无法停止阅读。读完这本书，闭上眼睛想一下，我的眼前出现一大群青春少年，他们笑着，哭着，喧哗着，沉思着，跌跌撞撞地从一条布满荆棘的坎坷道路上走过来。他们行走的轨迹，没有一条是平坦的直线。他们那些奇特的经历，使很多小说中的故事显得平淡乏味，其中有人与人的交往和倾轧，也有人与自然的亲近和搏斗。很多情节，现在看起来是那么荒诞不经，是那么不近情理，然而它们却是事实，是这一代人留在历史道路上的清晰脚印。书中有一位作者叙述的故事中有这样的情节：一个在山区"插队落户"的知青，为了捕捉一条大蟒蛇，冒着生命危险和蟒蛇搏斗，在无人的荒山上，人蟒缠绕，相持不下，最后人和蟒一起从山上翻滚而下，结果是人战胜了蟒。从猎奇的角度看，这样的故事惊心动魄，但我从中看到的却是深刻的象征。那个时代，人性和兽行曾经互相混淆，很多人失去了理智，做出比兽还不如的蠢恶行径。历史付出了惨重的代价，才换来了人性的醒悟和复归。书中的许多故事，是很值得向现在的年轻人们复述的，年轻人也许会吃惊，吃惊之后，一定会提出很多问题，这很好，有问题，就会去寻求答案，寻求答案的过程，便是回顾历史的过程，便是认识真理的过程。铺陈当年的荒唐和愚昧，只会使他们避免这样的荒唐愚昧，只会使他们变得更聪明更强大，对他们的父母辈，也会多一些宽容和理解。

有人说，遗忘是人类的一种天性。人类历史上的一切欢乐、痛苦、荣耀和灾祸，在当时会使成千上万人激动不安，而一旦时过境迁，便可能被遗忘得干干净净。这样的现象如果是事实，其实是人类的耻辱。所幸的是，人类并不愿意承受这样的耻辱，我们的历史，恰恰是在和遗忘抗争的过程中发展的。读《东方十日谈》，使我更坚定了这样的认识。这本书的作者，都是“老三届人”，他们大多是一些至今默默无闻的普通人，有些人至今仍在社会的底层挣扎。但他们都没有沉沦，也没有遗忘。他们叙述的故事，只是漫长人生旅途中的一个片段，却是一些令人难忘的片段。这些片段，历经二三十年却依然清晰地留在他们的记忆中，他们珍藏着这些记忆，并在《东方十日谈》中找到了向世人展示这些片段的机会。对这些同辈人，我心里充满了敬意。在读这本书之前，我曾经看到一位理论家的文章，这位理论家把这一代人称之为“思想史上的失踪者”。我并不像这位评论家那么悲观，也并不担心这一代人会从人类的思想史中消失。我想，所谓“思想史”，大概不会仅仅是一些空洞的理论，思想的历史，应该是以无数人的经历和他们的心路历程作为基础的，如果这样的基础消失，那么说“失踪”未尝不可。可是，这样的基础是不会消失的。《东方十日谈》，正是这样的基础。

这本书的编者也令人起敬。能让天南海北那么多“老三届人”

动笔写出自己的故事，不是一件容易的事情，他们为此付出的辛苦，是可以想见的。此书的主编金永华为这本书写了一篇很好的序言，其中有这样的论述：“老三届人的坎坷经历是‘文化大革命’史的一个组成部分。老三届人的苦难是我们民族的苦难；老三届人的坚忍不拔的意志，是我们民族精神的一部分。今天老三届人的成功，与那段历史分不开；今天老三届人的失落，也与那段历史分不开。那段历史影响着老三届人的今天，还将影响他们的明天。历史将证明，要想绕过这一代人是不可能的。”作为一个老三届人，我对这些议论深有同感。

1996 年元旦于四步斋

教皇·作家·总统
——读马尔克斯《我的回忆：拜访教皇》

近日，读加西亚·马尔克斯的散文《我的回忆：拜访教皇》，被他生动幽默的叙述吸引。给我印象深刻的不是他和教皇谈话的内容，而是发生在接见时的一些细节。在教皇面前，马尔克斯的一颗纽扣掉在地上，就在他低头寻找纽扣的时候，规定的接见时间到了。然而约翰·保罗二世教皇却无法打开反锁着的门，两个人被反锁在房间里好几分钟。当时，出现在马尔克斯脑海中的念头是："要是我妈妈知道了我同教皇一起被反锁在他的办公室，她会怎么想呢？"马尔克斯细致入微地描绘了他寻找纽扣的过程，写他在教皇那双"渔民式的拖鞋"边上找到纽扣时的心情。很显然，这是一个小说家的回忆。读这篇散文时，不禁回想起我接待过的两位哥伦比亚作家，想起和他们谈过的一个话题。

那天，作家协会来了两位哥伦比亚客人，一男一女，两个诗人。男诗人恰哈罗，来自麦德林，女诗人伊丽亚，来自波哥大。恰哈罗的身材胖而矮，黑头发黑眼睛，如果不是那满脸温和的微笑，他的外形看上去有点粗放不羁。他是哥伦比亚作家协会的一位负责人，主编一本诗歌刊物。伊丽亚是作家协会的秘书，也写诗歌和小说。虽然语言不通，但从她活泼清澈的眼神中，可以感受到她内心的缤纷多彩。哥伦比亚的语言是西班牙语。经过翻译作交流，实在是一件吃力的事情，客套一番，就花了不少时间，要想谈得深一点根本不可能。然而我们还是尽力交谈着。

话题很自然地就谈到了加西亚·马尔克斯，这是一个使哥伦比亚人引以为傲的名字。我问恰哈罗，马尔克斯最近几年在干什么？他回答说："他现在对政治兴趣很浓，正忙着竞选总统。"

我又问："他有没有希望当上总统？"

恰哈罗摇摇头，摊了一下手。我说，一个纯粹的作家，大概当不好总统。就像当年巴勃罗·聂鲁达一样，他也竞选过总统，结果还是中途退出。如果当了总统，他的很多诗歌大概就没有时间和条件在他的心灵中发芽长叶开花了。恰哈罗拍着手对我的观点表示赞同，伊丽亚也微笑着点头。但愿马尔克斯不要当总统，竞选失败，也许会使他清醒，会使他重新回到书桌旁，这样，文学史中可能会多几部《百年孤独》这样伟大的小说。事后一想，觉得有点多管闲事，马尔克斯想当总统，与别人何干？就像这里的很多文人前些年热衷于"下海"，到头来，大多数人弄得一身一脸的海腥味爬上岸来，却并没有成为富翁。当初津津乐道的下海者，此时哑口无言。无言的背后是收获还是后悔，只有他们自己知道。也许会有一两个失败的"下海"者，写出几部关于"下海"的生动的书来。我想，一个聪慧而有才干的人，如果倾尽全力做一件事情，一定会做得非常出色，会成为他所从事的这个领域中的大家。但是他如果想同时在几个领域出击，那结果可能就不一样了。马尔克斯如果竞选成功，他也可能把总统当得有声有色，但他付出的代价将是在文学创作上的淡出。也许，他想体验各种各样的人生，当作家，得了诺贝尔文学奖，已经达到最高境界，搞政治，竞选当上总统，治理一个国家，也算是达到了最高境界。然而治理得怎么样，是不是也能像《百年孤独》一样流芳百世，那就难说了。

如果当了总统，马尔克斯和教皇的会见大概不会再像他回忆的那样。如果在教皇面前掉了纽扣，他或许不再会毫无拘束地低着头在桌底下寻找，即使寻找了，他也不会把这样的细节写到自己的回忆录中去。作家和总统，总是不一样的。小说家马尔克斯没有当成总统，很好。

1996 年 1 月

面对永恒

——谈博尔赫斯

在荷马之后，豪尔斯·路易斯·博尔赫斯也许是世界上最了不起的盲人作家。太阳每天慷慨地普照着阿根廷的平原和群山，却无法照亮博尔赫斯眼前的道路。他必须被人搀扶引导着，一步一步小心翼翼地走向他的目的地。然而他却用光彩四溢的文字，把一条宽广奇异的大道展现在人们的面前。他在自己的诗歌中写道："上帝同时赐给我黑暗和智慧。"他的智慧在黑暗中闪烁着耀眼的光芒。面对着他等身的著作，人们不知道究竟称他什么更合适：诗人，小说家，评论家，哲学家，学者……每一种称号，对他都切合，但又不全面。记得多年前我读他的一首题为"瞬间"的诗歌，深深地被他在诗歌中营造的那种玄妙幽深的气氛吸引，奇特的意象，令人回味无穷的哲理，使我领略了他精神世界的多姿多彩。"现时孤孤单单，记忆建立着时间。""转瞬即逝的今天是微弱的，永恒的；你别指望另一个天堂和另一个地狱。"这些诗句经过翻译大概已失去了原有的韵律，但还是能让人读而难忘，因为它们蕴藏的精神触角和哲理光芒，并未随语言的转换而消失。

这几年，我至少在不下十位中国作家的小说或散文中看到博尔赫斯的名字。中国的作家们或是在自己的作品中引用他的语言，或是在文章中传播他的见解。这使我想起了博尔赫斯的一段话：“每当我们重温但丁或莎士比亚的一句诗，我们在某种意义上就回到了莎士比亚或但丁创作这句诗的那一时刻。总之，永生存在于其他人的记忆中和我们留下的作品中。……从某种意义上说，我们每个人就是从前死去的一切人。不仅是和我们血统相同的人。”现在，他自己的话在世界各地被不同血统的人重温引用着，用他自己的理论来解释这样的现象，他已经活在了后人的心里，已经获得了永生。

其实，在生活中，永恒并不是什么至高无上的东西。永恒的状态，在这个世界不会消失，它们可能辉煌夺目，也可能极其平淡。当你在贝多芬的交响乐中激动不安时，你可能是体验到了那种辉煌的永恒，文明人类生存一天，这样激情磅礴的音乐就会使人激动一天。而当你走在崎岖的道路上饥肠辘辘时，其实也是体验到了一种永恒，人活着，就会有饥饿发生，永远如此。当我们在生活中感动或困惑，当我们读到一篇精彩的文章心有共鸣，击节赞叹时，我们便面对了某种永恒的状态。我们平平淡淡地活着，却每时每刻都面对着永恒。不过，一个写作者如果心里老想着如何使自己的文字成为永恒，那有点滑稽，他的文字大体会在速朽之列。一个优秀的作家，写作时绝不会想着如何使自己的文字不朽，他要想的是，如何用最独特最自然的方式，把他的观察和思考，把他的憧憬和感悟，把他的故事表达出来，而这一切，都是因为生活中永恒的现象在他心中激起了波澜。博尔赫斯的一生，便是在用文字不断揭示他从生活中感受到的永恒。另一位杰出的阿根廷作家埃内斯托·萨瓦托曾经说：“当在博尔赫斯的作品中挖掘的时候，就会发现各种不同的化石：异教创始人的手稿、‘摸三张’牌戏的纸牌、克维多和斯蒂文森、探戈歌词、数学证明题、刘易斯·卡罗尔、埃利亚的芝诺、弗朗兹·卡夫卡、克里特岛的迷宫、布宜诺斯艾利斯郊区、斯图尔特·米尔、德·昆西、戴绷紧软帽的美男子……”这些“化石”，有些我熟悉，有些我认识，有些我完全陌生。但是，在阿根廷，在拉丁美洲，在世界各地，它们拨动了无数人的心弦。不同地域的不同的人，在他的不同的作品中寻找到了不同的共鸣。这就是博尔赫斯的魅力所在。

我想起了博尔赫斯的一篇散文《长城和书》。在博尔赫斯黑暗的世界里，中国的长城也在他智慧的视野之内。在这篇文章里，他谈到了中国的历史，谈了他对秦始皇焚书和造长城的看法。在他的心目中，万里长城也是一种永恒。秦始皇为了炫耀帝国的强盛，为了塑造自己的形象而造的长城，远比他的帝国和他的生命长久。岁月的风沙有一天会把长城湮没。然而作为历史，作为古代人类力量和智慧的象征，长城永远不会消失。人类精神的长城，是任何力量也无法摧毁的。读着这样的文字，我觉得博尔赫斯离我并不遥远，我甚至觉得他的形象已和我熟悉的长城叠合在一起，他正用那双苍劲的手，抚摸着长城古老的城墙，一级一级往上攀登……

1996年11月22日于四步斋

爱之魔力
——读米斯特拉尔《死亡的十四行诗》

爱是人类有别于其他生物的最重要的标志。爱使人世间产生了很多奇迹。浪子回头，哑巴说话，盲人重见光明，植物人恢复知觉……这样的奇迹，大量地被表现在文学作品中。爱也是很多悲剧的起因，莎士比亚在《罗密欧与朱丽叶》和《奥赛罗》中把这样的悲剧表现到了极致。

爱是人类心灵中最恒久的一种激情，这种激情自古以来一直是文学创作的动力和催化剂。

1911年春天，一个阴郁的黄昏，在智利中部的小城斯冷纳街头，突然响起了一记枪声。枪声中，倒下了一个年轻的小伙子。人们闻声赶来，只见他手中握着一支手枪，发热的枪管还在冒烟。年轻人失神的眼睛怅望着天空，脸上笼罩着悲伤和绝望。这个青年是谁？他为什么要自杀？人们在他的衣袋里发现了一张明信片，明信片上有他的名字：罗米里奥·尤瑞塔，写这张明信片的是一位姑娘，名字是加勃里埃拉·米斯特拉尔。明信片的内容很简单，文字也极冷静，是一封拒绝爱情的信。谁也不会想到，这一出爱情的悲剧，会成为一个伟大诗人走向文学的起因和开端。这位写明信片的姑娘，30 多年后将登上诺贝尔文学奖的领奖台，成为“拉丁美洲的精神皇后”，闻名世界的诗人。

米斯特拉尔 17 岁那年遇到年轻的铁路工人尤瑞塔，两人真诚相爱，却又因志趣不同而分手。尤瑞塔对米斯特拉尔念念不忘，然而米斯特拉尔不愿意和纵情酒色的尤瑞塔重新和好，痴情的尤瑞塔竟然走了绝路。尤瑞塔的死，在米斯特拉尔的心里留下了难以愈合的创伤。在哀伤和痛苦中，米斯特拉尔找到了倾吐感情、诠释灵魂创痛的渠道——写诗。她创作了怀念尤瑞塔的《死亡的十四行诗》，诗中那种刻骨铭心的爱，那种发自灵魂深处的真情，使所有读到它们的人为之心颤。她在诗中写道：“我要撒下泥土和玫瑰花瓣，我们将在地下同枕共眠”，“没有哪个女人能插手这隐秘的角落，和我争夺你的骸骨！”她以这组诗参加圣地亚哥的花节诗赛，荣获第一名。人们由此记住了她的诗，记住了她的名字。

《死亡的十四行诗》充满了孤苦哀伤的气息，犹如绝望的爱情誓言。米斯特拉尔一生未婚，据说，除了尤瑞塔，她没有再爱过第二个男人。然而爱情却成为她毕生讴歌的主题，她在《我喜欢爱情》中这样写：

> 它给你缠上长长的绷带，你必须忍受创伤。
> 它献给你温馨的翅膀，你却不知它飞向何方。
> 它走了。你将神魂颠倒地尾随，尽管你发现：
> 你必须追随它，直到死亡……

作为一个杰出的诗人，米斯特拉尔并没有无止境地沉浸在个人的哀痛中，由痛苦而产生的爱，如同在风雨中萌芽的种子，在她的心中长成了一棵枝叶葳蕤的大树。这棵大树，向世人散发出智慧的馨香和博爱的光芒。米斯特拉尔在她的诗歌中讴歌男女间的爱情，也歌颂母亲和母爱，歌颂孩子和童心，歌颂气象万千的大自然，她把爱的光芒辐射到辽阔的地域。她的诗歌流露出女性的温柔和细腻，表现出悲天悯人的博大情怀。爱人，爱生活，爱自然，这些就是她诗歌的永恒主题。我读过她的散文诗《母亲之歌》，在诗中，她把一个女人从十月怀胎到生下孩子的过程和柔情描写得婉转曲折，动人心魄。读这样的文字，使人感受到一颗善良的母亲之心是多么美丽动人。在她之前，大概还没有一个作家把女人的这种体验表现得如此深刻，如此淋漓尽致。发人深思的是，写出这作品的诗人，自己并没有生过孩子，没有当过母亲。其实，其中没有什么秘密，因为米斯特拉尔胸中拥有作为一个女性的所有爱心。1945 年，米斯特拉尔获得诺贝尔文学奖，奖状上以这样的话评价她："她那由强烈感情孕育而成的抒情诗，已经使得她的名字成为整个拉丁美洲世界渴求理想的象征。"这样的评价，她当之无愧。

读米斯特拉尔的诗歌时，我很自然地会想起另一位获得诺贝尔文学奖的智利诗人聂鲁达。如果说，米斯特拉尔的诗是人类女性精神的美妙结晶，那么，聂鲁达的诗便是雄浑刚健的男性气质的荟萃。然而他们两人诗作的内核是共同的，那便是对人和自然的爱，对真理和理想的追求。智利这片狭长而多彩的国土，哺育了这样两位杰出的诗人，这是智利的光荣。

米斯特拉尔也常常使我联想起中国的一位了不起的女作家冰心。60 多年来，冰心始终以博大而细腻的爱心面对世界，面对读者，使无数人沉浸在她用纯真高尚的爱构筑的艺术天地中。冰心的声音，也是中国知识分子和中国文学良心的一种象征。

表达了真爱的美妙艺术，是不会过时，也不会暗淡的。只要人类还在追寻这样的爱，米斯特拉尔和冰心，她们的作品就永远会有新鲜的生命力。

1996 年 11 月 26 日于四步斋

真幻之间
——谈《百年孤独》

“每部好小说都是一个关于世界的谜。”加西亚·马尔克斯这么说。

世界各地的评论家们都认为，马尔克斯的长篇小说《百年孤独》，写的是布恩蒂亚家族的传奇故事，影射的却是拉丁美洲近百年的血泪历史。这种情形，就像很多中国评论家在《红楼梦》中读到了“封建社会的盛衰史”一样。我不是评论家，对拉丁美洲的历史和现状也谈不上熟悉。面对《百年孤独》这样的小说，我只是一个好奇的读者，使我感兴趣的是小说中那些性格鲜明的人物，是他们跌宕起伏、难以预测的命运，是那些怪异的事件，荒诞的气氛，那些斑驳陆离的浓郁地方色彩，还有小说那种既流畅又独特的叙述方式。读《百年孤独》，似乎是在读一部纪实小说，却又不时离开现实进入神话的境界。在小说中，把神话和现实如此奇妙地交织为一体而不使人感到牵强，实在是大师所为。另外一位南美作家若热·亚马多的小说，也以怪异魔幻闻名，然而读他的小说，常常会想到这是作家挖空心思在编一个荒诞的故事，感觉是在读现代人写的神话。离奇则离奇矣，可读完之后，值得回味的东西反而不太多了。亚马多的长篇名著《弗洛尔和她的两个丈夫》，留给我的就是这样的印象。

优秀的小说家都应该是虚构故事的能手，形形色色的人物在他们的故事中歌哭言笑，悲欢离合，无所不能。一个人，或者一个家族的经历和命运，往往就构成了一幅色彩旖旎的巨幅风俗画。这样的画引人入胜，却未必一目了然。那些能引起读者无穷联想、猜测，而又不至于叫人费尽心机、最终失去耐心和兴致的，必定是传世佳作。《百年孤独》便是这样的小说。太简单，或者太繁复，都会使读者失去兴趣。太简单的小说，故事平淡，作者也没有才情，当然绝不可能成为名著。而太繁复的小说（也就是马尔克斯说的“玩花招玩过了头”的小说），即使为作家带来盛誉，却仍然难以亲近一般的读者，譬如詹姆斯·乔伊斯的《尤利西斯》。

拉丁美洲的不少小说家都是制造繁复的高手，如墨西哥的鲁尔福，危地马拉的阿斯图里亚斯，阿根廷的科塔萨尔，智利的多诺索，秘鲁的略萨等等，然而他们大多掌握了一个不至于让人生畏的适度。胡安·鲁尔福的《佩德罗·巴拉莫》，也许是这种能被人接受的繁复中的极限，假如再“魔幻”一点，读者就可能会生畏以至生厌。

马尔克斯在谈创作时，曾经这样说：“事情，无论是普通的还是神奇的，我幼年时候都经历过。”“我生长在加勒比，我逐国逐岛地了解它，也许我的失败就来源于此，我从来没有想到也未能做到任何比现实更为惊人的事，我能做的最多也只是借助于小说把现实改变一下位置，但我的任何一本书中没有一个字是没有事实根据的。”这样的话，使我感到了他的严谨，也使我产生了疑惑。“没有一个字不是没有事实根据的”，那些死而复生的古人，那些对未来无所不知的方士，那些神话般的故事……可能吗？其实，问题是，马尔克斯所谓的“事实”，究竟指什么。是可以用现代科学加以验证的客观现象，还是指曾经在生活中发生过，在人群中流传过，在人心中翱翔过的各种各样的现象、传说和想象？马尔克斯所指，定然是后者。在另一篇谈创作的文章中，他自己证实了这样的观点。他说：“对我来说，最重要的问题是打破真实事物同似乎难以令人置信的事物之间的界线，因为在我试图回忆的世界里，这条界线是存在的。”在讲那些荒诞的故事时，“必须像我外祖父母讲故事那样老老实实地讲述。也就是说，用一种无所畏惧的语调，用一种遇到任何情况、哪怕天塌下来也不改变的冷静态度，并且在任何时候也不怀疑所讲述的东西，无论它是没有根据还是可怕的东西，就仿佛那些老人知道在文学中没有什么比信念本身更具有说服力。”确实，在读《百年孤独》时，我感觉到了他的这种心态。小说中的故事，绝不是上海人笑着说“像真的一样”，而是用一种不容置疑的态度在说：“这是真的”。

没有人说曹雪芹是“魔幻现实主义”，其实，《红楼梦》中有很多魔幻的情节，譬如“贾宝玉神游太虚境”、“贾天祥正照风月鉴”等等。相信曹雪芹写这些情节时和马尔克斯有着相类似的心态。曹雪芹摇头叹息：“假作真时真亦假。”马尔克斯却笑着说：“假作真时未必假。”有事实为证：马尔克斯曾声称，在《百年孤独》中，只有一个情节是没有事实依据的想象，那便是小说结尾处的那个长着一条猪尾巴的婴儿。他本以为这种荒唐的想象与事实巧合的可能性最小，想不到小说问世后，关于“猪尾巴”的真实故事从四面八方向他传来，有人在报上承认自己带着那样的尾巴出生，有人还给他寄来了一张来自韩国的照片，照片上有一个长着“猪尾巴”的小女孩。

这使想象力过人的马尔克斯始料不及。

大千世界，无奇不有。小说家们，站在自己的土地上，大胆想象吧，千姿百态的生活是小说的基础，也是艺术的后盾。

1996年11月28日于四步斋

遥远的叹息
——谈鲁尔福《佩德罗·巴拉莫》

我是先读了胡安·鲁尔福的小说《佩德罗·巴拉莫》之后，才开始对拉丁美洲的魔幻现实主义文学产生兴趣的。那是在80年代初，后来在中国变得时髦的魔幻现实主义当时还不怎么为人所知。而我对它们发生兴趣，不是赶时髦，实在是因为胡安·鲁尔福，因为他的《佩德罗·巴拉莫》。

《佩德罗·巴拉莫》是一部非常独特的小说，一群幽灵似的人物，在一个荒凉的庄园里忽隐忽现，生者生死莫辨，死者死而复生，生和死的界线在小说中变得十分模糊。幽灵的回声超越了时间和空间，随心所欲地在一切可能或者不可能穿越的场合回荡。这和我以前读过的神怪小说或者幻想小说截然不同。要说魔幻和神秘，马尔克斯的《百年孤独》和博尔赫斯的小说都无法和《佩德罗·巴拉莫》相提并论。小说中那种怪诞迷离和神秘莫测的气氛，可以说是前无古人。人类的智慧和想象力之奇特，在这部小说中得到了极充分的展现。说它是“魔幻现实主义”小说的始作俑者，大概也不为过。

《佩德罗·巴拉莫》创作和被世人认识的过程很有意思。构思这部小说是在50年代初，当时胡安·鲁尔福是一个三十来岁的年轻人，在这之前，他只写过一些短篇小说，没有多少名气，文学圈之外的人一般都不知道他。他在一本学生用的笔记本上写出了小说的初稿。

《佩德罗·巴拉莫》问世之初，并没有引起多少人的注意，它的出版也颇不容易。用鲁尔福的话说，“在我生活的时代，几乎没有出版社，出一本书非常困难。”初版只印了两千本，摆在书店里无人问津，四年工夫只售出一千五百本，余下的书便由作者随便送人。这很像前些年我们这里有些自费出版的作品集的命运。胡安·鲁尔福做梦也没有想过这部小说日后会引起什么轰动。在墨西哥文学界，开始对这部小说的看法也有很大分歧，有人认为它“写得很好”，有人认为它“简直就是一堆垃圾”，不像一部小说。在一次作品讨论会上，一个危地马拉诗人甚至向鲁尔福建议：“你最好先坐下来读几部小说，然后再写。”鲁尔福对这样的纷争并没有受宠或受辱之惊，他平静地面对这一切。因为，他根本没有企望把这部小说当做他“走向世界”的敲门砖。“我写它们只是想让两三个朋友读读而已。”写完了小说，他还是安心地当他的汽车轮胎推销员。几年后，他突然在杂志上读到了富恩斯特和帕斯的文章，他们对《佩德罗·巴拉莫》作出了极高的评价，同时他被告知，这部小说正在被翻译成英、法、德、荷四国文字，美国和西欧欣赏他的小说。于是，一颗异彩夺目的新星在拉美上空升起。

说起来有点可悲，在拉美，一个作家是否有价值，是否成功，其最重要的衡量标准似乎并不取决于本国的读者，而是取决于欧美的媒介。你的小说被翻译成外语，在欧洲和美国得到肯定和赞赏，你就必定是成功者。如果《佩德罗·巴拉莫》当初不是被及时地翻译成外语，那么，鲁尔福这本奇特的小说也许会长久地被势利的文坛冷落，直到有一天它突然被一个迟到的外国“伯乐”再发现。

《佩德罗·巴拉莫》为胡安·鲁尔福带来了巨大的声誉，也奠定了他在拉美文学中的地位。这部小说也毫无争议地成为“魔幻现实主义”的最有代表性的经典之作。

然而，对我来说，鲁尔福一直是一个谜。一个写出了如此神秘奇特的小说的人，一定是一个很特别的人。使我不解的还有，在写出《佩德罗·巴拉莫》之后，他几乎没有再写其他小说，而当时他正年富力强，是创造力最旺盛的时期。他为什么停止了他与众不同的思索和想象？为什么不在文学创作的道路上继续往前走？他难道想在世人心目中留下一个永远神秘的印象？

1985年秋天，我访问了鲁尔福的家乡。那次出访，使我有希望解开心中的这个谜团。我很想亲眼看看，这位写出了如此奇特的小说的作家，究竟是如何模样，我想通过和他交谈走进他的内心。踏上那片到处是阳光和仙人掌的土地之后，当我走在人潮汹涌的墨西哥城街头，漫步在幽深的尤卡坦丛林，徜徉在神秘的玛雅古庙，我时时期盼着和鲁尔福会面。那年，鲁尔福67岁，还不至老态龙钟，他是墨西哥作家协会的名誉主席，在墨西哥人类研究所工作。在墨西哥城，本来说好要安排鲁尔福和中国作家会面，后来因为他身体不适而取消。我回国不久，就在报上看到了他在墨西哥城逝世的消息。

酝酿在我心里的这个谜，终于不再会有谜底。

1987年，剧作家卡萨雷率墨西哥作家代表团访华。在一次叙谈之后，卡萨雷提出要朗诵小说。他披上了色彩浓艳的墨西哥披肩，微阖着眼睛，端坐在屋子中间的椅子上，屋子里顿时回旋起悠扬曲折的西班牙语。他朗诵的是《佩德罗·巴拉莫》的片段，那些陌生的词汇犹如飘忽的烟雾，闪烁着神秘的光芒，在屋子里旋舞回荡。那段朗诵的尾声，是一声长长的叹息。这来自遥远世界的叹息，久久地在我心里回响。

1996年11月18日于四步斋

稻草和火光

夜晚，西风萧瑟，一个农民，站在收割过的稻田里，面对着满地的禾草。他划着了一根火柴，想点燃地上的禾草，却犹豫着。西风吹灭了他手中的火柴。于是，农民一个人默立在夜色中，面对着即将化成烈火的稻草，陷入了深沉的遐想。

这是一篇题为《怀抱一捆草》的散文的开头。这样的情景吸引了我。他为什么要烧田里的草？既然准备烧，他为什么犹豫不决？他在想些什么？

这篇散文用蕴涵着深情的文字，有声有色地回答了我的问题。

“稻草是什么？过去没有草垛就不像村落，草垛是乡村丰衣足食的特征。稻草是水牛口中嚼得满口生津的食物，稻草是黄昏时村庄上空的袅袅炊烟，它使你想起夫妻唱和、牛羊唤叫、鸡鸭扑腾的生活图景，这是千年绵延不绝的人间烟火！”他的关于稻草的描绘和联想很真实，很动情，也很自然，我在农村生活过，我也知道稻草在农民生活中的地位，从前农民的衣、食、住、行，几乎都和稻草有关。在乡村时，我住过草屋，穿过草鞋，搓过草绳，睡过用稻草铺的床，也无数次用稻草生火做饭。“稻草的珍贵只有经过饥寒交迫的人才知道。“金窝银窝不如自家的草窝，这个草就是稻草。你闻过稻草的清香么？穷苦人拉条被絮蜷缩在草窝里就会有一个草香沉醉的晚上，这是皇帝都没有过的享受！日半世，夜半世，草窝里有穷人的一半人生。这是我们，我们上代的劳苦大众、世世代代人的一半人生！这稻草是可以点燃的么？”

这样的感情不是虚饰的，也不是无中生有的。“我孩提时听母亲说，腊月天衣衫单薄的穷人只要怀抱一捆稻草，就不会冻死。”这样的话，我没有听说过，但是我觉得亲切，从一个与稻草相依为命的农妇口中说出这样的话，是多么朴素多么感人。

然而这些关于稻草的故事都过去了。今天的农民，再也不会穿草鞋盖草屋，再也不会用稻草铺床，甚至不屑用稻草生火做饭了。“稻草在今天已不是最佳燃料，在经济核算中它终于成为不值钱的废物。”所以现代的农民又要像刀耕火种的祖先一样，开始在收割后的田里放火烧稻草了。

看来，古老的感情无法阻止新的生活。在映红夜空的火光中，这位对稻草满怀深情的农民还是无奈地点燃了手中的火柴，“我要烧掉以前与之相依为命的东西了，我要违背世世代代与之达成的默契了”，“远处，近处，已有人点燃了他们田里的禾草，远远近近都是燃烧的火光，似乎又是一种逼迫，我在微弱的间隙中擦亮了火柴。火光首先照见了我，我的眼中已有晶莹的泪水……”

读到这里，我非常感动。我能想象这位手持燃烧着的火柴的农民那种矛盾而又激动的心情。文章结尾时，火光正在稻田里熊熊燃烧，作者有一段关于燃烧的稻草的抒情，“它已完成了它的历史使命，它在田野里直接地燃烧了。火焰跳起了舞蹈，欢呼它来年青枝绿叶的再生，这是一种美丽，一种潇洒！”如果文章结束在这儿，当然是一个光明的尾巴。可是，我会感到遗憾，我在前面那些文字中受到的震撼和感动会因此而被削弱。还好，作者的话还没有说完，他的感情波涛也没有被阻挡在这个“光明的尾巴”前。“面对熊熊烈火，我的眼泪仍挂在眼睫上，这熊熊大火是否真的了结了人间的一切苦难？我仍不知道我的泪珠在火光下是什么颜色。我只是想在今后的生活中，无论沉浮，都不要忘记稻草，永远怀抱一捆草。”这样的结尾，留下了深切悠长的回声。

这篇题为《怀抱一捆草》的散文，发表在1996年11月20日的《常州日报》文艺副刊“文华塔”上，作者是李中萱。我不认识李中萱，不知道他是在以一个真正农民的身份说话，还是在以一个文人的身份在体会农民的感情。不管如何，他在这篇散文中抒发的感情使我产生了强烈的共鸣，我能理解他在火光中流出的眼泪，我也愿意像他一样，“无论沉浮，都不要忘记稻草，永远怀抱一捆草”。

1996年12月2日于四步斋

文人和官

今天上午，小说家李伦新来我家，将他的新著《思辨随笔》赠我。老朋友在一起喝茶、聊天总是快乐的事情。老李的人生之路可谓坎坷跌宕，波澜起伏。年轻时代，他是一个充满幻想的文学爱好者。然而命运打碎了他的美丽幻想，他被打成“右派”，遭到无情批判，并流放到外地很多年。20 世纪 80 年代，他获得平反，命运又把他推上了领导岗位。他当过区长、区委书记，是一个职位不低的官员了。尽管命运大起大落，在他的生命中，有一点没变，那就是对文学的追求。在当区长和区委书记的同时，他写出了两部长篇小说。小说写的是旧上海的生活，小说中的主人公“梳头娘姨”，在新时期的文学中，是很有特点的一个文学形象。上海人喜欢读他的小说，因为小说中的人物和故事都和上海有关。我认识他的时候，他的职务是区委书记，然而和他交往，我从没有觉得他是一个“官”，而是一个朴实诚恳的朋友。我看他和部下的关系，也是一种平等亲切的关系。听说他在位多年，为当地的老百姓办了很多好事。有一年他所在的那个区选区长，他竟以全票当选。一个在职的高级领导干部，能够在做好本职工作的同时写出长篇小说来，这在全国大概也少见。在

“文人”和“官员”这两者之间，李伦新更多还是把自己定位在“文人”上。他曾对我说：当领导非我所求，而且这是暂时的、临时的，写小说才是我一辈子要做的事情。不过他是一个极有责任感的人，既然当官，他就不负民众所托，竭尽全力，把该为百姓办的事情办好。而当官的过程，对于一个小说家来说，正好是体验和积累生活的过程。他的职务，使他可以接触各个层次的人物，从中央和上海的领导，到最底层的劳动者，他们的悲欢，他们的疾苦，他都烂熟于心。前些年，他从区委书记的职位上退下来，到上海市文联当党组书记，成了文艺界的一位领导。这样，我们之间见面的机会就更多了一些。《思辨墨录》是他的第二本散文随笔集，承他信任，我为他的这本新作写序。在这本书的序文中，我曾写下了这样的话：

> 一个作家，难能可贵的是对历史，对现实，对自己的民族有一种良心和责任感。有人认为这是一种陈旧的观念，在他们的“新”观念中，文学只是一种游戏，是可以“玩”的。如果中国的作家都这么想，我无法想象中国的文学会玩出怎样一种境况。好在不是所有的作家都这么想。在李伦新的散文和随笔中，处处能感受到他的这种良心和责任感。而他的这种良心和责任感，并不是用板着面孔说教的方式表现，而是亲切随和得如同谈家常。读他的文字，你的心里很自然地会引起共鸣，会生发很多思索。他赞美高尚的情操，也鞭挞丑恶现象，在他的文字中，常常能看到对美好理想境界的呼唤，尽管这样的境界在现实生活中颇难寻觅。理想的死亡，也就是文学的死亡。李伦新的文字使我感受到理想的生机和魅力。
>
> “如果，人生就是一场障碍赛的话，那么，文学的旅途上往往艰辛而多坎坷。可是，尽管如此，我还是痴迷于创作。”李伦新如是说。他的人生历程，充满了曲折和磨难，然而心中的理想

之旗始终没有倒下。如果说，他的小说是生活积累的展现，他的散文和随笔，则是他生命中的“现在进行时”。从他的文字中，不仅能看到他的道德修养和文化积累，也能看到他对生活的态度。他没有摆出当官的架子俯瞰人生，旁观生活，而是作为一个普通人参与生活，感悟人生，用一颗平常心，看待种种社会现象。在他的文字中，很自然地流露出对生活和生命的热爱，对不幸者的同情，对一个优秀的作家来说，这是多么重要。我想，这和他的人生经历，有着千丝万缕的必然联系。

李伦新这样的小说家，大概只有中国才会产生。前不久，在北京召开第五次全国作家代表大会和第六次文代会时，李伦新曾成为使全国文艺界瞩目的新闻人物。那天，两个大会的代表一起在人民大会堂听朱镕基副总理作报告。这是一个很精彩的报告，朱镕基以文艺工作者的朋友的身份，很真诚很坦率地畅谈中国的经济形势，赢得了文艺家们发自内心的掌声。朱镕基在报告快结束时，突然谈到了李伦新。他赞扬了李伦新的生活态度，谈到了他写的小说和电视剧。当时，我也是人民大会堂里的听众之一，听朱镕基这样表扬李伦新，既为他高兴，也有些意外。朱镕基的报告后，很多人猜测，国家领导人在如此重大的场合表扬李伦新，一定有什么重要的背景，李伦新大概将担任更显要的工作。然而，在李伦新身上没有发生任何变化。今天，我问李伦新，听到朱镕基这样表扬他，感想如何？他说：“镕基同志这样表扬我，我也感到很意外。说实在的，我很惭愧。”我问他这样的表扬对他有什么影响，他笑着答道：“有什么影响？还不是老样子，我还是老老实实做我该做的、想做的事情。”

1997 年 1 月 8 日

诗意的吻合

读一些著名的外国诗歌的中译本时，我有时会产生疑惑，排成中文的那些文字，虽然分行排列，形式是诗歌，却平庸乏味，很少诗意。请读一下："我走出家门，亮堂堂的太阳照在头顶上，身上顿时暖烘烘，生活如果一直是这样，活着才有点名堂。"这样的诗句，如果和一个全人类都熟知的大诗人的名字连在一起，或许有些滑稽。前几年，读一本汉译《帕斯捷尔纳克诗选》，感觉就很别扭。译诗中的春天是这样的："今年春天一切都很特别，连麻雀的鸣叫也挺欢快。我甚至不想描述心里多么高兴和舒坦……"我看不出这春天有什么特别。诗人在诗中这样描述他的生活："今冬我住在莫斯科近郊，但正值严寒，风雪交加，每当必要时，我就经常因事进城……"帕斯捷尔纳克的诗歌，曾经使无数俄罗斯的知识分子产生共鸣，然而我无法相信，这样的文字，爱挑剔的俄罗斯读者怎么会因之痴迷？毫无疑问，这一定是翻译出了毛病。我一直认为，诗歌的翻译非常困难，从严格的意义上来说，诗人的诗歌只为他们母语的读者们而写，他的喜怒哀乐只能通过自己的母语才得以倾诉。一首诗，如果翻译成外国语，完全可能会变成和原作不太相干的另外一段文字，它原有的韵味和节奏都会消失。倘若翻译者本来对诗就一窍不通，那么，他翻译出来的是什么，就更难预料了。很多外国人曾把我们的唐诗和宋词翻译成外语，我不信他们能译出唐诗和宋词的韵味，这些用最精练的汉字表现出的意境和声韵，怎么可能转换成外语？译成汉语的帕斯捷尔纳克的诗歌，也许是同样的道理吧。

前几天，收到高莽先生赠我的散文集《画译中的纪念》，这是一本很有意思的书。高莽先生以一个翻译家和画家的双重身份，回忆了他和许多中外文化名人的交往，尤其是他和一些俄罗斯作家的交往，其中有不为人所知的轶事，也有作为当事者的独特感受。高莽先生和俄罗斯作家交往时没有语言的障碍，所以他的经历和感受绝不是浮光掠影。在《阿赫玛托娃与〈离骚〉》一文中，他回忆他和俄罗斯汉学家费德林的交往，其中谈到了诗歌翻译。费德林是屈原《离骚》的俄语译者，他把《离骚》翻译成俄文后，对自己的译文不满意，便登门拜访阿赫玛托娃，请她对译文进行“诗的加工”。费德林作为一个杰出的汉学家，他可以比较准确地把艰深的《离骚》转译成俄文，然而这种转译，至多是内容和意思的翻译，要传达出诗的神韵，他就无能为力了，所以他才求助于阿赫玛托娃。当时是50年代初，阿赫玛托娃正在受到批判，她心爱的独生子为她蒙受冤狱，作为母亲，她心境的悲哀可想而知。开始，她不愿意做这件事，经过费德林的再三恳求，她愿意试一试。阿赫玛托娃并没有马上动手改译诗，她一次又一次让费德林提供有关屈原，有关楚辞，有关中国战国时代的资料，然后才着手修改译文。费德林告诉高莽：“她把我的译文在字句上作了重新安排，于是译文就放出了光彩。只有她才有这种神奇的本领。结果就有了现在的译本。它也许无损于伟大《离骚》的原作。”我无法阅读费德林翻译的《离骚》俄译本，但我相信，经过阿赫玛托娃修改的译文，一定是真正的诗。高莽在他的散文中讲了这样的一件使我心颤的事：当时，阿赫玛托娃为探视他无辜入狱的儿子，曾在列宁格勒牢房的门前默默地伫立了三百个小时。我不知道，她站在牢房门口的那些日子，和她修改《离骚》译文是不是同一时期。我假设这两件事情发生在同一时期，那么，这位伟大的俄罗斯女诗人默默地站在风雪中时，她的心中可能回荡着屈原的诗句……失意的屈原，悲愤的《离骚》，必定和她当时的心情产生强烈的共鸣。多年前，我曾到过阿赫玛托娃在圣彼得堡的故居，在她狭窄简朴的居所里，我感受到了她当年的孤独和冷寂；我也到过她在莫斯科住过的作家别墅，在她当年常常散步的白桦林中寻找她的足迹；还有圣彼得堡郊外的皇村，少女时代的阿赫玛托娃曾在那里追随普希金的脚步……读高莽的文章时，记忆中的这些经历又一一重现在脑海里。我也很自然地想起了屈原的诗句："余将董道而不豫兮，固将重昏而终身。"我相信，在磨难中度过一生的阿赫玛托娃，一定能深切地体会屈原的这两句诗。

1997 年 7 月 24 日于四步斋

人　和　兽

——读基罗加《胡安·达里恩》

一个年轻的寡妇失去了心爱的儿子，在她万念俱灰的时候，一只饥饿无助的虎崽走进了家门。寡妇收留了虎崽，并用自己的乳汁喂养这只虎崽。在她伤痛的心里，一条生命和另一条生命是平等的。人类的母爱，竟使虎崽变成了一个婴儿，一个和其他孩子没有区别的男孩。善良的寡妇和虎婴相依为命，她把孩子培养成一个善良诚实的人，孩子对母亲怀着深挚的爱和敬意。母亲把孩子送进了乡村小学，在学校里，他是一个勤奋刻苦的好学生。然而在他十岁那年，母亲死了。一个由老虎变成的孤儿，能否在人类的世界里生存？孩子并不知道自己曾经是老虎，他依然天天上学，成为学校里最优秀的学生。一次，从城市里来了一个视察员，老师让他为视察员讲解课文，他却因为紧张说不出话来，嘴里发出一种奇怪的声音。视察员在粗硬的头发下发现他眼睛里反射出的绿光。于是视察员断定，这是一只老虎。视察员不是坏人，但他和大多数人一样，憎恨老虎。他要村人设法让这个孩子显出虎形，然后杀死他。村人请来了驯兽师。驯兽师用猎狗来对付他，然而猎狗们认为他是人。驯兽师用皮鞭抽打他，村人在一边大喊：“把你的虎斑亮出来！”然而他身上除了血印别无他痕。最后，村人把他绑在烟火架上用火烧。在痛苦中，他不停地呼喊着：“不，请原谅！我是人！”然而，在火光中他终于现出了虎形。村人以为他已经被烧死，将他扔到森林边上。他苏醒过来，又变成一只老虎，回到了森林中，然而人的感情并没有在他心中消失。他独自来到寡妇墓前，怀着深深的柔情低声说：“你曾教育我，要爱，要理解，要宽恕。母亲！我永远是你的儿子……”这时，从森林里传来一阵枪声。这是人在开枪，人们正在捕猎，在杀戮，在屠宰……

上面这个故事，是乌拉圭小说家奥拉西多·基罗加的小说《胡安·达里恩》的梗概。这故事，像童话，又不是童话。读这篇小说时，我的心中交织着很复杂的感觉：惊愕，感动，愤怒，遗憾，困惑……在基罗加的这篇小说中，那只叫达里恩的老虎充满了高尚的人性，他比周围的大多数人更善良，更懂得爱，懂得宽容和同情。而那些凶焰逼人欲将他置之死地而后快的人，却更多地表现出残忍和兽性。这似乎是一种颠倒，但在读这篇小说时，我除了感到惊心动魄，感到震撼，并没有觉得荒谬，也没有什么不自然。作家叙述这个故事时，用的是平淡的口气，朴素的语言，看不到任何夸张的描述，仿佛是在讲一个生活中发生过的真实故事，使人如临其境。读完这篇小说，很自然地会联想到人类和大自然的很多不协调。自从人类进入文明时代之后，便充当着大自然的统治者，“征服自然”和“改造自然”，一直是人类两个响亮的口号，喊着这样的口号，人类做过或者正在做着许多违反自然规律的事情，譬如对森林的砍伐，对动物灭绝性的杀戮。历史已经证明，在地球上，人类是最聪明的创造者，也常常是缺乏远见的破坏者。基罗加写这篇小说是在本世纪初，世界上还没有谁在为保护自然、保护环境大声疾呼，他的小说以独特的方式和声音提出了这一命题。可以说，他是这方面的先驱。我正在读的《基罗加作品选》中，还有不少和这一命题有关的短篇小说，《阿孔纳达》写的是人和蛇之间的战争，这样的战争，当然是以人的大获全胜而告终，然而有意思的是，在小说中，蛇却是受到同情的主角，它们像人一样有感情，有理智，有组织，在强大无情的人类面前，它们最终难逃被屠杀的命运。在基罗加的小说中，人和动物是平等的，他常常把自己幻想成一头牛、一只鸟或者一只鹿，用它们的眼睛观察着人类的世界，生发出很多感想。他小说中的动物和人一样有喜怒哀乐，拥有丰富的情感。在《巨龟》和《两只美洲浣熊和两个幼童的故事》中，动物和人类之间的友情被他写得曲折动人。这些小说使我想起《聊斋》中的很多故事，想起那些通人性的狐狸。不过，基罗加的小说和蒲松龄的小说使人产生的联想是不一样的。基罗加的小说并不是为了阐述因果报应的道理，而是让动物处在和人平等的地位，和人类作种种交流。动物和人类一样，也是我们这个星球的主人。在蒲松龄的时代，大概还不会有人作如此想。

以前，我曾在介绍拉丁美洲文学的文章中看到奥拉西多·基罗加这个名字，这位乌拉圭小说家被誉为“拉丁美洲短篇小说大师”。现在，有了中译本《基罗加作品选》，将他的短篇小说精华荟萃其中，中国读者可以了解一下，在20世纪初，一个南美作家如何将他的理想和幻想结构成奇妙的小说。此书的译者林光先生是一位作风严谨的老翻译家，曾出色地翻译过不少拉丁美洲作家的作品。他翻译的《基罗加作品选》忠实地再现了原著的风格，值得中国的文学爱好者一读。

1997年8月3日于四步斋

意味悠长的速写

最近，收到老翻译家高莽先生寄赠的散文集《画译中的纪念》，很有兴趣地读了其中所有的文章。这是一本值得一读的书。高莽先生精通俄语，曾任《世界文学》主编，年轻时就多次出访苏联，结识了很多俄罗斯作家。他们的交往，不像很多中国作家和外国作家的交往，仅在礼节性的场合，通过翻译讲一些客套话，根本谈不上有什么深入的交流（这不妨碍有些作家事后写出长篇回忆文章）。高莽先生和外国作家的交往，没有语言的障碍，他们无所不谈，有些外国作家成为他终生的朋友。有这种经历的作家，在中国并不多。在《画译中的纪念》中，高莽先生回忆了他和一些俄罗斯文化名人的交往，在回忆时，他并不炫耀，也不加花哨的佐料，只是朴实简洁地记叙，由此生发出的抒情，诚实而感人。《我是尼古拉的眼睛》，是写他和苏联作家奥斯特洛夫斯基的夫人拉依莎之间的交往，时间跨度长达三十余年。奥斯特洛夫斯基是长篇小说《钢铁是怎样炼成的》作者，在中国曾经家喻户晓，高莽曾经翻译过由《钢铁是怎样炼成的》改编的话剧《保尔·柯察金》。奥斯特洛夫斯基的夫人在交往中曾为他讲过一些不为人所知的故事，高莽不是小说家，他只是简单地记下这一切，然而它们却向我展示了奥斯特洛夫斯基的生存状态和精神世界。奥斯特洛夫斯基是在异常艰苦的条件下将《钢铁是怎样炼成的》写成的，一身是病的残疾人，住在一个简易楼中的半间屋子里，连一张纸也没有，是在工厂当女工的拉依莎从厂里带来了包装用纸的剩余零头，奥斯特洛夫斯基就是在这些零碎的包装纸上写出了不朽的长篇小说。拉依莎告诉高莽，疾病缠身的奥斯特洛夫斯基曾经丧失过生存下去的信心，他有过自杀的念头，这在小说中也有过表现。正是这样的真实情节，使小说有了震撼人心的力量。在生活中，拉依莎的爱，是奥斯特洛夫斯基战胜病魔的重要力量。奥斯特洛夫斯基只活了三十一岁，但他经历了人间的大恨大爱，命运像一匹野马，拽着他走过了崎岖的道路，这道路虽然不长，它的曲折和跌宕却能引出无穷的回声。我想，读过《钢铁是怎样炼成的》的中国人，也一定会有兴趣读一读《我是尼古拉的眼睛》。

在这本书中，高莽还写到了一些中国人熟悉的苏俄作家，譬如诗人阿赫玛托娃、叶甫图申科，小说家艾特玛托夫。尤其值得一读的是《沃兹涅先斯基》，这位新潮诗人在俄罗斯的遭遇和经历，会给中国同行很多有益的启迪。60 年代沃兹涅先斯基在克里姆林宫朗诵诗歌的一幕，让人惊心动魄。1963 年，赫鲁晓夫在克里姆林宫会见文艺界人士，三十岁的沃兹涅先斯基也被邀请了。主席台上除了赫鲁晓夫外，还有勃列日涅夫、苏斯洛夫、科兹洛夫、伊里切夫等党政要人。赫鲁晓夫点名让沃兹涅先斯基上台发言。他走上台，只说了几句话，主席台上就有人把他的话打断。诗人要求不要打断他的话，主席台上的声音更大了："沃兹涅先斯基先生，从我们国家滚出去，滚出去！"高莽在他的散文中引用了沃兹涅先斯基自己对当时情景的描述，不妨转引如下：

"……大厅里的人们的表情，先是茫然，然后是幸灾乐祸，我从他们脸上的变化就猜到主席台上发生的事。我转过头去。赫鲁晓夫由于发火，面孔变了形，渗着汗水，离我只有几公尺远。他在嚎叫，歇斯底里地翻动着发黄的白眼珠。一国之首暴跳如雷，拳头在头上挥动。他不能自制。他浑身散发着汗臭。‘沃兹涅先斯基先生！滚！谢列平同志（当时的苏联国家安全委员会主席）会给你签发出国护照的。’接着是更耸人听闻的话。为什么？也许他疯了？也许他醉了？（他有过这么一次，那次他用皮鞋敲打联合国的桌子。）我明白了：‘我完蛋了！’只因为我还有在朗诵会上应付各种情况的能力，才保持住了自己的理智。”

“这时，我的背后和大厅里都传来了起哄的叫声：‘滚蛋！可耻！’从第一排跳出一个人来，他长着一幅漂亮得令人作呕的面孔。他对我说：‘你不穿白衬衫，不打领带，就这么进入克里姆林宫？阿飞！’后来我才和道，这个人就是谢列平。那时很少有人知道‘阿飞’这个词儿，他们都在叫嚷：‘可耻！’……怎么制止这个可怕的场面呢？我最后还是冲破一片叫嚣声，说我要朗诵一首诗。”

“‘什么诗也不用朗诵！我们都知道！不听！滚！’喊声从背后传来。大厅渴望流血……”

“这时，我发现首脑的脸上冒出一种想法，这是一种猜测，好像什么东西触动了他，唤醒了他的意识。什么东西在刺激他——或许这是我的感觉？——仿佛在这欢庆胜利的狂叫声中他看见了自己未来的灭亡，感受到无法控制的人们的自发势力。一年以后，正是这股力量扭断了他的脖子。当时，他皱紧眉头，瓮声瓮气说：‘不，让他朗诵吧。’”

沃兹涅先斯基朗诵了他1962年写的一首怀念列宁的诗《我在舒申斯科耶村……》。他一边朗诵一边习惯地挥动手臂，以加强诗的节奏和效果。大厅静下来了。他朗诵完后，从大厅一角传来几下掌声。这又惹恼了赫鲁晓夫。他大声喊：“特务！特务！”沃兹涅先斯基以为赫鲁晓夫要让特务上台把他抓起来，但是没有人上台。赫鲁晓夫问沃兹涅先斯基：“你为什么要挥手？难道也给我们指引前进的方向？你以为你是领袖？”以后，沃兹涅先斯基才知道赫鲁晓夫当时喊的“特务”，是指为沃兹涅先斯基鼓掌的那个人，那个人是画家戈里岑……

政治家的粗暴直率和诗人的顽强大胆，在沃兹涅先斯基的故事中表现得淋漓尽致。这样的事情，在中国大概永远也不可能发生。不同的文化背景，孕育出的故事是不一样的。高莽把这样的往事转述给中国读者，使人感慨不尽。

除了翻译写作，高莽还是一位颇有成就的画家，他画的大多是人物肖像。我也曾有幸在一本诗选中被他画过一次。他画的是速写，寥寥几笔，便刻画出了人物的形象。对熟悉的人物，他画得尤其传神。他写人物的散文，和他的速写一样，简洁明快，然而意味悠长。

1997年8月6日于四步斋

心灵的芦笛

——谈吴岩的翻译

泰戈尔说："世界的吐气在我们心灵的芦笛上吹奏着什么样的调子，文学就努力反应那个曲调。"世界的吐气是什么？是大自然的呼吸，是人类的脚步，是历史的回声，是天地间有形的和无形的一切。人人都在它的笼罩下，却未必每个人都能听到，都能感受到。有的人，即便感觉到了，却无法为之动心。而睿智善感的诗人心中有一支神奇的芦笛，"世界的吐气"时时把这芦笛吹响，留给人世美妙悠长的回声。泰戈尔的诗篇，就是这样的声音。吴岩先生把他翻译的泰戈尔诗文集题名为《心笛神韵》，妙极。

吴岩先生很多年来一直致力于泰戈尔散文诗的翻译，记得在60年代初，泰戈尔的两本散文诗集使我爱不释手，一本是《飞鸟集》，一本是《园丁集》。《飞鸟集》的译者是郑振铎，翻译《园丁集》的就是吴岩先生。《飞鸟集》和《园丁集》中那些美妙的文字，在我少年和青年时代的读书生活中留下极其深刻的印记。在五、六十年代，泰戈尔在中国的影响远不如现在这样广泛，在当今中国，大概没有一个外国诗人的影响能和泰戈尔相提并论。我以为，这位伟大的东方诗哲在中国产生这样的影响，并不是奇怪的事情，因为他的诗文确实是人类美妙智慧和高贵情感的一个巅峰。但是，如果没有中国优秀的翻译家们的辛勤劳动和创造，这样的影响不可能在中国产生。我没有统计过，自80年代以来，中国出版过多少泰戈尔的作品，大概数以百计。这些泰戈尔作品的汉译本，大多是重复出版以前的老版本。引人注目的是吴岩先生的新译本。1982年，他翻译了《流萤集》；1984年，他翻译了《吉檀迦利》；1992年，他翻译了《新月集》《采果集》《遐想集》和《飞鸟集》，并把他自己曾经翻译过的《园丁集》又对照泰戈尔的英文原作重新校订修改了一遍；1993年，他翻译了《情人的礼物》《渡》和《集外集》。这样，泰戈尔用英文翻译写作的所有散文诗集，全部被吴岩先生译成了中文。这些由上海译文出版社陆续出版的泰戈尔作品，我曾经一本一本买来读过，因为书橱里有各种版本的泰戈尔诗文的汉译本，我有时还将吴译本和其他译本对照着读。吴岩先生的译文，我非常喜欢，也很佩服，我相信它们生动准确地传达了泰戈尔作品的神韵。现在，这十本泰戈尔的作品汇集成一部《心笛神韵》，对爱好泰戈尔作品的读者，是一件值得庆幸的事情。

《心笛神韵》中的十本书，都是译自泰戈尔作品的英文版本，而这些英文作品，全都出自泰戈尔之手。我一直认为，诗歌在所有文学作品中最难翻译。要把原作的韵律和意味完整无损地转换成为另外一种文字，几乎不可能。这就是很多名扬天下的外国诗人的汉译作品无法打动中国人的原因。我们读到的译诗，其实和他们的原作相差甚远，或者说，这些中文译诗，只是有着相同意思的另外一些分行排列的汉字。诗作在母语状态时很多只能意会而难以言传的妙处，在翻译过的文字中很难体会。所以有人说，诗人只能为他的母语读者写作。我想，泰戈尔一定意识到这个问题。他的诗，开始都是用他的母语孟加拉语写作的，他被世界认识，却是因为这些作品的英文译本。而这些英文译本的翻译者不是别人，是他自己。泰戈尔对自己诗歌的翻译，其实是用英文进行再创作。泰戈尔在翻译时曾经这样说："从前，某种情感的和风引起了心中的欢愉情趣；如今，不知为什么又通过其他语言的媒介，焦急不安地体验着它。"这种体验，大概也只有作者自己才能体验。泰戈尔在翻译时，对原作形式作了重要的改变，他把分行排列的诗，改成了不分行的散文。这一改变，我以为非常重要，也非常聪明。这样的改变，避免了诗歌转译时的很多问题。正如泰戈尔所说："我的诗并未因为用散文形式译出而有所失色。假如我用诗的形式译出的话，可能会令人感到不足和不可取。"吴岩先生在《望霞听雨札记》一文中指出："泰戈尔的翻译是一种再体验和再创作。""诗人毕竟最了解自己的诗歌，他自己的译文但求传神，他重新体验、创造了那份思想感情，并不刻板地严守形式的移植。"泰戈尔其实是创造了一种诗歌翻译的成功方法，可惜的是，这方法很难被翻译家们应用，因为，尊重原著是翻译家们最基本的信条。有几个诗人能用外语翻译自己的诗歌呢？泰戈尔的这些英译散文诗，不仅使英文的读者陶醉，认为它们是"西方文学不可分割的一部分"，也为其他语种的翻译家提供了良好的条件。我想，如果吴岩先生的译文不是根据泰戈尔自己的英译本，而是根据别人从孟加拉文翻译的英文译诗，那么，我们读到的大概会是另外一本书。毫无疑问，它不可能有《心笛神韵》这样的动人魅力。

《心笛神韵》中附有吴岩先生的《望霞听雨札记》，很值得一读。吴岩先生说，他写这些文字，是"为了防止译诗时与泰戈尔原作'隔'得过分严重而作的一些零星记录"。文中对泰戈尔诗艺和思想作了很独到的分析。一个翻译家的认真和严谨，在这篇札记中体现得极其生动。

我衷心地向读者推荐《心笛神韵》，这样的书融智慧和情感于一体，能净化心灵，升华灵魂，使人在喧嚣中获得优美的宁静。

1998 年 1 月 25 日于四步斋

沉思后的激情
——读《'97诗韵》致纪宇

纪宇兄：

你好！

大著《'97诗韵》收到并拜读了。你又写出这样一部激情浩荡的长诗，值得祝贺，也令人钦佩。这样篇幅巨大、结构严谨的政治抒情诗，现在没有几个诗人能写出来。'97香港回归，确实是中国历史上一件有着划时代意义的大事，所有的炎黄子孙都为此兴奋，为此激动。诗人以这个题材写诗，似乎是天经地义、顺理成章的事情，然而你竟然写出如此规模的长诗，颇使我感到意外。去年一年中，我曾经无数次被约稿，要我写诗，写歌，写散文，我觉得这样重大的题材值得写，而且也确实是有情可抒，有感要发。然而到头来我只写了一首短诗，一篇短文。读你的洋洋洒洒的长诗时，我由衷地感到佩服。“我是黄河，激流飞渡，我的歌喉如壶口瀑布；我是长江，浪卷云舒，心头喧腾思念的音符；我是长城，雄矗千古，诗是青砖上风雨的脚步；我是编钟，敲秦痛楚，体内把祖先的心声贮录……”这样的气魄和情怀，一如二十年前的你。

是的，读你的长诗时，我不由想到了从前，想到了政治抒情诗在中国风行的时代。那时的政治抒情诗，激昂却虚浮，冗长却空泛，大多面孔雷同。不少诗人也想在这样的诗行中倾吐心声，发表自己对时代和人生的见解，然而没有人能超越时代。自以为是在真诚地写作时，其实是被一些荒唐的理念和教条牵着鼻子走，是在一些无形却强大的框框里打转。那时，我也是你的读者，你的那些长诗，曾经使我佩服，使我激动。我也曾试图写这样的诗，然而写得很别扭，明明心怀着忧伤，却故作慷慨激昂，明明步履迷茫，却硬作成雄赳赳气昂昂的姿态。现在再读这些诗，实在汗颜，它们不仅幼稚，而且虚假。必须承认，在创作上，我们都走过弯路，我觉得这不是耻辱，是历史使然，是时代的烙印，没有人能擦去这样的烙印。有些人当时也曾起劲地鼓噪，唯恐自己的声音落后于时髦的口号。然而历史的这一页翻过去之后，他们却把自己的这一段历史抹得干干净净，只要有机会，就把自己说成是超越时代的英雄，在黑暗和浑浊中，他们眼明心亮，出淤泥而不染，保持着高风亮节。这样的歪曲和篡改，真是滑稽得很。

这些年，你在写短诗的同时，仍坚持写政治抒情诗，很不容易，我以为这需要勇气。因为在很多人的眼里，现在写这样的诗，不是时髦，而是背时。无需否认，诗人们踊跃创作政治抒情诗的时代早已过去，这很自然，因为这样的诗不容易在现代的读者心中引起共鸣。甚至有人看到这样的长诗就联想起不堪回首的十年“文化大革命”。不过，作为一种文学样式，政治抒情诗大概不会消亡，只要诗人以真诚的思考和抒情呼喊出时代的心声，读者还是会被它们感动的。你的《’97 诗韵》就是一种证明。

在政治抒情诗这一领域里，你想有新的作为，也想超越自己，看来你的努力是卓有成效的。我以为，《’97 诗韵》是一部有激情也有深度的作品，你的思路不仅仅局限在香港回归这件事情上，而是追根寻源，思索着我们民族的性格和命运，憧憬着中国的未来。抚今追昔，瞻前顾后，你的思想之翼上下五千年，纵横八万里，翱翔得自由潇洒，这是沉思后涌出的激情。这首长诗的形式使人感到新鲜，可见你为此煞费苦心。全诗围绕着汉诗的十八个韵部层层展开，从头至尾如此严格地押韵，使人想起韵律工整的古诗。然而这首长诗仍是不折不扣的自由诗。所谓“一部长诗，半部诗韵”，这是你的创造。我想，对很多已经不知韵脚和押韵是怎么回事的新潮诗人，你的《’97诗韵》可以让他们领会其中的三昧。不过，这样的形式和你要表达的内容之间，似乎没有多少必然和内在的联系，使人觉得是在刻意地展览汉字的韵律。形式和内容如何自然地融为一体，恰到好处地互相映衬，值得研究。如果有苛刻的评论家说这是形神脱节，我想也是言之成理的。

我不是评论家，只能对你的新作谈一点粗浅的印象，并把由此生发出的感想告诉你，供你一笑。总之，读到这部长诗，作为朋友，我由衷地为你高兴。

顺祝笔健！

丽宏

1998年3月23日于四步斋

成长的过程
——读肖铁《成长的感觉》

前些日子，收到肖铁的一本书，书名是《成长的感觉》。这本由天津教育出版社出版的书很厚，有四百多页，书中有散文，有诗，也有小说，还有一些从小学到高中的作文。这是一本很特别的书，在这本书里，一个聪慧而有才华的少年以他清新真挚的语言，向人们倾诉着他的感情，也表达着他对人生和这个世界的看法。在他的文字里，清晰地印着他在不长的人生旅途上留下的脚印，这脚印勾勒出来的并不是单调的直线，其中的曲折成人难以想象。正如书的封面上的介绍：这是“一部融入痛苦、欢乐，烦恼、快慰，忧伤与美丽的心灵画卷”。少年读这样的书会生出共鸣和钦佩，成人读这样的书则会生出很复杂的感慨。而我，很难形容翻阅这本书时心里的喜悦，因为，这是我熟悉的一个少年。

肖铁是我的好朋友肖复兴的儿子，今年读高三。在我的印象中，他还是个孩子。可以说，我是看着他长大的。第一次见到他时，他才三四岁，站在我面前大声背诵普希金的《渔夫和金鱼》的故事，那稚嫩可爱的童声犹在耳畔。我的妻子怀孕时，他五岁，在肖复兴写给我的信里，附着他画的一张贺卡，上面画着一间彩色的小房子，烟囱里冒着炊烟，上面歪歪扭扭写着一行字：早生一个胖娃娃。在收到他的贺卡之后不到一个月，妻子生下了儿子。我的儿子八岁时，我带他去河北参加一个笔会，肖复兴也带着儿子一起来了，那年，肖铁刚刚读完初一。两个孩子在一起玩耍，调皮活泼，天真烂漫。但肖铁还是和同龄的孩子有些不一样。在旅途上，他谈天说地，评古论今，俨然是一个少年小博士。从他的谈吐中可以想见他阅读范围之广。每天晚上，他都要写日记。我读了他的几篇日记，发现他不仅能流畅生动地记叙所见所闻，还能对事物发表自己的见解。读他的日记，和看他玩耍完全是两回事。

大概在肖铁读初三的时候，有一次，肖复兴告诉我，他带肖铁去书店，肖铁为自己选的竟是《朱光潜全集》，他对美学感兴趣。这样的学术著作，对一个初三学生来说，似乎太深了一点。我曾经想，一个喜欢读《朱光潜全集》的孩子，长大后会怎么样？肖铁读高一的时候，我听说他准备写一部长篇小说。去年年底，真的收到了他已出版的长篇小说《转校生》。我读了肖铁的处女作，小说中对当代中学生生活的生动描绘吸引了我，一个少年能写出这样的小说，而且是长篇，使我吃惊。与此同时，在全国各地的文学杂志和报纸副刊上，我不时能发现肖铁的名字。一个少年作家，悄悄地出现在读者的视野中。读他的文章，我感觉到一种陌生——那个天真烂漫的少年已经消失，取而代之的是一个沉思的富有激情的青年。他在努力以自己独特的眼光审视他所见到的一切，他在思考，而且尽力避免人云亦云。在冯骥才主编的《文学自由谈》上，我曾读过他写的《灵性与非灵性》，文章批评了冯骥才的散文《灵性》，而且观点颇为尖锐，其中有这样的话：“这一代人经历的阶级斗争太多了，灵性不可避免地被这些人为的斗争磨去了不少，或者已经将灵性磨成另一种样子，以为这一切便都是灵性。”这样的批评，确实值得我们这一代作家深思。去年，在《文学报》上，我读到他的散文《壶口的黄河》，在描绘壶口瀑布的壮观景象时，他作了与众不同的联想。尽管是一篇短文，但留给我很深的印象。今年年初，我主编《中国当代美文百篇》时，很自然地想起了肖铁的这篇散文。肖铁是这本书的选文作者中最年轻的一位，他的散文和许多名家的文章放在一起，并不见得逊色。

了解一个当代少年成长的过程，是一件很有意思的事情。在《成长的感觉》中，我重读了肖铁的这些文章，对他的成长过程有了更多的了解。这过程，是身心两方面不断健壮丰富的曲折经历。我们许多孩子的父母，竭尽全力让孩子吃好的，穿好的，辛辛苦苦为孩子奔忙，陪他们做功课，应付考试，然而当孩子长大了，回头一看，却看不见孩子走过来的足迹。而肖铁用自己的笔，用他自己的语言，真实地写出了他的成长过程。也许，肖铁是他们这一辈人中的佼佼者，但在他的身上，还是体现了一代新人的成长和进步。读《成长的感觉》，使我很深刻地体会到，什么叫做“青出于蓝而胜于蓝”。

在我写这篇短文的时候，肖铁已经成了北京大学的学生，并成为中国作家协会最年轻的会员。在电话里，他冷静而简短地谈这件事情，也许激动的时刻早已过去。肖复兴告诉我，肖铁推辞了好几家出版社的约稿，他很清楚，对他来说，现在最要紧的事情还是读书。他没有把已经获得的那些成功当成负担（这样的成功会使很多人沉醉其中，从而成为前进的障碍），肖铁的冷静和清醒使我欣慰。相信他一定会有更远大的前程。

1998 年 6 月 10 日于四步斋

含泪的诙谐
——读《莫吐儿传奇》

很多年前，曾陆陆续续读过犹太作家肖洛姆·阿莱汉姆的一些中篇和短篇小说，感觉这是一个心情压抑的作家，他叙述的故事带着苦涩和酸楚，传达出人生的无奈和悲凉。我想，这样的作家，一定曾经饱受磨难，经历过人世的沧桑，生活对于他来说是一场灾难，他向人们描绘这场灾难的同时，也宣泄了心中的愁苦。读这样的小说，是一件累人的事情。所以后来看到他的书，我总是不太有兴趣去细读。最近读到姚以恩翻译的《莫吐儿传奇》，使我改变了对肖洛姆·阿莱汉姆的看法。

《莫吐儿传奇》是一本写给孩子看的书，反映的是一个世纪前生活在俄国的犹太人的生活。这是穷人的故事，是交织着贫困饥饿、疾病灾祸和颠沛流离的故事。这样的故事，离我们很遥远，然而这本书却吸引了我。为什么？因为肖洛姆把这些辛酸的故事写得十分有趣，诙谐的气息从头至尾笼罩着全书。一个不谙世事的孩子，以他天真的眼光和稚憨的语气，叙述着他所经历的种种灾难。以成人的眼光看，有些事情是苦不堪言的，然而莫吐儿却不这么看。他的父亲病入膏肓，没钱治疗，母亲不得不变卖家具和书，莫吐儿好奇地观察着交易的过程，所有的事情他都觉得新鲜有趣。睡觉的床和沙发也卖了，他和哥哥只能睡在地上。面对着空空荡荡的家，莫吐儿快乐地在地上打着滚，还发出这样的感叹："这会儿地方可够啦。多宽敞啊！多自在啊！简直是天堂！"父亲死了，莫吐儿成了孤儿，他再也不能上学，也不用再做祷告，不能再到教堂里去唱诗。"无忧无虑。我真走运——我是孤儿！"这样的反话正说，通过一个孩子之口，使人在发笑的同时，感受到更深的悲哀。难怪当年高尔基在读了这部小说后，给肖洛姆的信中这样说："读了以后我笑了也哭了。真是一本绝妙的好书！……这本书我非常喜欢。再说一遍，这是一本了不起的好书。整本书都洋溢着对人民的深厚、亲切而真挚的爱。"

"我笑了也哭了。"高尔基道出了大部分读者的感觉。肖洛姆的幽默，是含着眼泪的微笑。这样的幽默，曾使当时的俄罗斯大作家们都深受感动，列夫·托尔斯泰、库普林、柯罗连科，都非常欣赏肖洛姆的才华，而且成为他的朋友。肖洛姆的作品，用的是意第绪语，但这并没有妨碍它们的流传，当时很快就有人将它们翻译成俄语，使俄罗斯人都认识了肖洛姆。肖洛姆生在乌克兰，生活在俄罗斯，但他过的是纯粹的犹太人的日子。我想，用第一人称写的《莫吐儿传奇》，有不少自传成分在其中。在肖洛姆的时代，大概还没有哪个作家如此真实生动地描绘出犹太人的生活。肖洛姆晚年移民美国，生活环境的变化并没有影响他写作的风格，就像蒲宁，到美国后，写的依然是俄罗斯的生活，作品中抒发的也依然是俄罗斯人的感情。而肖洛姆还是用意第绪语写作，还是写犹太人的生活。美国的出版商把他的作品以更快的速度和更广的范围向世界传播。肖洛姆至今还是犹太民族的骄傲。

肖洛姆的作品被翻译成六十多种文字，我不知道他的作品有多少被翻译成了中文，大概不可能是全部。姚以恩的译本是很传神的一种。记得翻译家万紫曾翻译过不少肖洛姆的小说，南昌的《百花洲》曾发表过万紫的译文，并出版了单行本。我想，如果有机会读肖洛姆的其他小说，我再不会轻易放弃。

1998 年 7 月 4 日于四步斋

冰雪的声音

冰雪的声音来自遥远的北方，寒冷，晶莹，带着神秘尖锐的碎裂的韵律，也带来了因阳光和暖风而发生的融解，清澈的流水迂回在莹光四射的冰块之间。一些色彩驳杂的奇花异卉正悄然绽放，将冰雪的单调冷寂化为热情活泼的旋律……

这是一群瑞典诗人用他们的诗歌向我描绘的境界，他们在寒冷中寻求热源，用的却是冷峻的语言：

你说话取暖
写诗取热，在宽恕的环中
把自己写入寒冷……

在一个词边打滑
光冻结的日子
语言像时间一样消失……

时间在流逝，谁也不能挽留，智慧的语言却留在人间，在知音的心中共鸣流传。诗人这样阐释死亡："死亡是一本众人皆谈、没人读过的书。"一片小小的安眠药，使诗人产生如此联想："失眠者把一片药放在舌苔上，小心地，仿佛在接受一个怪诞的吻，一个倒置，没有人味的机器吻。他的嘴干燥、发麻，因这个具有魔力、糯米纸包装的小白片，一片青年时代恋人的舌头所化成的东西。"对于一个失眠者而言，那片能使他入睡的安眠药如同"青年时代恋人的舌头"，这是何等奇异的联想，然而有过失眠经验的人大概会因这样的诗句而产生共鸣。瑞典诗人的作品中，意象密集纷繁得让人眼花缭乱，想象力和怪诞结伴而行，组合成使读者惊愕的诗作。譬如布鲁诺·卡·欧叶的《世界》，以这样的想象来诠释他心灵中的世界："世界是／剩下的货物／地板上的划痕／他翻弄着／进入静之草原的／撕落书页／从他的体内／渗出一个低弱的马蹄声／当他们关闭他的眼睛他已是／马背上的微型玩具／骑向一侧。"这样的世界当然很奇怪，未必每个人都能理解，不过我可以体会到诗人感知世界的方式，因为独一无二，因为意象新奇跳跃，这样的诗引人注目。

这些诗歌，收在上海文艺出版社最近出版的一本瑞典当代诗人的选集中，书名为《冰雪的声音》。对于瑞典的诗歌，中国的读者并不熟悉。中国读者也许知道斯特林堡，知道得过诺贝尔文学奖的诗人海登斯塔姆、拉格尔克维斯特和马丁松，却不可能知道这本诗集中的大多数诗人，因为这是在中国翻译出版的第一本瑞典当代诗人的选集。诗集出版的时候，瑞典的诗人们专程来到了中国，在上海图书馆，两国诗人一起举行了一个小小的讨论会。这样的讨论会，当然无法将话题深入，不同的语言妨碍了我们的交流。使我印象深刻的是瑞典诗人们朗诵自己的诗歌，从字面上看起来晦涩难懂的文字，从他们口中流出时，却抑扬顿挫，美妙无比。布鲁诺·卡·欧叶朗诵了他的三首诗，其中就有《世界》，低沉的嗓音，梦呓般的倾诉，使他的朗诵充满了神秘感。两位女诗人伊娃·吕涅菲尔德和安·叶德隆，也朗诵了她们的作品。她们的朗诵完全是自我沉醉，自然而深情，没有一点表演的成分。安·叶德隆的诗作中有这样的段落："心脏的原野平静 / 原野看不见心脏 / 我是原野的心 / 水在表层浮荡 / 月亮的光线使表层发亮 / 表层是心脏的湖泊。"把自然的景象和内心的感受交织成一体，把物象和情感理性凝聚在灵动的意象中，给人奇妙的感觉。

我一直认为，在文学作品中，诗的翻译是最困难的，把一首诗歌转化成另外一种语言后，完全可能面目全非。我想，一个译诗者，除了懂外语，自己也应该是一个诗人。值得一提的是《冰雪的声音》的译者李笠，他是一位能用瑞典语写诗的中国诗人。早几年，他曾经将特朗斯特吕姆的诗歌翻译介绍到中国，颇受好评。《冰雪的声音》中，也有他的一组诗，这是他先用瑞典语写作，然后才翻译成中文的。一个能用两种文字写诗的诗人，他的翻译，我想是值得信任的。《冰雪的声音》中的很多诗使我产生共鸣，我想，这在很大程度上应该归功于译者。李笠在瑞典和中国的诗歌之间架起了一座桥，使我们能彼此相识、了解，并且沟通。

1998 年 11 月 24 日于四步斋

传播和积累
——有感于《狄更斯文集》出版

上海译文出版社最近出版了《狄更斯文集》，共 19 卷，字数逾千万，可谓洋洋乎大观。一个用英语写小说的作家，在辞世一百多年之后，竟能在一个讲着另外一种完全不同语言的国度中出版如此规模的文集，实在是一件耐人寻味的事情。我想，狄更斯倘若地下有知，一定会为此欣慰不已。对一个作家来说，还有什么比这样的事情更值得骄傲呢？

对于狄更斯，中国读者熟悉得很。自 1908 年林琴南和魏易同翻译《块肉余生》（即《大卫·科波菲尔》）之后，将近一百年中，中国曾经有过无法计数的狄更斯小说的汉译本，几代中国人都兴趣盎然地读着他的书，不管时代如何变迁。除《大卫·科波菲尔》之外，他的《双城记》《荒凉山庄》《远大前程》《艰难时世》和《圣诞故事集》等，在中国都拥有数不清的读者。而他的《奥列弗·退斯特》（又译《奥列佛尔》《孤心血泪》《雾都孤儿》）等，因为被一次又一次拍成电影，改成歌剧，20 世纪的人们对这个 19 世纪孤儿的跌宕命运和传奇故事一直兴趣不减。值得一提的是，这套《狄更斯文集》

中，有初次和中国读者见面的《尼古拉斯·尼克贝尔》，参与翻译的有我尊敬的老诗人辛笛先生夫妇。诗人的译笔将如何展现狄更斯所描绘的上一世纪的英国学校？我很有兴趣读一读。

翻阅《狄更斯文集》，使我产生一些感想。感想之一，是一个作家的创造力和精力何以会如此巨大？ 19卷《狄更斯文集》，还只是狄更斯创作的一部分。在人类的文学史中，狄更斯大概不能算是最伟大的作家，但是有几个作家能捧出如此厚重的文集呢？中国当代的作家们如果面对着自己的文集或选集沾沾自喜时，比照一下这套文集，也许会增加一些惭愧和清醒。感想之二，是文学恒久的生命力。不同的时代，不同的地域，不同的语言，都无法阻止优秀文学的传播。这一百多年来，天地多翻覆，人世两茫茫，然而狄更斯的小说却魅力不灭，吸引了一代又一代人。狄更斯所处的时代不可能复返，而他所描绘的景象却将在小说中永存。狄更斯小说中塑造的人物，几乎涉及了他所处时代的所有阶层，从贫苦工农到王公贵族，三教九流，在他的小说中无不栩栩如生。他小说中的场景，从贼窟到皇宫，形形色色，无所不有。我想，展现19世纪的英国，狄更斯的小说一定要比历史学家的著作生动形象得多。感想之三，是出版社的品格和眼光。上海译文出版社出这样的文集，并无大钱可赚，然而他们的目标很明确，是为了人类文化的积淀。这套文集，不仅展示了一个19世纪文学大师的智慧和才华，也汇集了中国几代翻译家的心血。据我所知，这些年，上海译文出版社还出版了《普希金文集》《莱蒙托夫文集》《契诃夫小说全集》《毛姆文集》《海明威文集》，还有托尔斯泰和泰戈尔等作家的规模可观的选集。我不知道，世界上还有几家出版社在以这样的规模，以这样严谨的态度做着传承人类文化的工作。对心怀着如此远大目标、并且正以行动实现这一目标的出版家们，我由衷地向他们致敬。

1999年1月18日于四步斋

读《春彦点评录》

近日，得谢春彦新著《春彦点评录》，翻阅后，爱不释手。

这是一本不太一般的书。说它是一本评论集，其中插图、书法占据了不少篇幅，有点像画册；说它是画册，书的主体却是谈论画家和艺术的文章。我想，这样的书符合谢春彦的身份：既是画家，又是美术评论家。两者兼顾，图文并茂，相映生辉，此等境地，一般著述者难以抵达。

我喜欢这本书，原因有二。一因其内容，二因其形式。

先说此书的内容。书中的文章有血有肉有骨，很可一读。谈画论艺是谢春彦所长，然而这些文章并非应酬或应景的泛泛之论。谢春彦点评的大多是人们熟悉的书画家：林散之、叶浅予、华君武、黄永玉、程十发、贺友直、陈逸飞……作者是在对点评对象有相当深刻了解的基础上，才对他们的艺术风格作出恰当的评价。他和这些画家多有交往，熟悉他们的人品习性，因此在评画时，常常将画家的人格和艺风结合在一起来谈。这样的点评，融艺术家的热情和评论家的冷峻为一体，不是雾里看山，也不是隔靴搔痒，画家们的性格和画风，他用三言两语便能点出要津，使人一目了然。我不喜欢读干涩的评论文章，同样的见解，可以表述得枯燥乏味，也可以发挥得有声有色。谢春彦的机智和才情，通过他的点评文字表现得淋漓酣畅，读者能在他诙谐幽默、略带三分文言风格的独特表述中，领略到斐然文采。他把多才多艺的黄永玉比作“美丽的怪兽”；而贺友直的《水浒十丑图册》则为：“择丑而写，于曾经沧海人生体味中，实怀真善美之深意”；卢辅圣的画，竟然“像玉那样荧荧闪着暗辉，复有千年万岁的古渍斑斓”；林散之的书法，是“一管柔毫，在薄薄的宣纸上铸造了一种罕见的今日光辉”……谢春彦不仅表述有个性，更重要的，是他的文章有独特见地，不是人云亦云，对当今热闹而纷乱的画坛有一份清醒的认识。对一个评论家来说，这尤为可贵。譬如在谈书法时，他将毛泽东的书法和弘一法师的书法作比较，前者“是一种热抽象”，“如苍龙自舞，意气殊胜，英姿出世，傲岸古今”，“处处有我，我我皆大”。而后者则“空明纯净，形神缣素，和平中正，冲淡无求，返璞归真”，是一种“极端的冰冷抽象”。这样的议论，使我感到新鲜。

喜欢这书的第二个原因，是它的形式。此书的装帧和印刷精美，相信会令所有的爱书人羡慕。特殊的开本，淡雅的色彩，传统和现代相结合的中国式装帧，图文相映的版式，每一页都如不同的书画作品。把一本书设计成这样，策划编辑者可谓煞费苦心。最近这十多年来，中国的书籍装帧有了大进步，《春彦点评录》便是众多证明中的一例。80年代中期，在美国的一家中国书店里，我看到大陆的书籍和港台海外的书籍陈列在一起，对比极其鲜明，港台和海外书籍装帧考究，五光十色，形式多样，而大陆的书籍简朴素淡，相比之下，显得单调寒酸。作为一个来自大陆的中国作家，面对着这样的差异，我觉得面上无光。现在如果把《春彦点评录》这样的书放到美国的书架上，我相信它必定大放异彩，不会比任何其他地方出版的书籍逊色。

在写这篇短文时，从报上看到一条消息，《春彦点评录》的编辑，远东出版社的周亚平先生，在福建组稿时遇车祸惨遭不幸。周亚平先生我也认识，是一个热心认真的好编辑。我本想把我对这本新书的美妙印象告诉他，想不到已经没有机会了。写这篇短文，也算是对周亚平先生的一点纪念吧。

1999 年 3 月 29 日于四步斋

短小和深厚

近日，读郑伟平的散文新著《春山月磨》，颇有所得。

这本书有一个很大的特点，书中的文章，大多不满千字，最短者仅一百余字。文章短，读来不费力，也不必花费大块时间一次将书读完，可以分很多次慢慢品读。我原以为自己未必能读完这样的书，不想只用两个晚上，便将书从头读到了底。为什么？因为书中的那些短文吸引了我。文章写得短并不难，无话则短，语塞则短，无趣则短，寡情则短。有些人写短文章，是因为没有连篇成块的素材，没有真实饱满的情感，没有自由驾驭文字的能力，也没有面对孤灯冥思苦想的耐心。文章短而不空，耐人寻味，使人读而有所得，有所共鸣，有所颖悟，却不是一件容易的事情。《春山月磨》中的短文，话题很广，也很杂，古今中外，文史科技，生活艺术，山川人物，多有涉猎。然而文章都是有感而发，有作者发自内心的真实感悟，有对自然人世的独到见地。所谓以小见大，于细微处见精神，于清浅处见深厚，便是此种境界。譬如《请柬》，由一张简朴的白纸请柬，引申出孔子的“九思”，引申出作者心中崇尚的“礼”，由此感慨中国文化的博大精深。在几百字中作如此起伏跌宕的丰富联想，并没有使读者感到勉强。

郑伟平在书的自序中谈他的写作甘苦时，说他只是“攒积了一点小小的痛苦，写出了一篇又一篇短小的散文”。这是很有意思的一种说法。我想，他的“小小的痛苦”，应该是对世事感触和思索的结果，将这些痛苦释放，便有了他的短文。而读者读这些短文时，得到的感受也许要比他的“小小的痛苦”更为丰富，而且，这些感受未必都是痛苦。

思想者的足迹

近日读新出版的《上海文学》，看到《“娘希匹”和“省军级”》这样一个奇怪的题目，猜不出作者会写些什么。这是一篇杂文的题目，而作者朱学勤是一位学者，所以在阅读之前，我揣度这大概是一篇发议论的文章。然而出乎我意料，这却是一篇回忆往事的散文，而且写得情真意挚，引起我这个同辈人的强烈共鸣。

朱学勤叙述的故事发生在“文化大革命”时期，现在的年轻人对此也许会觉得不可思议。那时，读书像做贼，随手写几个字，就差一点变成“反革命”，葬送一生。要想买到“内部参考书”，还得凭单位的介绍信。朱学勤用很轻松的口气讲述着他年轻时代的经历，文字后面重现的却是一个灰暗沉重的时代。我一点也不怀疑朱学勤回忆的真实性，因为，对那个时代，我和他一样熟悉，而且，我也有过类似的经历。读他的文章，使我又想起了自己在“文化大革命”中的很多遭遇。我是“老三届”，大概比朱学勤高几届，不过那时对书的渴望是一样的。我也曾想方设法通过各种渠道借书，也曾到福州路的旧书店买“内部参考书”，我无法搞到“省军级”的介绍信，却也跟着和书店工作人员熟悉的报社记者，到书店的书库里挑到不少可读的书。离开中学后，我去崇明岛“插队落户”，经历了孤独和迷茫，使我走出困境的重要原因，是有书为伴。书使我能在孤独中与很多智慧风趣的人交谈，使我超越封闭狭窄的处境，心驰八荒，神游古今。很多年前，我曾经以“荒年，书的饥渴”为题，写过我在“文化大革命”期间的读书生活，现在读朱学勤的文章，又勾起对那段岁月的记忆。这样的记忆，情感很复杂，尽管是黑暗年代的往事，可以说是苦涩泥泞，不堪回首，但因为和青春的岁月相连，所以也使人怀恋。当然，不是怀恋那个时代，而是怀恋我们的青春。在朱学勤的文章中，也流露出这种复杂的感情。

让没有经历过“文化大革命”的年轻人读一读这类文章，应该是一件很有意思的事情。读这样的文章，可以使后来者知道，中国的“文化大革命”是怎么回事。尽管这只是当年一个学生的个人经历，但可以从中管窥那个荒诞的年代。生活在一个能够自由读书的年代，大概已经很难体会我们这辈人当年的闭塞和困窘。但是必须知道，我们曾经如此闭塞困窘过。了解这段历史，便会更珍惜来之不易的开放和自由。

我读过朱学勤的一些评论，他常常以独特的见解引起读者注意。我欣赏他犀利流畅的文风，也欣赏他的勤于思索。和一些习惯于追求新奇和时髦的评论家不一样，朱学勤的论点立足于扎实的理论学养。我想，这大概也得益于他起始于“文化大革命”的读书生活。读书使人聪慧，使人得到追求真理的勇气，也获得在黑暗中等待光明的耐心。《“娘希匹”和“省军级”》这样的文章，在朱学勤也许是闲笔，看似随手写来，却展现了这一代学者曲折的心路历程。没有当年的混沌迷蒙、风雨坎坷和执着的追寻，就不会有他们的今天。朱学勤曾经在他的一篇文章里，把从“文化大革命”中过来的这一代人称为“思想史上的失踪者”，我不像他那么悲观，也不担心这一代人会从人类的思想史中消失。我想，所谓“思想史”，大概不会仅仅是一些空洞的理论，思想的历史应该是以无数人的经历和他们的心路历程作为基础的，如果这样的基础消失，那么说“失踪”未尝不可。可是，这样的基础是不会消失的。朱学勤自己的经历，其实也证实了这一点。

1999年4月20日于四步斋

莱辛，你不必担忧

前些年，有一次见到英国女作家杜丽斯 · 莱辛，这位在全世界拥有无数读者的小说家说了一句很有意思的话：“在这个世界上，有高学历的野蛮人越来越多，令人担忧。”何谓“有高学历的野蛮人”？既有高等学历，却又是野蛮人，岂不矛盾？莱辛的解释是，这些人受过高等教育，拥有硕士、博士头衔，但他们不读书，不关心文学，不懂得关爱他人，不懂得如何交流情感，乏味，冷漠。这样的人，难道不是野蛮人？

莱辛的话，使我受到震动，也使我产生共鸣。她的这种看法，大概不仅仅是说英国人，也是针对所有急功近利、心浮气躁的现代人。受过高等教育，懂得各种先进科技知识，却依然是野蛮人，似乎有点冤枉，然而莱辛还是有她的道理。试想，如果世界上的人只知道竞争赚钱，只想着如何与冷冰冰的机器打交道，只考虑怎样把电子仪器设计得更加精密，而将心灵封闭，将情感放逐，将人类追求了千百年的人文精神埋葬在荒郊野外，这是何等可怕的景象。依莱辛的看法，这类现代野蛮人之所以变得野蛮，就是因为他们不读文学作品，疏远了优秀文学作品中宣扬的人性和人文精神。

我们可以把莱辛的话当做一个寓言，其中的含义值得深思。大半个世纪以来，世界发生了巨大变化，人类上天入地，在科技和工业领域里发动了一场又一场革命，从前人们的梦想不少都变成了现实。然而，在精神领域中，人类的很多追求一如既往。科技的发展使一些非人性的因素扩张，也因此使很多人为此担忧和困惑。其实，只要人性不变，人类对理想和幸福的追求还在延续，那么不用担心，文学不会消亡，作家也不会断绝香火。会有人继续写下去，也会有人继续被新的优秀的文学作品吸引、感动。罗曼·罗兰说，对音乐的发展，无法用“进步”这个词来表述。我想对文学也一样，一个时代有一个时代的文学，它们用不同的方式记录了不同时代的感情和智慧，它们之间永远也无法替代，也无法比较孰优孰劣。你无法说宋词比唐诗高明，更无法说《红楼梦》比宋词进步。不用担心，总会有美妙动人的文字来传达新时代的感情和智慧。莱辛在思索，在写，比莱辛更年轻的作家也在努力创造。放眼世界，大致如此。只要人性没有消失，张扬人性的文学就不会退出我们的生活。所以，我们不必太担忧，要将人类拽回到非人性的野蛮时代去，恐怕不那么容易。

最近，读到好几篇预言文章，那些聪明的预言家们用很夸张的语词预言，在新的世纪，传统的读书方式将会逐渐消亡，电脑和网络将取代书籍，人们再也不会一个字一个字地书写，再也不会一页一页地读书。我们曾经读过的那些经典著作，将变成文物陈列在博物馆，已经不知读书是怎么一回事的后人，会对着这些砖头一样的书籍惊叹：我们的前辈居然会有耐心看这样落后的玩意儿！这样的预言，我以为幼稚可笑，是痴人说梦。科技再进步，电脑再升级换代，传统的书籍依然不会退出历史舞台，传统的阅读方式也不会被其他媒体取代，它们顽强的生命力一定会被时间证明。现在的不少青年人，以在电脑屏幕上阅读为时髦，其实，闪烁在屏幕上的文字，也就是那些浓缩在光盘中、滚动在网络上的文字，和捧在手里一页一页翻动的书籍没有本质上的区别。所以我也可以大胆地预言，在新世纪，全世界的出版社都不会关门，印刷书籍的机器还会照样运转。我们生活的时代，依然是读书的时代。

2000 年 1 月 6 日于四步斋

不灭的诗魂

——读诗歌《紫薇山》有感

在浙江海宁的紫薇山上，有诗人徐志摩的坟墓。半个世纪来，人们曾经忘记他、冷落他，“文化大革命”中，他的墓地曾经消失，连墓碑也不知去向。然而徐志摩的诗却历尽沧桑、历尽曲折，顽强地在人间流传，因为这是真的艺术，是诗人发自内心的真情歌唱。

面对着徐志摩的墓，李天靖的感想很复杂。凭吊远去的诗人，他在思索历史，也在回溯徐志摩生前死后曲折的经历。这样的思索和回溯，酝酿成的诗句也一样曲折，仿佛被岁月的烟雾笼罩着，从远方飘过来，给人一种扑朔迷离的感觉：

在眼中，成为雨，苍郁的
叶子，沉默而发出内心的声音
覆盖你，永远的空穴

《紫薇山》以这样的几句诗开场，似乎有点晦涩，雨、叶子、内心的声音、永远的空穴，这些跳跃的意象粗看并不相干。然而细细品味，还是能感受到作者的思绪和用意。眼中景物与心中的情感和幻想，交织成一幅有涵义的画。这几句中，最吸引我注意力的是“永远的空穴”。为何是“空穴”？当初，因空难而去的徐志摩被葬在家乡的山坡上，他的墓并非衣冠冢。尽管紫薇山上风和日丽，花草葳蕤，然而入土的诗人竟无法在家乡的土地上享受安宁。“文化大革命”中，一批失去理智的狂热之徒掘开徐志摩的坟墓，墓中尸骨被抛撒荒野，再也难以复返。诗人的墓碑被人搬走，做了河边的石阶，天天被人践踏……诗人何罪，竟遭此劫掠？站在徐志摩的墓前，李天靖一定想到了这不堪回首的野蛮场面，愤怒和悲哀使他的情绪跌宕。然而仅仅是愤怒和悲哀，这首诗大概会是另外一种境界。接下来的几句，作者将诗意提升到一个更高的境界：尸骨无存，然而诗魂不灭。

萦绕不去的诗魂
顶着花剑的心，流着血
一只夜莺在黑暗中讴出光明

作者把诗人比作在黑暗中歌唱光明的夜莺，这样的比喻不算新鲜，但用在这里，使人产生丰富的联想。

最后三句，是反映今人对徐志摩的态度。“络绎不绝”而来的，是看望徐志摩的人群，是追寻真善美的人群，是热爱诗歌、向往诗意的人群。在作者的幻想中，徐志摩还活着，那被绿荫覆盖的碑石，就是诗人身着青衫的身影，伫立在山坡上，伫立在天地间，伫立在昨日、今天和未来的交汇之点。

2000 年 3 月 13 日于四步斋

智者的预言
——读《院士展望二十一世纪》

21 世纪，地球上会发生一些什么变化？日益发展的科技会对人类的生活产生什么样的影响？人类和自然的关系会发生怎样的变异？天上和人间会出现多少新鲜的风景？这是一些全人类都感兴趣的谜题。在新旧世纪交接的时候，形形色色的人都在对这些问题发议论，人们的想象力因此而产生了飞跃。然而想象力的飞跃绝不可能代替理性的展望和科学的推断。在听到浅薄之徒的泛泛而论，或者看到梦想家的异想天开时，我总是在想，正在迎面向我们走来的新世纪，世界究竟会发生多少变化？人类究竟会面临什么样的机遇和挑战？这些属于“将来时”的问题，在我们身边找不到现成的答案。近日读到上海市对外文化交流协会编的《院士展望二十一世纪》，这是一本很有意思的书。在这本书中，中国的一批两院院士向读者描绘了未来的世界。

科学家的预言，绝不是梦想家的呓语。两院的院士们是中国科学界的精英，能成为院士，不是因为他们善于预测未来，而是因为他们在自己研究和工作的领域中成就卓著。他们对未来的预测，是建构在历史和现实的基础上，并不是毫无依据的天马行空。在这本书中，我没有听到诸如人类将活到一千两百岁的惊人预言，但是我看到了一些关于生命科学和医学的令人振奋的展望。譬如，一些院士预言，在新世纪，人类将攻克白血病，将阻止肝癌的复发和转移，将利用基因治疗为医学发展写下辉煌篇章……关于环境和资源、新技术和新材料以及各门学科的发展，院士们作了很多严谨而具体的分析和推测。他们向读者描绘的未来，是一个可以触摸和感知的世界。一位自然科学院士在介绍全息生物学的发展趋向时这样说："人类的智慧可以将科学推向前进。但是，科学是否真正能为人类服务？这一点单靠智慧是不够的，还必须靠理智。"院士们的预言，确实是一些闪烁着智慧光芒的理智之声。

理性的文字，也可以写得文采斐然。在这本书中，院士们在阐述他们的观点时，也表现出文学的修养和幽默感。譬如吴孟超院士那篇《人类对医学的再认识》，就是一篇很有意境的科普散文，他以一个医学专家的眼光，对生命的历史和现状，对人体和自然的关系，对生命的诞生和死亡，作了极生动的描述和分析："生命是什么？人类自有思想起，就对这一问题进行孜孜不倦的探索与思考。从这一问题延伸出了人类世界的两大领域。一个是科学，力图用人类自身的力量来探索、研究、复制、延长生命，这种研究是以一种可复制、可知觉的过程来表现的；另一个就是宗教，从纯意识形态领域，以人类大脑思想的理性判断、推理、归纳、演绎出一幕幕神秘莫测，无法以视觉、听觉、触觉、味觉、嗅觉来感受的世界。"科学家探求的目标，当然是在第一个领域。在这个领域中，我们已经窥见了先人未曾看到过的绚烂曙光。

2000 年 8 月 8 日于四步斋

又见故人来
——重读《西窗集》

《西窗集》是一本薄薄的小书，现在的年轻人，读过此书的恐怕不会太多。文学界的人，也未必人人都读过。然而这却是值得一读的一本书，一本以小见大的书，一本展现了文学的真魅力，也展现了人心浩瀚的书。20年前初读《西窗集》，曾为之痴迷。近日重读此书，感觉是在会一位久别重逢的老朋友，在他的身上没有发现衰老的迹象，看到的仍是一脸的优雅和新奇。

《西窗集》是诗人卞之琳于20世纪30年代翻译的一本书。此书的体例很独特，书中选译了一批西方作家的作品，但大多是节译而非全文。将一些没有译全的作品集中在一起，似乎是一种残缺的组合。然而读这本书时，却没有残缺的感觉。书中的作品，大多写于19世纪末或者20世纪初，是文学创作中最初的“现代主义”潮流中的晶莹浪花，在20世纪20年代，这些作品曾是欧洲文学界的时髦读物。时髦读物未必能流传于世，很多鼓噪一时的时髦读物很快就被人们忘记。而《西窗集》中的文字，现在读来依然魅力四射，这不得不使人佩服卞之琳先生的眼光和品味。20年前读这本书时，我曾信手记下这样的感想："什么叫做才华？且看此书中的文字，任何一篇都会出其不意地给你惊喜。现在那些渐渐热起来的所谓现代派的新创作，和这些文字一比较，便少了新奇感。"

且看此书作者的名录。法国七位：波德莱尔、普鲁斯特、玛拉美、瓦雷里、保尔·福尔、纪德、阿克雷芒；英国两位：史密斯和伍尔芙；另外还有奥地利的里尔克、西班牙的阿索林、爱尔兰的詹姆斯·乔伊斯。这些名字在一起，确实是一个奇怪的组合，诗人、小说家、剧作家和散文家杂居一室，似乎不伦不类。但卞之琳先生邀集他们，自有其道理。书中的文字，都是诗意极浓的散文，或者可称之为散文诗，即便是几位小说家的小说节录，也不违其旨。这很有点像中国的"文人雅集"，志同道合，却各呈其异。波德莱尔、普鲁斯特、瓦雷里、里尔克和乔伊斯这些名字，在20世纪后期越来越被中国的文学界推崇。书中有几位作家，在中国似乎一直没有成为明星，我以为他们同样值得一读。

譬如西班牙的阿索林。阿索林是一个很独特的作家，他写过不少小说，也写过几本薄薄的散文集。他的文学成就主要体现在散文中。他不慌不忙地描绘着他熟悉的人物，讲述着他的故事，文字中弥散着陌生且略带神秘的气息。那种沉着和优雅，在当今作家的文字中已经难得一见。作品中除了散文，还收了他几部小说的片段。奇怪的是，这些片段的小说却不让人觉得突兀和残缺，它们虽不连贯，却如同一篇篇独立成章的散文。阿索林的小说追求的不是故事的离奇和曲折，而是一种浪漫的气氛。除了《西窗集》，阿索林散文的汉译本我只见过另外一种，那是戴望舒和徐霞村一起翻译的《西班牙小品》（20世纪30年代初版时书名为《西万提斯的未婚妻》）。可见在20世纪30年代，阿索林的创作是如何吸引了中国一批年轻而有才华的诗人和作家。阿索林的文字有一种音乐的节奏，即便被翻译成了汉语，还是能感受到那种与众不同的节奏。这些文字使我想起西班牙作曲家法利雅，他的交响印象曲《西班牙庭园之夜》和阿索林的散文诗有异曲同工之妙。法利雅和阿索林是同一个时代的人，他们在创作中流露出相似的情绪，大概是很自然的事情。现在的很多写作者，心气浮躁，写出的作品也难免有猴急相。读一读阿索林，有好处。

保尔·福尔的名字，中国的读者大概也不熟，他是诗人，也是剧作家，曾是法国19、20世纪之交文学试验的革新代表作家之一。收在《西窗集》中的《亨利十三》，体裁很独特，像诗，也像散文，像小说，更像戏剧。作品中涉及的法国历史我不熟悉，然而福尔在作品中营造的气氛却引人入胜。人物像影子一样，在他的文字中忽隐忽现，生者和死者在皇宫里互相凝视，互相盘问，他们的对话犹如空谷回音。这样的气氛似曾相识，那是在他之后的一些作家的作品中，胡安·卢尔福的《佩德罗·巴拉莫》，马尔克斯的《百年孤独》，还有另外几位拉美“魔幻现实主义”作家的小说中，也有这样的氛围。毫无疑问，不是福尔受他们的影响，而是拉美的作家在步福尔的后尘。

史密斯的《小品》，每篇一二百字，简短的文字中闪烁着智慧的光芒。一棵树，一件旧衣，一个单词，一个念头，便成为作家叙述、抒情和思索的对象和契机。这是表达对人生和文学见解的极妙方式。这样的短章，使人想起和史密斯同时代的泰戈尔和纪伯伦。不过，《小品》还是不同于泰戈尔和纪伯伦那种哲人式的咏叹，它们大多直接来自生活的感受，即便是议论，也脚踏实地，而不是在半空中。这样的文字使人感觉亲近，由亲近而遐想联翩，思绪能走得很远。史密斯的创作理念和形式，直到现在还有人在模仿。也许不是模仿，而是大半个世纪后的不谋而合。文学的传承和创新，有时候就是这样交织融合。

英国女作家维吉妮亚·伍尔芙的短篇小说《在果园里》也极短，

千余字而已。然而极短的篇幅中，却蕴藏着幽远的意韵。一个少女躺在苹果树下遐想，梦想中的人生和现实生活的巨大反差，在缥缈如仙境的自然中合而为一。生活是窘迫的，但心中的美妙憧憬依然存在，并时时引导你超越现实，翱翔于奇丽的梦幻世界。而这种超越的跳板，是大自然。在小说中，作家满怀深情地描绘果园里的树，人和自然的关系如同水乳，如同云雾，我欣赏这种能让人摆脱喧嚣的情调。在现时的文学作品中，这样的情调越来越少，我想，浮躁和焦灼，绝不是现代人仅有的特征。

《西窗集》中，有普鲁斯特《追忆似水年华》的节选，是小说的开篇第一段。在这部皇皇巨著中，这一段文字是我最喜欢的。能将一个人在将睡未睡、将醒未醒时的思绪转化为文字，能将似梦非梦的幻觉描绘得如此传神，只有普鲁斯特能做到。有人为这段文字另名为“睡眠与记忆”，我以为很妥帖。我对照了其他译本，卞之琳先生的译笔还是有过人之处。这样的文字，应该让诗人来翻译。我问过一位从事法国文学翻译的朋友，在《西窗集》之前，还没有人将《追忆似水年华》翻译成汉语。此书的全译本，在五十多年后才出现在中国。卞之琳先生没有能将《追忆似水年华》全书译出，是一个遗憾。否则，也许能给中国读者描画一个更为真实完美的普鲁斯特。当然，这只是我的一厢情愿。如果卞之琳先生倾全力译完这部巨著，那么，中国也许会多一位大翻译家，而少一位诗人和学者了。

卞之琳先生说，当年他翻译这本书，“只是为了练笔，为了遣怀，为了糊口，信手拈来”，是一种“漫不经心，随意摘拾的文学散步”，为了糊口，卞之琳先生大概并没有夸张，当时的文学青年差不多都在为糊口而挣扎着。然而“为了糊口”翻译出如此美妙的一本书，真让人感慨。可以想象，卞之琳先生的阅读范围是何等博杂宽泛，否则，要想漫不经心地“信手”拈出这么多精妙的文字，绝无可能。现在的年轻人，如果“为了糊口”，大概不会去选译这样的文字。不过以我的眼光来看,《西窗集》的生命力要比时下的很多畅销书更强大、更恒久，今天我很动情地写这篇读后感，便是一个证明。

《西窗集》初版于 1936 年，是郑振铎主编丛书中的一种。此书重版于 1981 年，是江西人民出版社“百花洲文库”的一种。我读的是重版本，为《百花洲》编辑、诗人洪亮所赠。当年的书价，仅 0.47 元。现在如果有出版社愿意策划重版此书，我以为仍是明智之举。

2000 年 9 月 3 日于四步斋

读《轭思》

近日收到老诗人王果寄赠的诗集《轭思》，在几个夜间陆陆续续读完。读他的诗，既有感动，也有苦涩，感受是复杂的。王果的诗风深沉厚重，凝集着他曲折苦难人生的经验。诗集中的有些篇章，读后让人很难忘记，譬如用作书名的那首《轭思》。诗中写的是一双牛的眼睛，忍辱负重、历尽艰辛的牛，用它那双沉思的眼睛看天地，看历史，看世态炎凉，诗人从这双沉默的眼睛里看到的是友善和宽厚。尽管这目光暗淡，尽管这目光中也不时流露出忧郁和悲愤，尽管没有人能改变它悲惨的命运，牛却“仍然默默地向人们友好地张望”。它无法逃脱垂老的下场，“它被牵出牛厩，诀别田野，走向屠场”，“远远就听见了那刀俎砍击的声响”，但它颈项上被辕轭勒出的血痕，和它沉思的眼神，却永久地“嵌入我的心中”。这样的诗，有一种震撼人心的力量，使人反思过去的年代，联想起中华民族多灾多难的历史。

王果本名王北秋，20 世纪 80 年代我在《萌芽》杂志当编辑时，和他共事多年，坐在一个办公室里，常常促膝相谈，对他坎坷的人生经历有所了解。他青年时代开始追求文学，投身革命，40 年代便以穆歌为笔名发表了不少诗歌。50年代，因诗的问题和胡风通过几封信，竟被打成“胡风分子”，在监禁和流放中度过了25年，直到“文化大革命”结束，才回到上海。然而他的一颗诗心并没有因此死去，在《轭思》中，有当年他写于西北流放地的诗作，在这些作品中，他讴歌天上的飞鸟、地上的野草、坟堆边的绿树，回忆雪夜中的火光，还有那些在落难时得到同情和帮助的珍贵瞬间。在孤苦的岁月中，是诗歌使他心中的希望之火不致磨灭。

《轭思》中更多的诗作是他获得平反后写的，在这些诗中，没有更多的抱怨，有的是对祖国山川大地的赞美，是对人生和社会的思索，其中不乏清新优美之作。一颗伤痕累累的心，真诚地唱出这样的歌，何等可贵。

2000年12月28日于四步斋

在文字的丛林里飞翔

——读萨特的《文字生涯》

萨特的《文字生涯》虽然只是薄薄的一本小书，却是他著作中写得最引人入胜的一本。据说正是因为他出版了这本书，斯德哥尔摩那帮挑剔的评委们才决定把诺贝尔文学奖的桂冠授给萨特。尽管萨特最后拒绝了奖状和奖金，但毫无疑问，这本书代表了萨特最高的艺术成就。相比他阐述存在主义理论的那几部砖头一样的著作，这本书要优美得多，也生动有趣得多。

很多人认为，这是一本自传体小说。其实，我以为这不能算是小说，而是一本独特的自传。书中并没有曲折的故事，有的是关于作者童年时代沉迷于阅读和写作的大量细节。萨特小时候曾被人看做神童，他把书房当做教堂，把词语当做丛林，把写作看做童年最有刺激性的游戏和冒险。自由无羁的幻想和思索，使他不同于常人。萨特写这本书时，已经建构了他的哲学体系，回忆自己的童年往事时，他情不自禁地用自己的理论解释童年时的种种情状。他说："我在写作中诞生，在这之前只不过是迷惑人的游戏：从写第一部小说，我已经明白一个孩子已经进入玻璃宫殿。对我来说，写作即存在；

我摆脱了成年人，我的存在只是为了写作；如果我说‘我’，这就是写作的我。不管怎么说，反正我领略了喜悦，我是属于大家的孩子，却和自己在私下幽会。”和自己幽会的过程，其实就是幻想和思考的过程。这部自传中，看不到悲欢离合的故事，也没有离奇曲折的情节，但读者可以看到一个思想家心灵成长的轨迹。

萨特自称：“我在书丛里出生成长，大概也将在书丛里寿终正寝。”对他来说，确实是由衷之言。

2001 年 4 月 26 日于四步斋

脚踏实地，然后飞翔
——读陈柏森诗歌近作

认识陈柏森已经二十多年了。大概是在七十年代末，我还在大学读书，上海的一群年轻诗人自由组合，在市中心组织起一个诗社，我是这个诗社的牵头人。诗社最兴旺时，有二十多人参加活动。陈柏森当年也是这个诗社的成员。给我的印象，他话语不多，有点腼腆，诗风也很朴素。他当时是一个普通工人，诗中所写，也多是他熟悉的工厂生活。那时，写诗被不少人看作是一种时髦，写得新奇怪诞，当然更时髦。而陈柏森显然不是善追时髦的诗人，他老老实实地写他熟悉的生活，脚踏实地，用平实的言语，营造出自然的意境。他的诗当然不可能造成“轰动效应”，所以他也始终没有成为诗坛的“明星”。不过，他那些取自日常生活的诗意，有一种真切感人的效果。细心读，能使人心动。二十年过去了，当年热衷写诗的文学青年不少已悄然淡出诗坛，而坚持与缪斯牵手至今的，寥寥可数，陈柏森是其中一位。现在，他已是国营企业中一个很有成就的领导者，但写诗仍是他最重要的业余生活。近日，读陈柏森的一组诗歌近作，感慨颇多。

二十年岁月可以改变很多东西，我们周围的世界和当年相比早已面目全非。陈柏森的诗也有了大变化。似乎还是当年那种平实无华的语言，但这些诗句描绘的场景、传达的信息、构筑的意象，已完全不同于当年。在他的新作中，天地更为开阔博大，世界和人生更为复杂幽邃，诗人的想象和思索也更为自由大胆。譬如《时间这厮》，便是以曲折的方式表达对生命的看法。时间的流逝不以任何人的意志为转移，无所事事者在百无聊赖中感觉时光的流动，想挽留它，想改变它，却无能为力。诗中没有一句直接的议论道破主题，但所有的意象都围绕着这样的情绪。《承天寺夜游，与苏轼谈心》也是值得注意的一首诗，诗中可以感受作者的生存状态和精神状态。读苏东坡悠闲空灵的文字，反照自身紧张而琐碎的生活，写出现代人的种种窘迫和无奈。诗中同样没有点题的议论和警句，但全诗是一个不可分割的整体，以整体给读者留下了难忘的印象。

陈柏森依然关注着生活在社会底层的劳动者，关注他们的悲欢，关注他们的命运，他们的身影和声音还时常出现在他的诗中。《午休，一个浇注工仰在条凳》，似乎只是一幅用诗句画出的人物素描，寥寥数笔，勾勒了一个辛苦劳作后略得小憩的青年工人，画面很静，但即便是休眠状态，那工人身上依然散发出体力劳动引起的紧张和不安，这是现实和梦境的交织。《莉莉印象》和《碰出界外的球》是两首叙事色彩很浓的诗作，莉莉是工厂里的一个女会计，在工人眼里她是“一个美得不能再美的幻想”，她的外表，她的举止，曾吸引了她周围的男性，“小青年的心被她掳去”。但就是这么一个美的化身，“在一个月夜竟服药西去”。这是生活中的一个悲剧，作者没有写莉莉为什么自杀，其中一定有曲折辛酸的故事，但诗中用这么一句话，结束了女主人的故事，而且也只是“传说”。这样的叙述，留给读者的是无穷的遗憾和想象。《碰出界外的球》写的是一个球迷的故事，是一个和看球有关的意外事故，虽是意外，却如同命运之神诡秘难测的脚步声。这几首诗，和从前那种简单地歌颂劳动者的作品完全不同，但也可以从中窥探出诗人对劳动者真切的同情和关怀。

在他的近作中，《爱之树》和《我被收割》这两首诗虽然很短，但意象缤纷，给读者极大的想象空间。《爱之树》是诗人对爱情的讴歌，真爱如树，会开花结果，即便身陷冰雪，也会以深扎土层的根须维持生命的延续。诗中似乎没有谈情说爱的内容，但却能让人感受到诗人深挚的情感，体会到爱的执着。《我被收割》在陈柏森的诗中显得尤为独特，粗读此诗，觉得诗中在写“我”和一个理发女之间的纠葛，但细读之后，觉得这其实是在写一种人性的状态。情与性，欲望和幻觉，泪水和阳光，在意象迭出的诗句中交织，把人引入迷途。在午后的阳光下，把自己的头发想象成麦田，有人在其中挥镰收割，刀声霍霍，伴着女性的柔情，那是怎样一种情境？生活中有很多人走在迷途上，有的人迷途知返，有的人越过迷途进入崇高的境界，而有的人可能一辈子在迷途中徘徊。诗人不是先哲，也不是人生的指导者，如果期望在诗歌中寻找通向幸福的捷径，那当然很荒唐。但是诗人在体验了生活的酸甜苦辣之后，以与众不同的方式和声音描绘出他的精神和情感之旅，那应该是一种收获。不同的读者，自会以不同的目光评判这收获，也许结论不一，甚至相悖，这并不奇怪。

在陈柏森的新作中，给我印象深刻的是那《白衬衫》。诗中的白衬衫，是理想的象征。这理想是什么？诗人没有作任何解释，只是在诗中反复咏叹，反复强调，尽管“带着惋惜”，“带着慨叹”，但还是要“一次次清洗”，让那衬衫保持洁净。我想，这白衬衫，应该是常人所追求的真善美。诗人在诗中宣称：“我们都有一件白衬衫\我们都必须不断清洗\直到把生命洗完。”我相信，对陈柏森而言，这不是故作姿态，而是发自内心的呼吁。

读陈柏森的诗，我仍有当年的感觉，他是脚踏实地在生活。他的诗情喷涌，他的精神翔舞，都是建筑在脚踏实地的生活基础之上的。这样的创作状态，正是我所欣赏的。

2001 年 11 月日于四步斋

真正的“金玉良言”

2001 年中国出版的书籍中，有一部奇书值得一提。书名是《百年诺贝尔》(上海远东出版社)，厚厚两大册，重量超过五公斤。这部书，可以说是二十世纪世界精英人物的荟萃，一百年来获诺贝尔奖的科学家和文学家，以独特的方式在这本书中聚会。书中有诺贝尔奖获得者们的照片、纪念邮票，还有他们的题词。照片和邮票使读者领略了这些科学家和文学家的形象，而更为珍贵的是，他们中的很多人专门为这本书题了词。这些题词虽然都只是三言两语，有的甚至只是几个字，但从中闪射出智慧的光芒，让人感叹，也让人深思。

美国科学家奥谢罗夫的题词很有意思：“大自然对侧耳倾听者悄声细语。”这是绝妙的诗句。只有那些智者和锲而不舍的追寻者，才能听见大自然奇妙的悄声细语，并从中获得灵感，发现天地间的秘密。“宇宙始终神秘，一如以往……”这是荷兰物理学家韦特曼的题词，也是一行诗，给人无限遐想。科学家笔下出现的哲理，和社会学家们有所不同，它们更简洁，也更实际。法国科学家雅各布说：“我们知道得越多，越是认识自己的无知。”美国科学家布洛贝尔则认为：“人类的知识永远是不完善的，但却是可以无限完善的。”

人类的命运和科学的未来，始终是科学家们最关注的话题。埃及化学家泽维尔为这本书写了这样的题词：“伟大的发现都是人民完成的，只有投资于人民，未来才有光明。”德国化学家艾根写道：“进化固然已使人类进步，然而我们仍然在等待人性进化进程的到来。”在科学家们的题词中，也能感觉到他们对世情的忧患。瑞士化学家恩斯特有这样的题词：“愿智慧引导我们安全地度过也许会重蹈覆辙的未来，愿同情能约束我们对物质的奢求。”阿根廷科学家米尔斯坦在题词时，心里想到的是世上的穷人：“当世界上真正的穷人也同样能分享到科学所带来的益处时，科学才算履行了它的诺言。”美国科学家费希尔的话也发人深思：“科学家知道，在科学上没有绝对的肯定，科学家也会有错误。如果人人都有这样的认识，也许自己错了，那么一切政治上的、种族上的、道德上的以及宗教上的狂热，就不存在了。”

诺贝尔奖颁发了一百年，能跻身于获奖者行列的，都是二十世纪知识分子的精英。这一百年，大概也是人类历史上最曲折最波澜起伏的一百年，善与恶，美与丑，光明与黑暗，进步与保守，不断地在碰撞较量，失望和迷惘曾经如浓雾一般把人类社会笼罩。然而，历史的走向正如美国经济学家科斯的题词：“哪怕谬误能兴盛一时，但只有真理才能把握住好运，最终赢得胜利。”

《百年诺贝尔》的编者费滨海，是政府公务员，也是一位文学爱好者。他能编成这部皇皇大书，可以说是一个奇迹——需要大胆的想象力，更要有锲而不舍的精神。这部书耗费了费滨海多年的业余时间，他大概是中国和诺贝尔奖获得者联系最多的人。世界各地的科学大师们没有将这位异想天开的中国人拒之门外，他们之间的交往，将成为人类交流的佳话。而《百年诺贝尔》，正是这种交往的美妙成果。

小品和大师
——读苏东坡的小品

在中国古代文人中，苏东坡属于多才多艺多情趣的一位。他留下了很多传世的诗词和文章，还有书画。可惜纸张和丝绢都无法遗存千年，我们能看到的他的书画寥寥可数。

在中秋的时候，大多数中国人都会想起苏东坡的词句："但愿人长久，千里共婵娟"，他吟咏赤壁的诗词和文章也是家喻户晓。一个文人能留下千古不朽的文字，实在不容易。现在正活跃在文坛上的人，一千年后有几个还会被人记得呢？

可是，要真正了解苏东坡，了解他在生活中的喜怒哀乐，还是要读一读他的小品。这些小品只是一些信札、便条、日记，一些信手写下的随记，还有书画的题跋，当年苏东坡自己并不把它们当一回事。编文集时，他也想不到把它们收入，他大概认为这样的文字不算是作品，只是余墨闲笔，与才华学识无关。其实，这些信手写下的小品，尤见作者的真性情真才学。写诗填词作赋，对文人来说犹如演员登台正式表演，而这些随意为之的小品，则是台下的日常生活，没有刻意的表情，也没有洋洋洒洒的抒怀，而是极自然的喜怒哀乐之流露，是人生真实的写照。譬如那篇《二红饭》，不满百字，却充满情趣，生动地刻画出苏东坡当时的生活情状：

> 今年东坡收大麦二十余石，卖之价甚贱，而粳米适尽，故日夜课奴婢舂以为饭。嚼之啧啧有声，小儿女相调，云是嚼虱子。然日中腹饥，用浆水淘食之，自然甘酸浮滑，有西北村落气味。今日复令庖人杂小豆作饭，尤有味。老妻大笑曰："此新样二红饭也！"

这样的事物和描写，在东坡的诗词中是看不见的。只有写日记和书信时，才会以此入墨。小品，因文字短而名其"小"，其实，文短而意味隽永、含义深长，比写长篇大论更为不易。而且，小品写得随便，更能显示作者真实的心态。小品中出现的故事、抒情和议论，在正儿八经吟诗作文时不会出现，也许有人以为它们难登大雅之堂。其实，所谓"大雅"，往往有一点过分的严谨和矫饰的意味在其中。东坡喜欢杜甫的诗，在为他人写字时，常常抄杜诗，但他却偏偏不选名篇，而写杜诗中那些偶尔流露浪漫性情的词句：如"黄四娘家花满蹊，千朵万朵压枝低。留连戏蝶时时舞，自在娇莺恰恰啼。"东坡在他的一篇小品中这样议论："此诗虽不甚佳，可以见子美清狂野逸之态，故仆喜书之。昔齐鲁有大臣，史失其名。黄四娘独何人哉，而托此书以不朽，可以使览者一笑。"这篇短文的结论，似乎是达官贵人不如平民百姓。大臣的显赫在他当权时，时过境迁，便被人忘记得干干净净，而一个乡野女子，却因为诗人的描写而千古留名。这其实也是对文学和艺术影响力的赞美。这样的文字，很自然地使我想起李白的诗句："屈平辞赋悬日月，楚王台榭空山丘"。

东坡的小品中，《记承天寺夜游》是游记中的神来之笔，已成为他的名篇之一："元丰六年十月十二日，夜，解衣欲睡，月色入户，欣然起行。念无与为乐者，遂至承天寺，寻张怀民。怀民亦未寝，相与步于中庭。庭下如积水空明，水中藻、荇交横，盖竹柏影也。何夜无月？何处无竹柏？但少闲人如吾两人耳。"此文虽不满百字，却融记事、写景和抒情于一体，自然流畅，优美而有余韵。和其他小品不一样的是，这篇短文因传承了古代山水文章的神韵，所以可以登大雅之堂，它的命运不同于苏东坡其他被忽略的小品，而成为世代传诵的美文。明清两代不少擅写小品的文人在记游抒情时，常常情不自禁地模仿此文。譬如明人张岱的名篇《湖心亭赏雪》，便有东坡夜游承天寺的影子在里面。在东坡的小品中，记游的文字随处可见，有的篇幅更为短小，却也写得情景交融，譬如《蓬莱阁记所见》，全文不满四十字："登州蓬莱阁上，望海如镜面，与天相际。忽有如黑豆数点者，郡人云：海舶至矣！不一炊久，已至阁下。"以如此简约精练的文字写游记，有阔大浩瀚的画面，有由远而近的船舶，静中有动，有声有色，可谓形神兼备。这样的小品，乃大师所为。

苏东坡是一个真正的多面手，他不仅精诗文，擅书画，对天文地理也多有涉猎。他精通园艺，熟悉农耕，对烹调也有研究，这些在他的小品中都有表现。在杭州当官时，他领导疏浚西湖，灌溉万亩良田，"苏堤"是他留给后人的美妙纪念碑。在惠州时，他还设计将泉水引进广州，让城里人能饮用清洁的"自来水"，在他写给广州太守王敏仲的两封信中，很详细地谈了引水入城的具体设想和施工技术，这大概是中国的第一个自来水工程。他的小品中有一篇《秧马》，生动记叙了当时农民用来插秧的一种农具，文曰："予昔游武昌，见农夫皆骑'秧马'。以榆枣为腹，欲其滑；以楸桐为背，欲其轻。腹如小舟，昂首其尾；背如覆瓦，以便两髀。雀跃于泥中，系束藁其首以缚秧，日行千畦，较之伛偻而作者，劳佚相绝矣。"江南的农活，一直以水田插秧最为累人，读东坡此文，我才知道北宋时中国就有了这样灵巧的“秧马”。但看来这“秧马”早已失传，三十年前我在江南农村“插队”时，农民插秧依然“伛偻而作”。我也曾经参与过“插秧机”的试验，但以失败告终。直到现在，农民插秧大概还是这样。被东坡描绘得如此奇妙的“秧马”，为什么没有流传下来，很奇怪。但读这样的文字，可以看到东坡对农事的关注和熟悉。如不是东坡信手将田头所见记录，现在谁还知道当年有这样的“秧马”。

东坡还是一个造诣颇深的医生，相传苏轼沈括所著《苏沈良方》中的“苏方”，便是东坡开出的药方。东坡小品中有谈医的，却不是鼓吹自己的医道，而是辛辣地讽刺了当时的一些庸医，如《记服绢》:“医官张君传服绢方，真神仙上药也。服绢本以御寒，今乃以充服食，至寒时当盖稻草席耳。世言着衣吃饭，今乃吃衣着饭耶！”将衣料入药，确实荒唐得可以，“吃衣着饭”的庸医如果读到这样的文章，恐怕会无地自容。东坡在他的小品中，常常以带刺笔触嘲讽当时虚伪的世风，譬如那篇《僧文荤食名》:“僧谓酒为‘般若汤’，谓鱼为‘水梭花’，鸡为‘钻篱菜’。竟无所益，但欺而已，世常笑之。人有为不义而文之以美名者，与此何异哉！”“水梭花”和“钻篱菜”这样的名字，现代人恐怕难得听闻，我在东坡的小品中第一次读到它们时，也忍俊不禁。和尚耐不得天天吃素的清苦，忍不住想吃荤，却又怕犯了戒律，于是为鱼和鸡另起一个“素”的名字，然后大快朵颐。和尚的行为自欺欺人，只是可笑，而那些“不义”之人，却自冠以美名，那就不仅是可笑，而且是可鄙可恶了。

苏东坡的幽默，在他的小品中常常是不由自主地流露出来，这在他的诗词中少见。东坡有一篇谈吃饭的短文，读来让人喷饭：“有二措大相与言志。一云：我平生不足，惟饭与睡耳。他日得志，当吃饱饭了便睡，睡了又吃饭。一云：我则异于是。当吃了又吃，何暇复睡耶？吾来庐山，闻马道士嗜睡，于睡中得妙。然吾观之，终不及彼措大得吃饭三昧也。”这样的文字，在东坡的小品中不少。中国人骨子里的幽默，并不比西方人少，只是文人不常把这种幽默写在正儿八经的文章中，在古人的诗词中，要寻找幽默感不容易。其实，在春秋诸子的散文中，已经出现不少笑话，魏晋时，更有了《笑林》这样专门记笑话的书，隋唐时又有《解颐》和《启颜录》问世，宋以后，笑话的创作就更为活跃。而清人的《笑林广记》，则是对自古以来流传的笑话的汇集。中国的文学史，似乎忽略了这方面的著述，大概以传统之见，这类文字也登不得大雅之堂。苏东坡的看法，恐怕不太一样。宋代的《艾子杂说》，是产生于苏轼时代的一部笑话集，有人说这是苏轼晚年的作品，虽无确凿考证，但以东坡的情趣，写这样的书不无可能。如果这样，那么东坡的小品中就将增添很多可以让人解颐的有趣文字了。

东坡的小品，内容大多和他的兴趣有关，譬如书法。除了论字，他也论墨，论砚，论纸，论笔，写来都很见情趣。一篇《醉书》，全文才二十来个字：“仆醉后，辄作草书十数行，觉酒气拂拂从十指间出也。”读这段文字，能想象这位大书法家醉后挥毫的情景，“酒气拂拂从十指间出”，是怎样一种境界？我想此时他写的应该是狂草，奔放不羁，龙飞凤舞，和他的词一样浪漫绮丽。可惜东坡的书法作品存世不多，我见过的几幅，都是工整的行书，没有见过他写的狂草。东坡喜欢收集良砚，喜欢用好墨，他的小品中常常有这方面的记载，而写砚记墨的同时，却极自然地表现出他的机智和才情，流露出他对生活的热爱。有一段文字，刻在一方砚台上：

或问居士：“吾当往端溪，可为公购砚。”居士曰：“吾两手，其一解写字，而有三砚，何以多为？”曰：“以备损坏。”

居士曰："吾手或先砚坏。"曰："真手不坏。"居士曰："真砚不坏。"

这篇题为"砚铭"的短文，禅味浓厚，涵义深远，给人丰富的联想。"真手不坏"和"真砚不坏"，讲的其实是物质和精神的关系。苏东坡的时代大概还少有人说物质不灭，但精神不朽已是常理。在这篇短文中，表达的是一种超然物外的境界。使人产生的联想，是物质不灭，精神亦不灭。

关于墨，东坡也时有妙论，磨墨写字，能引出哲思来。如《书墨》："余蓄墨数百挺，暇日辄出品试之，终无黑者，其间不过一二可人意。以此知世间佳物，自是难得。茶欲其白，墨欲其黑；方求黑时嫌漆白，方求白时嫌雪黑——自是人不会事也。"东坡这样聪明的"全才"，当然不满足于花钱买墨，他还要自己动手制墨，在他的小品中，有关于制墨的记载。那是在海南岛的时候，一次为制墨，差点引起火灾："己卯腊月二十三日，墨灶火发，几焚屋；救灭，遂罢作墨。得佳墨大小五百丸，入漆者几百丸，足以了一世。仍以遗人，所不知者何人也。余松明一车，仍以照夜。"（《记海南作墨》）这次制墨的经历有惊无险，但回报却非常丰厚，"佳墨大小五百丸，入漆者几百丸，足以了一世"，一次制墨，得到一生也用不完的佳墨，还可以广赠友人，何等奇妙。苏东坡如果是一个商人，办一个制墨作坊，开一家墨庄，大概能以此生财。他当然不屑此道，只是在自己动手研制的过程中获得乐趣。墨能自制，纸和笔就不能自己做了。被贬海南时，他常常为得不到好纸好笔而犯愁，有时也会用文字宣泄一下，那篇《书岭南纸付子过》，就是在劣质纸上书写后愤而所作："砚细而不退墨，纸滑而字易燥，皆尤物也。吾平生无嗜好，独好佳笔墨。既得罪谪岭南，凡养生具十无八九，佳纸笔行且尽，至用此等，将何以自娱？为之慨然。书付子过。"

苏东坡尽管才华横溢，在当时便成为文坛泰斗，但他在仕途上并不得志，常常被贬谪到边远之地。但作为一个文人，他的心态却是平和的，因为有比做官更有趣的事情陪伴着他。他始终热爱生活，珍惜生命，也珍惜人生的每一种感受。东坡之弟苏辙谈到其兄在海南的生活曾这样说："日啖薯芋，而华堂玉食之念，不存于胸中。"东坡的小品中，有当时贫困生活的真实写照，但绝不是诉苦，而是苦中作乐。如《撷菜》："吾借王参军地种菜，不及半亩，而吾与过子终岁饱菜。夜半饮醉，无以解酒，辄撷菜煮之。味含土膏，气饱风露，虽粱肉不能及也。人生须底物而更贪耶？"自己种菜，并以自家地里的蔬菜煮之下酒，有点像归隐山林的隐士生活了。但读这样的文字，感受到的是一种津津乐道的气息。日子过得再清苦，仍不失乐观旷达和文人的浪漫情怀，这正是苏东坡真实的性情。

不过，在东坡的小品中，还是能看到因岁月无情、人世沧桑而流露的悲凉，这也是人之常情。他在杭州主政多年，写下很多脍炙人口的美妙诗词，也留下很多为人赞扬的政绩，深得民众的爱戴。晚年他重返杭州，湖山依旧，人事全非，伫立路旁、无人相识，颇感失落。他曾经这样表达自己的感受："余十五年前，杖藜芒履，往来南北山。此间鱼鸟皆相识，况诸道人乎？再至惘然，皆晚生相对，但有怆恨。"这样的情绪，在东坡的文字中只是偶尔展露，他的作品中更多的是达观和开阔，是智慧和才情，是不屈不挠的追求和探寻。

东坡曾这样评价自己的文章："吾文如万斛泉源，不择地皆可出。在平地，滔滔汩汩，虽一日千里无难。及其与山石曲折，随物赋形，而不可知也。所可知者，常行于所当行，常止于不可不止，如是而已矣！其他虽吾亦不能知也。"读苏东坡的小品时，我很自然地想起了他的这段自评，实在是奇妙而贴切。

东坡小品散见于《东坡志林》《东坡题跋》《东坡尺牍》和《苏东坡集》中，二十多年前，陈迩冬和郭隽杰两位先生曾编选过一本《东坡小品》，薄薄一册，只选了很少一部分作品。我想，如果将东坡小品整理分类，出一本较完整的东坡小品选集，应该是一件很有意义的事情，相信现代的读者会喜欢。

2002年深秋于四步斋

巍峨的托尔斯泰

曾经有报刊给我出题，要我推荐人类有史以来最伟大的十部小说。中国的小说，我首先想到的是《红楼梦》，外国的小说家，第一个出现在脑海里的，就是托尔斯泰。然而选他的哪一部小说，却使我感到为难。《战争与和平》《安娜·卡列尼娜》《复活》，三部小说都是伟大的作品，选任何一部都不会辱没了那个小说的排行榜。我最后还是选了《安娜·卡列尼娜》，不过加了一个说明：托翁的这三部小说，都可以入选。面对托尔斯泰和他的作品，再狂妄自大的家伙，也不敢发出不恭敬的声音。“伟大”这样的形容词，曾经被人用得很随便很泛滥，用来形容托尔斯泰，却是再妥帖不过的。

托尔斯泰的形象，和他的小说似乎有些对不上号。照片和雕塑中的那个满脸胡子的老人，更像是一个普通的俄罗斯农夫。托尔斯泰是贵族，是大地主，但对贵族的头衔和田地钱财看得很轻。他把土地分给农民，让农奴们恢复自由，自己也常常穿着粗布衣衫，操着农具，和农民一起在田野里劳动。但是他的小说中表现的，却是那个时代知识分子最沉重最深刻的思考，他的小说中展现的宽阔雄浑的场景和丰富多彩的人物，让人叹为观止。他是一个小说家，也是一个哲学家，读他的那些哲学笔记，我也曾被他深邃的思想震惊。不是所有的小说家都在这样锲而不舍地寻找真理，探索人类的精神。他追求的是人与人之间的平等，希望人心向善，希望正义和善良能以和平的方式战胜邪恶。他是一个理想主义者，并用自己所有的生命和才华去追求这理想，尽管这理想在他的时代犹如云中仙乐、空中楼阁。当然，我更喜欢读他的小说，他的向往和困惑，在小说中化成了有血有肉的人物，化成了让人叹息沉思的曲折人生。

很多年前访问俄罗斯，有一个很大的遗憾，就是没有去看看托尔斯泰的庄园，没有去祭扫一下托尔斯泰的墓。托尔斯泰的墓，被茨威格称为“世界上最美的、最感人的坟墓”。这位大文豪的归宿之地，“只是树林中的一个小小长方形土丘，上面开满鲜花，没有十字架，没有墓碑，没有墓志铭，连托尔斯泰这个名字也没有”，但这却是世上最宏伟的墓地，因为里面长眠着一个伟大的灵魂。

在当时的苏联作家协会的花园里，有一座托尔斯泰的雕像，他穿着那件典型的俄罗斯长衫，坐在椅子上，表情忧戚地注视着每一个来访者。我在他的雕像前留影时，感觉自己是站在一座巍峨的大山脚下。

2005年11月4日于四步斋

生命的脚印
——读罗洛的散文

罗洛是一位杰出的诗人，两年前他猝然去世，留给上海的文坛很多遗憾，留给热爱诗歌的人们很多思念。一个作家对于世界和人类的价值，是他的作品。作家的作品不死，其生命也就依然在人世间延续。罗洛的诗歌我以前读得不少，近日读新出版的《罗洛文集》，其中的散文我大多是第一次读到。罗洛的散文和他的诗歌一样，以真诚和坦荡使我感动。

罗洛的散文数量不算多，但自有他独特的风格。年轻时代，他的散文明显受到鲁迅《野草》的影响，篇幅短小，语言多彩，追求诗的意境和哲理的效果。譬如《深夜琐记》《没有宽恕》《病中杂想》《燃烧短论》等篇章，血气方刚，激情飞扬。20 世纪 80 年代初，他写了一些情绪激昂的短散文，这是历尽磨难后的歌唱，一个从漫长的冬天进入春天的跋涉者，情不自禁地宣泄心中的欢悦。如果对照他这一时期的诗歌，更能发现这一点。

90 年代后他写的散文，感情依然诚恳真挚，但文风渐渐趋向质朴无华，以一种平静的心态道出对人生的深刻感悟。他在几篇散文中谈喝茶，谈饮酒，谈抽烟，似乎是平平常常道来，谈的是生活琐事，却把世事的沧桑和人生的跌宕表现得丝丝入扣，发人深思。最使我感动的，是他晚年写的那些怀人的散文。这些散文的主人公，是一些已经离开人世的朋友，阿垅、路翎、方然、罗玉君、叶至诚、戈壁舟、许寿贞……篇幅虽小，却表达了深挚的怀念，在他平淡而蕴含深情的叙述中，他的朋友们一一出现在读者的面前，一个个可亲可近，性格各异。尤其值得一读的，是将近两万字的《琐事杂忆——我所认识的胡风》。在罗洛的怀人散文中，这是最长的一篇，也是最有分量的一篇。胡风是罗洛的师友，是他钦佩敬重的前辈，他们曾有过很多交往。50年代，罗洛因为胡风而挨批下狱，宝贵的青春岁月陷于颠沛流离之中。胡风平反后，我读到很多写胡风的文章，大多慷慨激昂，怨恨愤怒和赞颂讴歌交织，溢于言表，这可以理解。而罗洛的这篇长文，却以恬淡的语调和平静的心情，回忆了他和胡风的交往。在他的笔下，胡风是一个平凡的人，他通过一些不为常人所知的细节，刻画了胡风的性格。譬如胡风对一只桔子的赞颂，胡风和罗洛一起吃桔子，突然发起了议论："自然界真是奇妙，外皮是粗粗拉拉的，说不定还有细菌，但它的内心却是这样干净，这样纯洁，没有杂质，没有污浊，你可以毫无顾虑地吃下去，别的水果也一样，真是奇妙。"而罗洛对胡风的评论是："不肯对一些权威的理论随声附和，不肯对一些名家的作品违心地赞美，宁肯赞美一只普通的内心纯洁的桔子。这就是胡风。"这样的评论，在罗洛的文章里并不多，构成这篇长文的，是朴素的事实，既不吞吞吐吐，也不虚张声势。这样的事实，即使平淡地道出，也可以震撼人心。一个经历了人生狂风恶浪的人，用平静的语气回首往事，思考历史，从中折射出来的是睿智的光芒。这样的叙述，往往比那些慷慨陈词的文字更有力量。我以为，在同类题材的散文中，《琐事杂忆》是极有价值的一篇。

罗洛是诗人，他的诗人本性在散文中也时有流露，即便晚年的散文也是如此。他那些域外访问归来写成的散文，大多写得优美抒情，有时读来如诗，给我印象最深的是写西班牙的那几篇：《诗人的约会》《月亮》《戈雅》。这类文字中，有一篇必须一提，那就是写苏州的《雨中游园记》，雨中游拙政园，引起诗人的无穷遐思。一块“与谁同坐”的匾牌，使游园者遥想天地古今，甚至回家后还有梦中之思。这篇散文写景抒情都非常美，而且给人幽深曲折的感觉。苏州的园林很多作家写过，如此情景交融，引人入胜，则不多见。

去年纪念“五四”运动80周年时，上海作家协会筹办了诗歌朗诵会“世纪心声”，罗洛的《我和时间》在很多人的心里引起共鸣。他在诗中写道：“时间是什么，时间就是生命/是生命留在世界上的脚印。”我想，对于一个作家来说，他的作品就是他的生命留在人间的脚印。罗洛的脚印，会给后人很多启示。

2000年夏日于四步斋

真的追寻

——读袁鹰散文集《灯下白头人》

袁鹰是我尊敬的文坛前辈，也是我的文学引路人。前些日子，收到他从北京寄赠的散文集《灯下白头人》。在书的扉页上，他为我题了这样两句诗：“花开花落等闲过，尚有情怀似旧时。”这题词使我回忆起二十多年来我们的交往，想起他对我的很多帮助。在我的书架上，他赠我的书已有二十多本。

从50年代到现在，袁鹰一直以散文驰骋于文坛，他的作品影响了中国的几代读者。《灯下白头人》是他近年来的部分散文新作。这几天，我一篇一篇地读完了全书。掩卷回想，出现在我面前的是一位真挚可亲的长者，是一位孜孜不倦地在人生路上探寻的沉思者。在他的这本新著中，有对曲折历史的思索，其中值得一读的，是《怅望一座墓园》，这是为纪念陈独秀诞生120周年而写的一篇有分量的文章。曾经被扭曲、被模糊、被隐匿的某些历史片段，在他的笔下重新得到了矫正、澄清和显现。对陈独秀这位最早在中国宣传马克思主义，并创建了中国共产党的伟大革命者，究竟应该怎样评价。袁鹰在文中提出了自己的看法，他认为应该还历史的本来面目，应该公正客观地评价陈独秀。“是非黑白，忠奸正邪，是什么样就该是什么样。盖棺也未必能定论。被认为已经钉在耻辱柱上的，若是钉错了，也必定会重新取下来。”这样的思索，表现了一个文学家的正直和勇气。这篇文章，曾经在国内很多关心历史的学者中广为流传。在他的这本书中，很大一部分是怀人忆旧之作，他所追怀的，有文化名人，如周扬、夏衍、柯灵、冯牧、魏启明等，也有一些不一定广为人知的文人，因为有过深交，结下了友谊，袁鹰用蕴含深情的文字回忆有关他们的往事，读来感人肺腑。从中可以看到他对朋友的至诚，对友谊的珍惜。譬如那篇《从青春歌者到白发书生》，详尽细致地回忆了他和丁景唐从相识到相知的过程，时间跨越了大半个世纪。青春时代的往事，一一珍藏在心头，从没有被忽略淡忘。岁月无情流逝，而友情却如陈酒，越酿越醇厚。这些文字虽然写的是别人，但读者却可以从中窥见作者的人格魅力。

对一个散文作家来说，如果没有真诚，没有对真理和真情的追寻，那么，他的文笔再华美，也难以真正打动读者。这就是老作家袁鹰给我们的启示。

2002 年 8 月 7 日于四步斋

心灵是一个幽邃的花园
——读《追忆似水年华》随想

读《追忆似水年华》，是一次美妙的精神漫游。在一个个寂静的夜间，独自品读，静静地走进普鲁斯特的世界，可以看到一个人的心灵怎么繁衍、成长为一个阔大幽深的花园。

我对这部小说有特殊的感情。最早知道它是在上世纪60年代，那时中国还没有此书的译本。有一次，我在上海旧书店买到一本《西窗集》，是卞之琳先生在1934年翻译的，薄薄一本。卞先生翻译那本书时只是一个二十出头的青年，他选译了20世纪初一些比较新潮、前卫的外国作品，基本上是散文诗。其中包括许多国家的作家，如西班牙的散文家阿索林，法国作家波德莱尔、玛拉美、瓦雷里、保尔·福尔，英国的伍尔芙，奥地利的里尔克、爱尔兰的乔伊斯，还有普鲁斯特的小说片段。《西窗集》里最吸引我的就是普鲁斯特的那段文字，这是《追忆似水年华》的开头，写对时间的印象，写梦中似睡非睡、似醒非醒时的一些幻觉。后来有些译本为这段文字取名为《睡眠和记忆》，很妥帖。这种梦醒时分的幻觉，很多人都曾有过，特别是在早晨醒来的时候，有时只是三四分钟的时间，但是你一生的情景都可能会在此时闪现。我自己就经常如此，早晨好像醒了，但常常又迷迷糊糊睡过去，这时，眼前似乎出现了变幻无穷的景象，无数事件相叠着在周围发生，仿佛是漫长的岁月汹涌流过，但醒来一看表，只是相隔几分钟而已。这件事情实在奇妙，现成的科学道理难以解释。没有人能用文字把这样的梦境完整地表达出来，而普鲁斯特的这段文字，却写出了我的全部感受。读《西窗集》时，我还不知普鲁斯特是谁。我觉得这不是小说的章节，而是一篇绝妙的散文。这么长的一段文字，没有人物，没有故事，全是对梦境的描绘。无法想象小说全文会是什么样的状态，作者将怎样展开他的故事，描绘他的人物。当时这是我心里的一个谜，二十多年之后，这个谜才解开。

到 80 年代中期，译林出版社首次印发了《追忆似水年华》的全译本，使我第一次浏览小说的全貌。中国读者能读到的这个译本，其实并不理想。很多翻译家参与其中，每一卷有好几个译者，有时一卷有三个译者，每人翻译三分之一。尽管那些翻译家大多有一定的水平，有的水平还很高，但是他们对文字的理解以及把法文转换成中文的习惯和能力不一样，这就造成了这个译本的问题，全书的风格不统一。尽管如此，中国人毕竟就此能看到《追忆似水年华》的全貌了。那时，我把这套书放在枕边，每天临睡前读一个小时，断断续续读了好几个月。这是非常愉快的阅读，睡前翻阅小说的那一个小时，对我来说真是一种莫大的享受。有些人说这部小说读不下去，我感到十分奇怪。

《追忆似水年华》是我读过的所有长篇小说中篇幅最长的一部，

也是情节最散漫随意的一部，它没有严谨的故事，除了马赛尔以外没有贯穿始终的人物。有时读了好几万字，却无法复述故事到底讲了什么。但没有一部长篇小说让我如此着迷，仿佛面对的是一座规模浩瀚博大、结构精致繁复的宫殿。推开那扇看似平凡的门，发现里面竟是个非常奇妙的世界，越往里走就越奇妙，一步一景，引人入胜。这样的小说是把精美和博大结合在一起，使这两个被很多人认为是相悖的特点融为一体。普鲁斯特用其精美、精细和精微的文字构造出了一种博大的气势。

读普鲁斯特的这部小说，很自然地让人想起雨果的话："比海洋和天空更为辽阔的，是人的心灵。"世界上最丰富和博大的不是我们可以看见的客观世界，而是人类的心灵，这种博大和丰富是无穷无尽的。读《追忆似水年华》就有这样的感受。普鲁斯特的生活不算太曲折，生活阅历也不算太丰富，生活所见也是有局限性的。他没有高尔基这样的坎坷多难的青少年时代，也没有杰克·伦敦和海明威那样的传奇经历。如果没有写《追忆似水年华》，人们回顾他的一生时大概会觉得非常平淡。然而在他的小说中，他把心灵之门打开，用他不由自主的回忆方式把这平淡的一生写得曲折而奇妙。心灵的丰富对于每个人都是一样的。心灵的世界是最神秘也是最浩繁的，天地万物都可以包孕在心灵的世界中，变幻无穷，缥缈无际。当然，只有那些才华出众、思想深邃的艺术家才可能为世人破译并展现这个世界，却也仅是这世界的一小部分。

读《追忆似水年华》时，仿佛是在一个风光旖旎的花园里信步漫游。你知道这个花园里的风景非同一般，却无法预知出现在你面前的将是什么样的风景，是什么样的奇花异卉，不知道下面会出现什么样的描述，因为这种回忆不由自主，灵光一现就来了。你沿着曲折的小路慢慢地走着，眼前突然就出现了色彩斑斓的奇境，这些景象似乎是随意设置，却使你心弦为之颤动，使你流连忘返，使你惊叹这花园的幽深、奇特和美妙。普鲁斯特小说中的材料似乎并不是为了完成故事的叙述，而是为了表现心灵的活动，为了表现精神在物质中的飞翔。他很明白这样的活动和飞翔绝不可能离开人间，不可能离开他的生存环境，衬托这些心灵活动和精神飞翔的是最日常的生活场景，是优美亲切的大自然，普鲁斯特把它们天衣无缝地融合在一起。西方有评论家说："普鲁斯特和他同时代的几位哲学家一样实现了一场逆向的哥白尼似的革命。"在他具有独创性的小说中，人的精神被安置在广袤的天地中心（这样的说法好像很玄，但很有道理）。小说是对世界的一种描绘，对历史生活的一种记录，大部分小说家是先用眼睛看世界，然后用文字把所看到的一切记录下来，这是由内而外的。但普鲁斯特的小说则是由外而内的一种表述。把自己的心灵开掘出来，打开心门，让内心深处最隐秘的情感源源不断地喷出来、流出来、飞出来，呈现出一个丰富而美妙的世界。因此我说它是心灵的一片花园。

诞生过雨果、巴尔扎克的法国，又诞生了普鲁斯特，这是法国文学的骄傲。普鲁斯特和前两位相比一点也不逊色，他们的创作风格完全不同，却都是人类历史上第一流的伟大作家。他们诞生在不同的时代，留下的是对不同时代的回忆。普鲁斯特对于文学的贡献，就像德彪西对于音乐的贡献一样，他们都用全新的创造使人们在吃惊的同时，发现对大自然、对人的心灵和感情，原来还可以有这么多新奇的描绘和解释。以前没有人这么解释描绘过，突然有一个人用这种方式来描绘，那种因新奇而带来的惊喜妙不可言。这就是所谓的"人人心中有，人人笔下无"。

普鲁斯特是个病人，却花了 15 年写这部小说，他确实是用生命写就了这部小说。他是在平静中激动，在激动中平静。一个躺着的病人有非常平静的状态，但心灵却不平静，因为回忆寻找到那些失去的美妙时光使他激动，但在激动中又归复平静。就这样，那些美好的回忆才源源不断地从他的心中涌出来。这部小说耗尽了他的心血和生命。生前，他并没有感到这部小说将给他带来巨大的成功和荣耀。这就像凡·高，在生前连一幅画也没卖出，过着贫困潦倒的生活，死后才成为大师。现在凡·高的任何一幅小品的价值，在当时都能使他一辈子衣食无忧，这是他生前做梦都想不到的。普鲁斯特生前谈不上荣华富贵，但也是个知名的作家，家境也一直不错，他的父亲有能力养他一辈子。他和凡·高一样，也是在离开这个世界之后才被世人真正认识其价值。读着他的小说，那些心情浮躁、急功近利的小说匠们应该会感到脸红。

我一直以为，文学创作是一种回忆，是对经历过的生活的回忆，是对过去的情感积累的回忆，是对历史的回忆，是对曾经发生过的思想活动的回忆。即便是在小说中展现未来的生活，其实也是回忆，回忆曾经的幻想和假设。

普鲁斯特为我们提供了独特的回忆方式。他的回忆有如微风飘拂，踪迹诡谲，读者无法预知风向。它们有时因一棵树甚至一阵花香悄然飘临，有时因一块甜饼或者一杯椴花茶不期而至。有时小说还会把读者带入他的梦境，使人在似真似幻的气氛中体味他童年的感觉。我还从来没有见过哪个作家，能把童年的梦境回忆描绘得如此生动真实而且深刻。在梦境中，他用诗意的语言构筑他对时间、空间和生命的种种感受。小说开始时，普鲁斯特便用好几页篇幅，为读者描绘了他的一些梦境。在这些梦境中，现实和回忆、实景和幻觉如水乳交融般糅合在一起，形成一种真实而又奇幻的景象。从前读过的书中的故事，汽笛、鸟鸣以及各种各样的声音，童年时一些难忘的事件和人物，对一些房间和家具的追忆和幻想，男女间的肌肤之亲……这些凌乱的毫不相干的内容，无序地出现在同一个画面上。这是荒诞却真实的梦幻。我惊异普鲁斯特竟能把这样的感觉描绘得如此生动真切。

“一个人睡着时，周围萦绕着时间的游丝，岁岁年年，日月星辰，有序地排列在他的身边。醒来时他本能地从中寻问，须臾间便能得知他在地球上占据了什么地点，醒来前流逝过多长的时间；但是时空的序列也可能发生混乱，甚至断裂，例如他失眠之后天亮前忽然睡意袭来，偏偏那时他正在看书，身体的姿势同平日大相径庭，他一抬手就能让太阳停止运行，甚至后退，那么，待他再醒时，他就会不知道什么钟点，只以为自己刚刚躺下不久。倘若他打瞌睡，例如饭后靠在扶手椅上打盹儿，那姿势同睡眠时的姿势相去更远，日月星辰的序列便完全乱了套，那把椅子就成了魔椅，带他在时空中飞速地遨游，待他睁开眼睛，会以为自己躺在别处，躺在他几个月前去过的地方……”而普鲁斯特的梦，更多的是后面那种情形。即便是以正常姿态睡着的时候，他的梦境也非同寻常。“在一秒钟之间，我飞越过人类的文明的十几个世纪。”在睡梦中，他常常忘记自己身在何方。然而，记忆像从天而降的救星，把他从虚空中解救出来，使他重新回到现实中。

翻开小说的任何一页，他对事物的描绘都让你非常意外，让你觉得不可思议。读普鲁斯特的小说时我经常想起巴尔扎克，同样是法国的文豪，但他和普鲁斯特却完全不一样。有人说巴尔扎克的小说是“干货”，都是非常实在的故事和人物的命运，在他的小说中甚至看不到风景的描写。他的《人间喜剧》只写故事和人物，几乎没有对自然景色的描绘，倘若牵涉到风景天气，他必定惜墨如金。也有很多作家认为小说不需要有太多风景的刻画、情绪的描绘，这是浪费文字、是啰嗦。但普鲁斯特完全不一样，他小说中的“干货”都是隐藏在湿漉漉的文字里面的。读巴尔扎克的小说时，甚至不会想到他的人物是生活在大自然中，这些人物只是生活在人群中，生活在人群的争斗之中，生活在尔虞我诈之中。你会忘记在此之外还有一个鸟语花香的大自然存于我们周围。但读普鲁斯特的小说就不是这样。

普鲁斯特像一只飞翔在花木丛中的蜜蜂，他以敏感的视觉、嗅觉、触觉感受着他所认识的大自然，不仅仅有颜色、温度，还有味觉。你甚至可以感觉到他所描绘的大自然的气味，这在其他作家的作品里很少见。他笔下的景物生机盎然，充满了想象力，形象地衬托出人物的精神活动。如他在写马赛尔初恋的时候，用很多的笔墨描绘了一棵山楂树，在山楂树林里他第一次朦胧地意识到男女之间的爱。在树林里，他看到那位自己所爱慕的女孩，于是那棵开着桃红色花朵的山楂树在他心目中变成了恋人的象征。“她穿着鲜艳的浅红色盛装，那样的光彩熠熠、笑容可掬。这株信奉天主的娇美可爱的小树啊！我流连在山楂花前，嗅着这无形而固定的芳香，想把它送进我那不知所措的脑海，在飘动中把它重新捉住，让它同山楂树随处散播的花朵、洋溢着青春活力的节奏相协调。这节奏像某些音乐一样起落不定，山楂花以滔滔不绝的芳香给我无穷的美感。”这棵山楂树引起他美妙无穷的遐想，使他度过很多诗意的时光。当他准备与父母离开乡村回到巴黎时，他独自跑到山坡上，搂住这棵山楂树，一边流泪一边与她告别。在母亲来喊他的时候，他搂着山楂树一边哭一边轻轻地说：“我可怜的小山楂树啊！不是你使我伤心，逼我走，你从来也不让我痛苦，所以我将永远爱你！”这是一个多愁善感的男孩所为，他的举动好像很奇怪，但是我们读来并不觉得有任何怪异。这个敏感的孩子成年后仍然对大自然有万般依恋，在他的岁月中从来没有间断过对大自然的眷恋。这是小说主人公的人生状态，也是普鲁斯特的人生状态。

一个热爱艺术的人，拒绝大自然的亲近，那是无法想象的。这点引起我强烈的共鸣。我也是一个非常迷恋大自然的人，曾经在农村生活过多年。“文化大革命”时期，我“插队落户”在崇明岛一个偏僻的村庄里，生活艰苦，处境孤独，心情也忧郁，但我和美妙的大自然朝夕相处，常常会面对着大自然的万种风情产生各种各样的遐想。那时有些农民看见我独自一人坐在海堤上看落日沉江，一直到天黑才回家，担心我这个沉默寡言的知青是不是变傻变呆了，甚至以为我有自杀的倾向。其实他们不了解我，那恰恰是我陶醉享受的时光。面对着美妙的大自然，一切忧伤和烦愁都会在瞬间烟消云散。所以读普鲁斯特对大自然的那些描绘特别能使我产生共鸣。有人说“写小说时不需要对情景的描绘，只要把故事写出来，人物刻画好就足够了。”我不赞同这种说法，也许这种风格也可以达到极致而成为大家，但我更欣赏的是在充满着自然景象的那种湿润饱满的文字中展现人物命运的故事。我也看到有些评论家说，这种描绘是中学生的伎俩，只有中学生才会那样。这样的看法到底是深刻、成熟，还是浅薄、偏执？读一读普鲁斯特和大自然交流的那些光彩夺目的文字，应该有助于作出明智的判断。在《追忆似水年华》中，我听见普鲁斯特时时都在对我说：“好好看，世界上所有奇妙的秘密都蕴藏在这些最简单的事物中。因为你愚钝，因为你麻木，所以你才会视而不见！”现在那种科技高度发达、物欲汹涌泛滥的生活会使很多人日益愚钝麻木，尽管他们觉得自己的聪明胜过前人。我想，如果能静下心来读读《追忆似水年华》这样的书，我们的精神世界就会丰富一点，我们的愚钝和麻木或许会少一点。

一部小说写得再飘忽、再散漫，再偏重内向的心灵和情感的刻画，也不能没有人物和故事。普鲁斯特作为一个小说巨匠，当然也是塑造人物形象的大师。这部小说中人物多得难以统计，但是只要人物出现在他的笔下，不管是谁，都性格鲜明，形象生动，一个个活灵活现地游走在文字之中。小说中很少有贯穿始终的人物，有些人物只是随着场景的出现一闪而过，却也能给人留下深刻的印象。比如在《斯万夫人周围》一卷中，他写到一个老犹太人——老布洛克。这是一个并不重要的人物，在书中出现的次数也不多，但是读了有关老布洛克的几段文字之后，这个人物总是在我的脑子里打转。这是一个非常戏剧化的人物，令人发噱，他的表情、个性、语言引起我很多的联想。老布洛克有一种幻觉式的"自觉很了不起的意识"存在着，这是他的自我陶醉。对只是远远见过一面的上流社会中的人，他会大声向别人宣布："噢！我和这个人很熟！"他还会杜撰出许多无中生有的故事来证实这一点，某某在什么时候和他在一起看过戏或怎么样。对于他那些无法认识的人，他没有见过、甚至是没有机会见到的人，就说自己不愿认识他。他这样一边说着一边就得到了心灵的满足，就觉得自己变得高不可攀，认为"我比不愿认识的人还要高"。对于那些伟人，他可以指名道姓，用很不屑的口气谈论他们，虽然他不认识他们，但他可以对他们评头论足，好像表现出"我和他们的关系很密切"，"我对他们评头论足，连伟人我也可以藐视，那么我比伟人还伟大"。普鲁斯特把这种性格称为"自我中心"，即我想什么都可以实现，连虚幻的都能想象成真实的，"自我中心主义"使每个人都把自己看成是国王。其实在普鲁斯特刻画的众多人物中，老布洛克只是他着墨很少的一个人物，但令人难忘。他使我觉得似曾相识，就像鲁迅先生笔下的"阿Q"。布洛克的"自我中心主义"和阿Q的"精神胜利法"颇为相似，这两种性格有异曲同工之妙。鲁迅写《阿Q正传》的时候,《追忆似水年华》还没有被译成中文,鲁迅肯定不知道有“老布洛克”这样的人物,也不会知道普鲁斯特曾经描绘过一种“自我中心”意识。半个世纪以后,这部小说的中文版才在中国出现。老布洛克这样的人物在中国大概也会有,因为这是人类的一种弊病,也是人性的一种弱点。很多人说阿Q是中国的一种国民性,中国人就是这样的。然而我觉得这种“阿Q精神”在全世界都存在。普鲁斯特和鲁迅其实是共同注意到人类的一种弊病,所以他们的小说中在不同时期不同地域里创造出了相类似的人物,这并不奇怪。

普鲁斯特擅长刻画女性。读这部小说时,尤其是读第二卷《在少女们身旁》时,我常想起《红楼梦》,想起贾宝玉在一群女子当中的感受。普鲁斯特对女性有一种发自内心的倾慕。无论是青春少女、成年女人,甚或是一些老妇,在普鲁斯特的笔下,都是仪态万方、风姿摇曳,令人赞叹。他描写女性的那些柔情似水的文字,我就会想起《红楼梦》中曹雪芹对女性的欣赏与爱慕的态度,“女人是水做的,男人是泥做的”,如果把这话翻译给普鲁斯特听,他肯定心领神会,由衷赞赏。如果谁有兴致的话,把普鲁斯特描写女性的词语编成一本词典,一定很有趣。他对女性的描绘,从外形、心情以及和女人在一起时男人的感觉,都写得极为传神,集合在一起看肯定非常有意思。在普鲁斯特的心目中,最赏心悦目的风景是青春少女的音容笑貌,和女友们在一起时,马赛尔就像在花园里散步,沐浴在温润的暖风中,如同聆听最动人的音乐,少女们是他激情和灵感的源泉。和少女们一起交谈时,他用崇拜的目光欣赏她们,用全部的身心倾听她们,由此产生的遐想自然非同凡响。在小说中有一段描写少女们说话声音的文字,让人拍案叫绝:

“我怀着快乐的心情倾听她们的讲话，正如我无比快乐地凝望她们，从她们每个人的声音里发现一幅色彩斑斓的图画一样，我怀着极大的乐趣听着她们唧唧喳喳。”“喜欢少女的人会从少女的嗓音中发现比鸟的啼啭还要变化多端的旋律。少女的嗓音所拥有的音符，比表现力最丰富的乐器还多。这些少女用双唇，怀着贝里尼音乐小天使的认真和热情弹奏着这件更为丰富的乐器。这种认真和热情也是青春特有的光彩。这热情自信的音色赋予最简单的事情以动人的魅力。她们的话语铿锵有韵，犹如古代的诗句。”他还能从少女们不同的口音中，发现她们性格的细微的差别和各自的独特个性。“她们的声音就像乐队中不同的乐器奏出的旋律，交织成一阙销魂的交响诗。在少女们的话语中，我的面前出现了一幅又一幅美丽的画，甚至还能听到冥冥之中的故乡山河土地和少女气质之间进行的对话……”

普鲁斯特小说中的那个“我”，即马赛尔与少女交往以后觉得浑身轻松，“自己也变成了天使”，但是在与男人海阔天空地闲聊之后，他总感到身心疲惫。当他静卧在少女身边倾听她们谈话的时候，“我丰富的感受无限地超越了我们贫乏而稀少的话语，淹没了我不动的身姿和沉默，溢成幸福的河流。潺潺流水漫过来，消逝在这些初放的玫瑰花的脚下。”

读这些文字的时候，我想，世界上还有什么音乐比普鲁斯特笔下这些清纯天真的少女们的声音更迷人呢？

普鲁斯特描绘事物情景时文字常常很铺张，一件小事情会花费很多笔墨来叙述。马塞尔童年时等待母亲临睡前一吻的情节，小说中竟用了上万字却似乎仍然意犹未尽，把一个渴望母爱的敏感少年的感情和性格刻画得淋漓尽致。读这样的文字，犹如听一个观察力极细致而且极有耐心的人，不厌其烦地向你介绍着他所看到和想到的一切，任何一个细节都不舍得遗漏。然而，读这些精细缜密的描绘和联想时，却并没有使人感到累赘和啰嗦。因为这位不厌其烦描绘他的感受的人，有着高雅品位和情趣，他的叙述如同精美细致的工笔画。

然而普鲁斯特并不总是那么洋洋洒洒，他也有吝惜文字的时候。小说第二卷《在少女们身旁》中，也写到了一个让人难忘的吻。一天晚上，马塞尔应约到旅馆的一个房间中和女朋友阿尔贝蒂娜见面。一对少男少女，彼此都有好感，且有过很多微妙的暗示和亲密的交流。马塞尔走进阿尔贝蒂娜的房间时，她正躺在床上，解开了长辫，满面微笑地望着他。“这个从未品尝过的粉红色果子，闻起来是什么味，吃起来是什么味，我马上就会知晓！”马塞尔很冲动地想俯身吻阿尔贝蒂娜，却不料遭到了断然拒绝。就在马塞尔企图拥吻她时，阿尔贝蒂娜竟使足全身力气拉响了报警的铃……

小说写到铃声骤响便戛然而止。接下来的狼狈和尴尬，普鲁斯特没有写一个字。读到这里，起初我有些奇怪。这么重要的情节，为什么不展开写？这似乎不符合普鲁斯特细腻精微的风格。而一般读者，必定也关注着警铃响起后继续发展的情节和故事。然而普鲁斯特的笔此刻突然变得无比吝啬，再也不肯多写一个字。读后回味一下，才觉得这儿的略写，反而会使读者对这一情节产生更深的印象。在这未遂的一吻之后，可能会出现的场面你可以自己去想象。小说中阿尔贝蒂娜这个人物，也更增添了几分不可捉摸的神秘感。读到小说的第四卷，方才知道阿尔贝蒂娜是一个同性恋者，这未遂之吻也可以算是一个铺垫吧。

一个滔滔不绝的人有时候也会语塞，一条急流汹涌的江河有时候也会突然受到峡谷的阻断，普鲁斯特这样写自然有他的道理。小说中的动和静、铺张和节制应该是相辅相成的。总是很静，从头静到底，会使你看得想要睡觉；老是动，从头动到尾，会使你读得躁动不安；铺张泛滥，会让你读得奇烦无比；始终节制，会使你觉得不生动，不过瘾。所以在同一部作品中，动和静、铺张和节制是相辅相成的。就如一个风格独特的画家，在一幅作品中同时运用了浓墨写意和淡彩工笔，两种技巧的融合，便烘托出画的动人境界来。就像齐白石的画，一幅大写意的荷花，用泼墨画出的荷叶上，却停落着一只极其写实的小虫子，透明翅膀上细密的经络纤毫毕现，写意与工笔共存，非常和谐。

在富有想象力的艺术家心目中，世界上的一切东西都是有血有肉的生命，它们有感情，会思索，能用奇特的方式和你作种种美妙的交流。在《追忆似水年华》中，处处能看到这样的情形。

第三部《盖尔芒特家那边》中，普鲁斯特以奇特的方式描绘了一家古老的旅馆。为了排遣因单相思而产生的苦恼，马塞尔到离巴黎不远的一个小城去看一位在军队当军官的朋友圣卢。圣卢介绍他去住这家据说是“有着古老高雅情调”的老旅馆。小说主人公并不想住旅馆，因为他认为任何旅馆都会使他感到孤独和忧郁。“这种忧郁的性情好比一种令人窒息的香气，自我出生以来，任何一个新房间都会散发出这种使我透不过气来的香味……”可是一走进这家旅馆，他就被其中美妙的气氛感染了，融化了。他觉得在那里“一分钟也没有单独待着”，因为旅馆就像是一个很有情趣的人，时时在和他游戏交往。走廊：“弯弯曲曲，漫无目的地游来游去”；客房：“我一到，它们就来和我做伴——它们有点像旧时代的小幽灵，游手好闲，但默不作声，每当我和它们相遇，它们总向我表示默默的关怀”；就连上下楼梯，也能让人激起官能的快乐。“台阶一级挨一级，上下巧妙地排列着，在它们的递进中仿佛释放出一种完美无缺的和谐，就是我们在颜色、芳香和美味中能感觉到的常常会激起我们官能无限快乐的和谐”……在房间、客厅和走廊里，对着壁画、窗帘、火炉、椅子、地毯，甚至墙，作者都会生出奇妙的遐想。“一堵不开门的墙诚恳地对我说：现在该往回走了，不过，你看见了，这里就是你的家。”柔软的地毯也会说：如果你夜里不睡觉，完全可以光着脚走出来。而那些窗户更有意思，它们时时准备和你彻夜长谈，准备向你展现美景，绝不会有任何怨言。从窗户里俯视花园，就像俯视一个孤独的美女……一个空荡荡的老旅馆，在普鲁斯特的笔下，就这样成了一个童话的世界，成了一个驱逐忧郁、制造快乐的温馨天地，成了一个有生命的朋友。这样的描写不可思议，却又是如此自然。读这些关于旅馆的描写时，我体会到了作者的好心情。很显然，这种好心情，是卢圣用纯洁高贵的友情带给他的。写旅馆的美妙环境，其实还是表现小说主人公的心情。

在普鲁斯特的小说中，这样的描写似乎是顺手拈来的事情，毫不费力。难怪都德在读了《追忆似水年华》后会感叹：“他的风格灵活生动，令人诧异。任何另一种风格，和普鲁斯特的风格相比，都显得黯然失色，矫揉造作，缺乏生气。”

七卷小说中，那么多的人物和故事有一个主题，它们就是四个字：“时间”和“回忆”。时间可以毁灭一切，而且无法挽留，它可以让一切消失。普鲁斯特对时间的看法与中国古代哲人是一样的，就像孔子说：“逝者如斯夫”。还有一个就是“回忆”，回忆可以拯救一切。时间是一种毁灭，它把所有发生过的都毁于一旦，发生的同时，也在消失死去。而回忆可以使一切都复活，回忆中一切可以重演。小说的主题主要是回忆，而普鲁斯特的伟大之处就在于给回忆一种特殊的方式。一般所说的回忆是强制性的、机械的，有人为的规定情景作引导，比如一本回忆录被搁在那里，翻开它就能把自己的一生回溯一遍，或许是一些文件合同，看到大学毕业证书就能记起大学生涯，翻阅中学时代的照片就会想起中学往事……这都是一些机械的回忆，而真正美好的回忆是可以使生命复活的回忆，也就是普鲁斯特所表现的“不由自主的回忆”。

在他的小说中，对往事的回忆是突然冒出来的，非常自然。有时候闻到一缕花香，回忆就此飘出来了；看到一棵树，回忆就出现了；其中最有名的描写就是“一块小饼”的片段，当他吃着小点心的时候，马上就会有一种生活画面在眼前浮现。在阅读时，我对此颇有共鸣。每个人在生活中都有这种情形，只要你进入一种特定的状态，就会有一些记忆涌出脑海。小时候睡午觉时，看见阳光从窗户里射进来，灰尘在光束里飘动，那景象朦胧飘忽。这时窗外会传来几声“修牙刷、修阳伞”的叫嚷声，优美而凄凉。童年的很多经历，会在飘动着尘灰的光束和忧伤的喊声里纷至沓来，自然而难以抗拒。这种不由自主的回忆每个人都可能有，但是很少有作家能够把它表达完整，而普鲁斯特的小说里经常出现这种不由自主的回忆。

普鲁斯特有位亲戚，叫柏格森，是一位法国作家，得过诺贝尔文学奖，并创造了生命“冲动”和“绵延”这两个哲学术语来解释生命现象，他认为生命冲动即绵延，这是真正的实际时间，是唯一的存在，也就是说只有在你的生命冲动的时候才是真正的生活着，而你不冲动的时候就是行尸走肉。这是无法靠理性去认识的，只有靠直觉来把握。普鲁斯特接受了柏格森的观点，他认为，“就像空间有几何学一样，时间有心理学，每个人毕生都在与时间抗争。我们本想执着地去眷恋一个爱人、一个朋友，去追求一些信念，遗忘却从冥冥之中升腾而起，遗忘是人的天性。夜幕使心灵升腾出种种的美好记忆，但是我们的自我毕竟不会完全消失，就是看起来好像完全消失、死亡了，其实也并非如此。因为它在同我们的自身融为一体。”这就是普鲁斯特的主导动机，寻找似乎已经失去的，但是被扔在那里随时准备再生的时间，他认为时间其实没有消失过。有一种说法是：“真正的幸福是过去的幸福！真正的美好是消失的美好！”即消失后就代表这件事已结束，但是当你回忆时却能一遍一遍地重复那种美好，它才是真正地融合在你的生命中，也凝聚在你的肉体里和灵魂里，不会消失以致永恒。它在发生时，有可能转瞬即逝，但过去以后，它就永远留在你的心里。

我不懂法文，据正在重译此书的翻译家周克希先生说，“追忆似水年华”这个书名的翻译不太准确。英文译本的书名是“Remember Branch of Things Past”，就是“寻找失去的时间”，我想英文对法文的转译应该是比较准确的，那么这本书就该叫“寻找失去的时间”，这也许与普鲁斯特的本意更接近一些。时间已经失去了，但是它还在，在你的心里与灵魂中，你可以通过你的方式把它找回来。周克希告诉我，他的译本不会用“追忆似水年华”这个名字，就用“寻找失去的时间”。其实我觉得“追忆似水年华”也是可以的，基本上也有了“寻找失去的时间”的意思，而且更有诗意。对这样一部名著，书名其实不重要，只要你能静下心阅读，就会被它吸引，不管它叫哪个名字。

已经失去、死去的时间，怎么样去寻找呢？1908 年，普鲁斯特在计划写这本书的时候，先写了一篇关于小说的小说——《圣伯大》，序言中有一段文字非常重要：“对于智力，我越来越觉得没有什么值得重视的。我认为作家只有摆脱智力，才能在我们获得的种种印象中将事物真正抓住。也就是说，真正达到事物的本身、达到艺术的内容，智力以过去时间的名义提供给我们的东西，未必就是那样的东西。我们生命中的每一时刻一经过去，立即给予并隐匿在某件物质对象之中，就像民间传说中‘灵魂脱身’那样，生命的每一刻都囿于某一物质的对象，只要这一对象没被我们发现，就会永远给予其中，我们是通过这个对象来认识生命的那一时刻的，它也只有等到我们把它从中召唤出来的时候，方能从这个物质对象中脱颖而出，而它囿于其间的对象，或者不如说感觉，因为对象是通过感觉与我们互相关联的，我们很可能无从与之相通，因此我们一生中有许多时间很可能从此不复再现。”像普鲁斯特这样敏感，善于把失去的时间追回来的人是非常少的。其实，每个人都有他最难忘的记忆（最痛苦、最快乐或最惶惑的记忆）铭刻在灵魂里，这些记忆可能会重现脑际，使人在颓丧的时候振奋，在振奋的时候消沉，在欢乐的时候悲伤，在悲伤的时候走出沉沦。这些记忆可以改变我们的生命，改变我们的生活状态。然而多数人无法追回自己的大部分记忆，只有一小部分深刻的记忆积聚在心灵一隅。但是普鲁斯特却不一样，他可以通过他的方式把生命中一切有意思的瞬间和经历，非常艺术地回忆出来。正因如此，他才成为一个伟大的小说家。这就是他的“不由自主的回忆”。自主的回忆，借助于智力的推断，是明确的有意识的。不由自主的回忆却能通过当时的感觉与某种记忆之间的偶合，产生无意识的联想，使过去的情景存活于现时身边的事物之中。普鲁斯特写过这样一段文字：

> 我曾在乡间的一处住所度过许多个夏季，我不时在怀念这些夏季，对我来说它们很可能已经一去不复返，永远消失了，就像任何时而浮现的情景一样，它们时而浮现全凭一种偶合。有一日傍晚天在下雪，我从外面回来，进到屋里坐在灯下准备看书，但一时没法暖和过来，这时上了年纪的女佣建议我喝一

杯热茶，而我平时是不大喝热茶的。完全出于偶然，她还给我拿来几片烤面包，我把面包片放到茶水里浸了浸放进嘴里，我嘴里感到它软软的，浸过茶的味道，突然我产生了一种异样的心情，感到了天竺葵和香橙的芳香，一种无以名状的幸福充满了全身。我动也不敢动，唯恐在我身上发生的不可思议的一切会就此消失，我的思绪集中在这片唤起这一切感觉的浸过茶的面包上。骤然间，记忆中封闭的隔板受到震动，松开了。以前在乡间住所度过的那些夏天，顿时涌现在我的意识之中，连同那些夏天美好的早晨一一再现了。我想起来了：原来我那时清晨起来，下楼到外祖父屋里去喝早茶，外祖父总是把面包干先放进他的茶里沾一沾，然后拿给我吃。但是这样的夏季清晨早已成了过去，而茶水泡软了面包干的感觉却成了那失去的时间。对智力来说，它已经成为死去的时间、躲藏隐秘的所在。

这非常形象地表述出他那种“不由自主的回忆”。你毫无准备地遇到一种并无特殊意义的情景：闻到一丝气味，吃到一种食物，甚至是看到一缕阳光，似乎没缘由地就想起了你生活中过去的一段经历，这就是“不由自主的记忆”。这段文字后来被扩展改写成《追忆似水年华》中一个著名的段落——《马德莱娜小点心》，他吃到这个小点心的时候就会想起一段往事。普鲁斯特要告诉我们的是：失去的时间就是如此找回来的。而它一旦被找了回来，也就被我们战胜了。因为属于过去的实际时间已经换成了心理时间，作家正是在此刻感到自己征服了永恒，任何事物只有以其永恒的面貌（即艺术的面貌）构成回忆的场景才是一种艺术，才能被真正地领悟和保存。这就是《追忆似水年华》的写作主旨。

在普鲁斯特看来，这种偶合是可遇而不可求的。如果那一切是经过有意识的观察而得到，回忆的美好和艺术性便全部丧失了。他这么说，我无法全部苟同，是不是只有不由自主的回忆才是永恒的回忆？才是美好的回忆？才是有诗意的艺术回忆？对于他来说，也许是这样。但是常人拥有的那种自主的回忆，我认为也可能是很有诗意的。因为世人不可能都像他那样敏感，那样富有想象力，不可能都能运用生活之中那么多的偶合唤醒自己的记忆。只要这些记忆本身是美好的，它们镌刻在你的灵魂里，埋藏在你的心灵中，有时检阅一下，它们未必就没有艺术的诗意。

马赛尔·普鲁斯特生于1871年，死于1922年，活了五十一岁，生死都在巴黎。他从小有哮喘病，体质很弱，所以他的童年生活和别人不一样，他自己说："因为哮喘病，我从小被逐出了童年的伊甸园。"他小时候一直是在病痛中挣扎，从他的小说中能看出他儿时多愁善感的个性，这与他的疾病有关，他的性格是内向的，而他的敏感甚至到了病态的程度。读过小说的人，必定会注意到其中一个非常有趣的细节，主人公每天临睡前，必须要母亲吻他一下才能够睡着，如果母亲不来吻他，他就无法入睡，整夜难过不安。他表达的是对母爱的渴望，其实也是一个病弱孩子的敏感。普鲁斯特受到外祖母和母亲的一些熏陶，喜欢塞维涅夫人、乔治·桑和英国维多利亚时代的一些作家。他又受到中学老师的影响，推崇17世纪的法国古典作品，他倾心于圣西门、巴尔扎克、波德莱尔和福楼拜，一度还热衷于英国作家约翰·拉斯青论述建筑和艺术的作品。从中学毕业到父母去世的这段时期，大约在1889年至1905年之间，普鲁斯特经常出入上流社会的交际圈，他学生时代便经常与大人一起参与各种各样的上层聚会，并且留心观察。对这样的生活，他后来感到愧疚，觉得这是一种无聊的生活。其实也不尽如此，这些无聊的生活情节后来同样非常细致入微地出现在他的小说中，而且我觉得他写得不无聊，反而借助这样的生活刻画出各种性情的人物，写出了当时丰富的社会情状和人的种种心态以及生活习俗；作为作家，他对生活作了仔细的观察，并且做了大量的记录。他那时也为报刊撰写一些有关贵族沙龙生活的专栏文章，发表评论、小说、随笔，也模仿他喜欢的作家风格去写作。母亲对他有极大的影响，她不是作家，只是一位受过高等教育也具备极好修养的文学爱好者。母亲教他翻译，劝他要懂得直译，他翻译过伊拉斯金的两部著作《亚缅的圣经》和《芝麻与百合》，是从英文译成法文。当时周围的人都认为小普鲁斯特喜欢舞文弄墨与读书，可能只是喜欢而已，玩玩罢了，他不会成为作家。他小时候也没有显露出特别过人的文学才华。其实，我觉得他那时是在做准备，这种准备是两方面的，一种是对生活的观察积累，另一种是对文学广泛而深入的了解研究。这两点，普鲁斯特做得非常好。

普鲁斯特的阅读经验可以说是广博深入，他写过很多评论文章，对很多作家有独到的见解。有人说，如果他不写小说而写评论的话，会成为世界上屈指可数的大评论家。因为，他的评论文字精美、思想深刻，有独特见地。但是还好他没有成为评论家，我想他更适合做小说家。从 1896 年到 1900 年（即他 25 岁到 30 岁之间），他断断续续地写下了一部自传体的小说《让·桑特依》。他生前没有发表，很多人都不知道他写过这部小说。他去世 28 年以后，人们在整理他遗留的大堆文件时，无意之中发现了这部小说的手稿，然后在 1952 年汇集出版，那时的普鲁斯特已经是名满天下的大作家了，他的《追忆似水年华》已经被公认为 20 世纪的经典巨著。他的《让·桑特依》引起很多评论家的注意，他们觉得在普鲁斯特这部小说中已经展示出非凡的创作才华，已经有了一个小说巨匠的影子。非常幸运的是，他的这部小说习作没有一写成就立即发表。如果立即发表的话将会产生什么后果呢？评论界会认为这部小说写得不错，这个作家很有才华。这样一来，他就可能不会再写《追忆似水年华》，因为这部小说与《追忆似水年华》的生活是重合的，有很多出现在《追忆似水年华》中的场景在这部小说里都写过。所以我觉得《让·桑特依》当时没有即刻发表是一件好事，不然，普鲁斯特就不会再花15年的时间写一部巨作了。《追忆似水年华》其实是重写了《让·桑特依》，但是重写之后，整个小说结构以及艺术水准已完全不同。有很多评论家说，“《让·桑特依》中的观察者已经是一位大师，他对生活场景、人物观察得非常仔细，但只是作为一个观察者可称得上‘大师’。作为一个表述者，他还称不上是一个大师”。如果读了《追忆似水年华》以后再对比《让·桑特依》，那么毫无疑问，你就会觉得前者在表述上也已经是大师了。

《追忆似水年华》是普鲁斯特用他生命的最后15年写成的。他的房间窗户整天关着，墙壁上贴着一种吸音的软木板，几乎是与世隔绝。他是一个病人，他的哮喘病在当时已经非常严重，他必须要待在一间异常安静的房间。有人说小说家有几种：有人是坐着写作的，比如托尔斯泰就是正襟危坐地思考着人类的命运，把他观察到的生活一幕幕地展现在稿纸上，罗曼·罗兰也是如此，优雅而严谨；有些作家是走着写作的，比如杰克·伦敦就是到处跑，边走边写，他的小说里具有生命的跃动力与游动性，海明威也是到处旅行，以至于他的小说中有一种旅行家的姿态，他还有一个站着写作的习惯，所以他的文字凝练，没有冗长的描述，因为站着写，就不会有那些繁复啰嗦的描述，必须要写得简洁；而有一个人是躺着写作的，他就是普鲁斯特。我想他躺着写作不仅仅是一种生理状态——其实我相信他在写作时也是坐着的——说他躺着写作是由于他生病的缘故，同时也是他的一种精神状态的表现，他是躺在那里静静地回想自己已经逝去的生命以及经历过的生活，他躺在时间的流水中，躺在不由自主的回忆里。

《追忆似水年华》篇幅浩繁，内容结构非常复杂，故事似乎也散乱，但是你仔细读、仔细研究，会发现它的结构还是非常严谨的，就像建造一座巨大的石头建筑，要用各种各样不同大小的石块垒起来，垒到最后是一座巍峨而美妙的大厦，每一块石头都恰到好处地被安置在它该处的位置上，到最后缔造出巍峨的景观。

这是一部自传体小说，内容基本上是普鲁斯特的生活描写，读小说时总觉得是在阅览作者本人的经历。小说开场，马赛尔似醒非醒地躺在床上，回想着他的童年。而后小说的情节便如天马行空，在马赛尔曾经历过、见识过、幻想过的人世间风云变幻，铺衍纠葛。爱情的多变，世态的跌宕，人心的起伏，命运的无常……在历尽沧桑之后，马赛尔似乎看破红尘，觉得自己的文学使命已经幻灭。然而在一次社交晚会上，发生了一连串偶然事件，使他突然产生了奇妙的灵感，他想“通过一部作品来重现以前所失去的时间”。于是又回到了全书的开头，马赛尔躺到床上，开始回忆他的童年。

小说从一个地方出发，又回到同一个地方，是非常奇特的一个环形结构。普鲁斯特曾经把自己的这部小说结构比喻成一座大教堂，他甚至准备用教堂建筑的不同部位为小说命名。他说：“我曾经想过，为此书的每一卷分别选用如下的标题：大门、后殿、彩画玻璃窗……”但后来他并没有这样做，大概还是有点牵强吧。这部小说的最大优点在于它的整体性，每个细小的组成部分都很结实，所以能够成为文学领域中一座举世无双的“大教堂”。

世界上很多杰作的命运都是坎坷的，中国的《红楼梦》就非常典型。《追忆似水年华》也一样。1912年，普鲁斯特将已经写成的一千多页的手稿——《在斯万家那边》《盖尔芒特家那边》和《找回失去的时间》托人送交到著名作家纪德那里（纪德是与他同时代的，风格完全不同的大作家），但纪德拒绝推荐出版这部小说。我相信纪德当时并没有仔细地看过这部小说，他不认为一个名不见经传的作者会写出特别优秀的文学作品。这部小说后来又到过几家出版社编辑的案头，都没有被获准出版。但在两年之后，纪德意识到自己犯了一个严重的错误，于是写信给普鲁斯特，诚恳地表示他愿意出版这部小说。我不太清楚这其中的过程，但我相信纪德一定是花时间阅读了这部小说。认真的阅读使他惊讶，使他被普鲁斯特的才华折服。后来他曾这样评价："这篇文章是我见到的最讲究艺术的文章，艺术这个词汇如果出自贡布尔兄弟之口我会觉得非常讨厌，但是一想到普鲁斯特我就对这个词丝毫也不反感了。"他认为只有普鲁斯特的小说才能真正称得上是艺术。纪德曾经指出罗曼·罗兰"没有风格"，是一个非常挑剔的评论家。但他对普鲁斯特评价非常高，"我在普鲁斯特的风格中寻找不到缺点，我寻找在风格中占主导地位的优点也没有找到。他有的不是这样或那样的优点，而是无所不备的一切优点。"他认为这部小说是完美的，从头看到底只有优点没有其他。"有的小说家是有优点也有缺点的，你要寻找他的优点。而普鲁斯特小说的优点你不用寻找，他的优点不是先后轮流出现，而是在同时一起出现的。他的风格灵动活泼令人惊叹，任何另一种风格和他的风格相比都显得黯然失色、矫揉造作、缺乏生气。"这是他对普鲁斯特风格的描述，有人说这是他的偏爱，但我觉得非常有道理。普鲁斯特的风格自始至终融汇在他所有的叙述和描绘之中。他对事物的描述确实是很难模仿的，电光一闪，灵感突如其来，然后就滔滔不绝，娓娓而谈，把奇妙的感觉表达得淋漓尽致。对每一件事物、每一个场景、每一种风景的描绘，对小说中人物的一个表情、一个心理活动的刻画都是那样精微、那样独特，给人深刻的印象。

每年到诺贝尔奖评奖的时候，大家都认为20世纪的诺贝尔文学奖有很多的缺憾，最大的缺憾就是托尔斯泰没有获奖，另外一个大缺憾就是普鲁斯特的《追忆似水年华》没有获奖，这简直是诺贝尔文学奖的一种耻辱。因为大部分获奖的小说都无法和《追忆似水年华》相提并论。造成这样的缺憾当然是有原因的，原因之一，诺贝尔文学奖的那些评委所见有局限性，另外也和这部小说坎坷的命运有关系。这部小说一卷卷地出版，等它成为公认的佳作时，普鲁斯特已经离开了人世。这时诺贝尔奖给他已经没有可能，因为此奖只发给在世的作家。这也只能是一个永远的缺憾了。

有时候，我想象自己就是那个曾经拒绝过这部小说的纪德，我可以想象纪德的心情，想象他转变的原因。那一天，他随手打开那部被他搁置已久的小说稿，无意中随手翻开其中的一页，读着读着就被其中绝妙的文字吸引了，然后就情不自禁地一页一页往下阅读，以至于一发而不可收拾，直到被这些文字征服。纪德最终改变自己原先的想法，实在很自然。有些人在谈艺术时装腔作势，非常矫情，但普鲁斯特写得如此夸张、如此离奇，而你就是觉得很自然，他确实是一个充满幻想、灵感和智慧的人，从他的心里面缓缓流出来一种美妙博大的境界。这样一部伟大的小说，一个天才用毕生的心血，用整个生命来完成它，而作为一个读者，我觉得我们真是很幸运，大概只要花一个月，甚至更少的十天时间，而用我少年时代的速度——七天时间就可以读完这部小说。但我觉得用七天时间读懂这部小说是不可能的，我想花一年、半年或几个月的时间仔细地阅读这部小说，我们会对人生、对世界改变一些看法，包括对自身。这部小说必须慢慢品读，读几年也不过分。一位美国作家告诉我，在纽约有一个普鲁斯特读书会，参加者都是《追忆似水年华》的书迷，他们每周读十来页，每周聚会一次，交流对这十来页内容的读后感，已经读了很多年，还在继续读。读这部小说时你会产生一种共鸣，觉得人的心灵原来是可以这样开放的。我不相信普鲁斯特就是世界上经历最丰富的人，他的恋爱也未必是最曲折美妙的，可以说世界上很多人的经历比他更丰富。而像他这样把心灵的门打开，把心灵的感受这样深刻地挖掘出来，并用如此美妙的方式展现出来，不能说绝后，但也是空前的。目前为止，我还没有看见有另外一位作家能够做到像他这样。

时间和回忆，普鲁斯特小说中的这两个主题是发人深省的。时间在毁灭一切，而回忆可以挽回已经消失的往昔。其实人世间任何一刻只要发生过就不会消失，只要你记得它，只要你愿意回想它，只要你珍惜它。如果你是一个珍惜光阴、热爱生命、喜爱艺术的人，那么你曾经经历过的生活——那些美妙的、哀伤的、刻骨铭心的瞬间，就可能在你意想不到的时候，当一个特定的情景在你的周围发生时，它们就会不期而至，把你重新拽回到已经消逝的时光中，激情的生命过程重现了，重演了。这是一种奇妙的境界。我相信每个人都可以达到这种境界，普鲁斯特用他的小说为我们作了示范。

2004年5月22日改定于四步斋

音乐塑造人生
——读阿加莎·冯·特拉普《音乐之声的故事》

近日读阿加莎·冯·特拉普的《音乐之声的故事》，引起一些回忆和联想。

第一次看电影《音乐之声》，是在1977年春天。那时“文化大革命”刚结束，文艺界有一种劫后重生的感觉，上海在展览馆召开了一次大型文艺座谈会，很多销声匿迹多年的文化名人出现在座谈会上，如巴金、于伶、柯灵等。座谈会的尾声，是观赏一部“内部电影”，这是一个无比美妙的尾声。这部电影，就是美国影片《音乐之声》。曲折跌宕的情节，诗一般展现在优美的音乐中。爱情和亲情，真诚和伪善，正义和邪恶，在这部电影中被表现得扣人心弦。电影结束时，剧院里爆发出一片掌声。看电影鼓掌在当时很反常，而且是一部好莱坞的“内部电影”，但这掌声是情不自禁的，是大家发自内心的赞叹。《音乐之声》在当时引起的震动，真可以说是惊艳，是幽暗中的一道闪电。文艺座谈会结束后，这部电影在很长时间里成为大家议论的话题。几年后，《音乐之声》在中国公开放映，玛利亚和特拉普上校成为家喻户晓的人物，电影中的歌曲也开始在中国广为流传。这段往事，很有说服力地证明了艺术的影响和魅力。

电影《音乐之声》是根据真人真事改编的。《音乐之声的故事》的作者阿加莎，是《音乐之声》中大女儿的原型。写这本书时，阿加莎已经 87 岁。她以一种平和的心情回忆了冯·特拉普一家将近一百年的历史，书的风格平实朴素，娓娓道来，有点絮叨，有点琐碎，但都是实在的叙述，没有夸张的描绘。特拉普上校一家的生活经历，和电影《音乐之声》并不完全相同。书中给人印象最深的人物，是阿加莎的父亲特拉普上校。这是一个有传奇色彩的军人，曾指挥奥地利潜艇击沉一艘法国潜艇，成为海军英雄。他很早就退役，所以有很多时间和家人生活在一起，成为家庭生活中的主角。他正直坚毅，热爱生活，富有情趣，处世低调。孩子们对生活和音乐的爱，是受了他的影响。和电影中的上校不一样，孩子们自有记忆以来，他就是一个慈爱和善的父亲，并没有电影中那种戏剧性的性格转变。阿加莎和她的弟妹们曾经对电影《音乐之声》颇有微词，认为电影中的情境和他们的生活有距离，不真实，尤其是电影前半部分对父亲的描写，生活中的继母也没有玛利亚那么完美。但是随着《音乐之声》的深入人心，随着全世界对这部电影的认同和热爱，他们逐渐改变了看法。

对音乐的热爱和追寻改变了特拉普一家人的命运，他们的人生因此而变得有声有色、余音绵绵。书中对这个家庭的一些独特生活的描述令人神往。譬如萨尔茨堡郊外的“音乐之旅”，一家人在野外搭起帐篷，在山林间唱歌跳舞，演奏民间流传的“施拉默尔四重奏”。特拉普上校曾带着家人，驾驶一艘帆船在亚得里亚海远航，途中历尽艰险。阿加莎和她的兄弟姐妹们正是在这样的生活中陶冶了性情。唱歌演奏本是这个家庭生活中的自娱自乐，因为几位伯乐的推荐和指导，在萨尔茨堡音乐节一举成名，于是开始了特拉普家庭演唱组多姿多彩的音乐生涯。这个家庭演唱组成员都没有受过专业的声乐训练，却能唱出天使般动人的声音，撩动无数人的心弦，在音乐史上，这大概是一个奇迹。在纳粹肆虐的艰难时世，是音乐使他们一家保持尊严，并获得成功和快乐。他们在世界各地演唱了二十年，足迹遍布三十多个国家。但作为歌唱家，他们只有集体出场时才能体现。就像吉他上的六根弦，同在琴上时能弹拨出动听的音乐，离开琴身，便无以为曲。离开这个家庭演唱组独立生活后，阿加莎和她的弟妹们几乎都没有以音乐为生。然而毫无疑问，特拉普家庭演唱组是世界上独一无二的合唱团体。很遗憾，我至今没有机会听到真实的特拉普家庭演唱组的歌唱，阿加莎在她的书中说，现在，全世界都能买到他们家庭演唱组的唱片，我想，过几天我就要设法去找来听一听。

去年秋天，我访问欧洲，也到了特拉普家庭生活过的萨尔茨堡，这是莫扎特的故乡，处处弥漫着音乐的气息。在萨尔茨堡，我参观了拍摄《音乐之声》的修道院和教堂，当年在电影中看到的令人激动的景象一一重现在眼前。读阿加莎的书时，我的眼前又出现了萨尔茨堡的山林、河流和教堂，当然，还有电影《音乐之声》中那些优美而略带忧伤的歌声。

2004年6月5日于四步斋

清醒的声音
——谈刘绪源的书评

多年前，刘绪源以一本《解读周作人》引起读书界的广泛注意。刘绪源对周作人的研究以及具有说服力的表述，很使我佩服。他对作为作家与思想家的周作人作了恰如其分的评价，可以说，还了周作人的真实面目。曾听一位名声很大的老先生这样感慨：还没有哪个人对周作人的分析如此深刻和准确，刘绪源不简单。

刘绪源是以创作登上文坛的，我读过他写的一些很有意思的短篇小说。但他却渐渐转向，成了一个评论家。在我的印象中，刘绪源是一个真正的文学批评家，他从来不人云亦云，从来不唱违心的赞歌。在上世纪八、九十年代，他的很大一部分注意力在儿童文学，他提出的“儿童文学的三大母题”，得到很多人的认同。他的儿童文学评论，给人留下深刻印象。在对文学新人作评介时，他常常在鼓励肯定的同时，直率地指出缺点，有时甚至非常尖锐。他曾经很热情地称赞青年小说家玉清的作品，在他后来写的那篇《“从来才大人，面目不专一”》中，却对玉清创作中出现的问题提出尖锐批评。他也曾在文章中对名声很大的儿童文学前辈的观点提出不同意见，他认为，儿童文学不是简单的“教育工具”，如以这样的宗旨指导创作，儿童文学无法百花竞艳。而他批评少年作家韩寒的《读〈三重门〉所想到的》，在一片赞歌声中发出清醒的声音。我以为，在众多评论韩寒作品的文字中，刘绪源的分析和批评最为中肯贴切。最近几年，刘绪源手中那支犀利的评论之笔指向了更广阔的领域，他将学者的渊博和批评家的敏锐结合在一起，旁征博引，谈古论今，却绝不牵强附会，也不无的放矢。最近读到他的《如何看待“影射史学”》，也是一篇锋芒犀利、颇有见地的文章，他认为不能以“影射”的方式来做历史研究，严肃的历史研究和针砭时弊的杂文是不一样的。他在文章里和几位他尊重的前辈商榷，有理有据，观点鲜明，而他的态度诚恳，说理充分，是一种真正的学术讨论。锐利而真诚，是刘绪源的风格，正因为如此，被他批评的作家大多心悦诚服，把他视为诤友和挚友。在文学评论界，这是多么难能可贵。

在我的朋友中，刘绪源可谓一个真正的书生，他博览群书，而且一边读一边思考，时有不同于常人的独到见解。读他的读书随笔，感觉是随一位智者漫游书海，却不会茫然迷失。他的感慨，他的称赞，他的叹息，他的批评，都源于对评说对象的仔细品读和深刻分析，令人信服。这和一些没有认真阅读作品就说三道四的评论完全是两回事。他读《哈利·波特》，竟然想到哈姆雷特，两者毫不相干，但却连接着作者隐藏的目标和理想。我想，《哈利·波特》的作者如果读一读这样的分析，也许会会心一笑的。多年前，他曾写过一篇题为“上半身”的评论，是对一本人物传记的批评，他反感“对传主的生平，只拣好听的说，却把一些尽人皆知的、现在听去已不太光彩的事全都隐去”，尖刻地批评道：“这好比对一个人，因为觉得下半身不尽雅观，便毅然舍去；这样一来，人还能活么？即使是残疾的、半身不遂的人，下半身也依然是必不可少的。没了下半身，充其量只是塑像，哪怕是极伟岸的铜雕吧，终究也是没有生命的。”后来他读到英国作家保罗·约翰逊的《知识分子》，书中写了很多世界文化名人，如卢梭、雪莱、托尔斯泰、易卜生、罗素等，但此书不是歌功颂德，而是着眼于揭丑，专门写这些伟人的弱点和种种见不得人的丑事。此书因为揭了伟人的短而风靡一时，成为畅销书。而刘绪源读后却不舒服，他感觉“仿佛是碰上了‘文化大革命’中的‘揭老底战斗队’似的”。他为此写出一篇很有分量的书评《见山是山，见水是水》，对保罗·约翰逊提出尖锐的批评。他认为，《知识分子》的写作，是“另一种专取‘下半身’的写法”，有哗众取宠之嫌。由此，他提出纪实文学应该有“见山还是山，见水还是水”的真实境界，对出版业的道德取向，也发表了很有意思的看法。

中国的出版事业，正呈现一种兴旺的景象，每日都有成百上千种新图书出版。然而是否所有的新书都是有价值的好书？当然未必，鱼龙混杂、泥沙俱下的情况难免存在，有些出版社和书商唯利是图，只要有人买，他们就会把书包装得花枝招展隆重推出，而不在意这些书是否真正有价值，甚至对青少年有害无益。古人说“尽信书则不如无书”，在今天依然是金玉良言。在这样的情况下，需要有良知有眼光的图书评论家，在媒体发出清醒真诚的声音，对读者作正确的引导。

此刻，我手头正在读着的，是刘绪源的两本读书随笔，一本是少年儿童出版社出版的《文心雕虎》，另一本是江西教育出版社出版的《见山是山，见水是水》。读他的书，不仅长见识，而且使人清醒，能引发有意义的思考。我乐意将他的书向更多的读者推荐，也期望绪源兄手中那支锐利多情的笔不要停顿，因为我们的文坛太需要这样的声音。

2005 年 8 月 12 日于四步斋

赤 子 之 心
——读冀汸自传《血色流年》

这几天，读完了老诗人冀汸的长篇自传《血色流年》，心里很不平静。这是一位历尽人世沧桑的老人对历史、对生命的回忆和思索，是一本说真话的书，一本呕心沥血的书。诗人坎坷的命运，和民族的危亡、国家的兴衰紧密相关，而亲人骨肉生离死别的惨痛，更让人读来下泪。

读这本书，我由衷地敬佩冀汸，一个卧病在床的年过八十的老人，以流畅的文笔，饱含挚情的叙述，写了近三十万字，岁月的跨度长达七八十年，涉及的人物数以百计，然而他却娓娓道来，不是那种粗线条的流水账，而是倾心回顾，展示灵魂，坦陈肺腑。冀汸在序文中这样说："可以保证的是，我是诚实一字一句地写下去。我根据自己的记忆写。"只有珍惜生命、热爱生活的人，才会将自己经历中每一个有意义的细节和场景铭刻在心。

冀汸的记忆力让人吃惊。漫长岁月中的那么多情景和细节，都一一刻在他心灵深处，大时代的风云变幻当然不会忽略，那是无法淡忘的，而有些细微末枝的事情，他竟都清晰地记得，孤独中朋友的一声问候，饥馑时得到的一顿饱餐，囚禁中获得的一张旧报纸，甚至是一个善意的微笑，一个同情的眼神，他都没有忘记。他离开农场时，为他送行的竟然只有一条伴随他多年的狗。因为他是“胡风分子”，周围的人都避之不及，只有那条狗愿意和他亲近。在长途车站，那条狗不肯离开，甚至趴到汽车底下，宁愿被轧死。读到这些细节时，我不禁怦然心动。这样的感动，在最近的阅读经验中不多。

他记着那些帮助过自己的人，也牵挂着那些因自己而受连累的人，有些人，甚至连面也没有见过。因为和胡风的交往，他被牵连入狱，多年失去自由。几十年后，听说有些业余作者就是因为和他通了几封信，失去了工作和前途，几乎毁了一生，他非常难过，而且自责。冀汸在书中写道：“我惭愧，我内疚，道歉再道歉，而我的道歉可一文不值啊！”那些人的厄运，当然不该由他承担责任，但他由此产生的歉疚却发自内心，在书的题记中，他也申明，将此书献给“所有的因胡风事件而罹难的生者、死者、生死不明者”。

这是一个人的命运和经历，但折射的却是一个波澜起伏的大时代。真实的社会历史，就是由这样真实的个人经历组合而成的。冀汸的文字中有感恩，有遗憾，有歉疚，有鄙夷，有叹息，却没有怨恨，没有怨天尤人。这就是一颗始终怀着真诚的赤子之心。

1984年春天，我曾和冀汸一起参加“长江魂”诗会，坐船从武汉入川，过三峡，到重庆。经过长江边的那一个个小县城时，他向我讲述了“抗战”时期他在这一路流亡入川的情景，遥远的往事，他都很清晰地记着。到重庆，我们一起参观“渣滓洞”集中营，在看一批烈士的照片和事迹时，他发现当年的牺牲者中有自己的一个同学，竟然失声痛哭。在场的所有人都被冀汸真挚的诗人气质感动。而他在这一路上讲的那些往事，我在《血色流年》中都读到了。冀汸珍惜自己经历过的一切，不管是痛苦还是欢乐。《血色流年》中，有滴血的歌，有含泪的笑，有人间最曲折深沉的情感和思索，读者的心被震撼时，感受到的是真实和真诚的力量。

2005 年 11 月 19 日于四步斋

随 读 三 则

他是伟人，也是凡人

——读《伽利略的女儿》

这是一本很值得一读的人物传记。书名是《伽利略的女儿》，其实传主是伽利略，伽利略的女儿玛丽亚·切莱斯特只是书中插曲。切莱斯特是一个修女，在修道院中度过了一生，伽利略在世的岁月中，她不断地给父亲写信，表达她的爱，叙述她的生活状况，也和父亲讨论各种问题，她留存在世的一百二十多封信，是这本传记中最真实最生动的文字，它们记录了很多伽利略父女之间的情感交流，也展现了当时的社会风情。可惜的是伽利略给女儿的回信一封也没有留下来。否则，传记的内容也许会更丰富。光凭这些信件，要写出伽利略的一生根本不可能。但达娃·索贝尔却写出了一本内容详实可信的传记，虽然传主生活的年代已经过去了四百多年，但给我的感觉是，书中的每个细节，每个场景，每段对话，都有出处，绝不是作者虚构的产物。可以想象作者为此付出的劳动，要查阅多少资料，要考证多少典故。读这本书时，我对作者的严谨和细致情不自禁地产生敬佩。

这本书有一个副标题："科学、信仰和爱的历史回忆"，这个标题和书的内容更切合。达娃·索贝尔以她丝丝入扣的笔触，描绘出一个伟大科学家的人生轨迹和追求真理的道路。1600 年 2 月 17 日，坚持日心说的意大利科学家布鲁诺被烧死在罗马的鲜花广场，这是宗教法庭的无情判决。那一年，伽利略 36 岁。布鲁诺的牺牲，并没有使伽利略停止对真理的追求，他如同飞蛾扑火，继续向那个禁区勇敢进击。人类头顶的星空，不是永恒不变的，有很多未知的秘密需要探索。他用自制的望远镜，看到了月球表面的凹凸，发现了环绕水星的四颗卫星，还发现了太阳表面的黑子运动，为哥白尼的日心说找到了科学的根据。在宣传推广他的科学发现时，伽利略充分展现了自己的智慧，他不是简单地向那些权贵宣布自己的发现，而是同时赠送望远镜，让他们自己观察证实。在与教会和权贵们打交道时，伽利略表现出的机智和灵活曾遭人贬低，但这是斗士的智慧。然而他还是难逃教会的迫害，宗教法庭为他所定的罪名，几乎和当年加害布鲁诺的罪名差不多。书中非常真实地再现了宗教法庭对他的审讯和宣判，没有渲染，没有拔高传主的虚构，对后人的想象作了科学的更正。伽利略的勇敢、睿智、坚忍，和他的困惑、无奈、悲凉，不可分割地交织在一起。他受困于黑暗的现实，却远远超越了那个时代。这本书告诉读者：这是一个伟人，也是一个凡人。

2005 年 7 月 27 日于四步斋

用百万年历史回答一个简单问题

——关于戴蒙德的《枪炮、病菌与钢铁》

贾雷德·戴蒙德是美国的一位生理学教授，但他却写了一本关于人类历史的书——《枪炮、病菌和钢铁》。

写这本书的起因非常有意思，1972 年，戴蒙德在非洲新几内亚研究鸟类的演化，但他对人的研究同样有兴趣。他发现非洲人很聪明，智商不在欧洲人之下，甚至比欧洲人更机敏。但非洲却如此落后，还长期被欧洲人奴役。一次，他和当地一位名叫耶利的黑人政治家在海滩上散步闲谈，他惊异于耶利的智慧，并被一个看似简单的问题问倒。耶利的问题是："为什么你们白人制造了那么多的货物并将它们运到新几内亚来，而我们黑人却几乎没有属于我们自己的货物呢？"

戴蒙德无法回答耶利的问题，专业的历史学家们对这个问题的回答也是五花八门，没有统一的意见。戴蒙德认为，耶利的问题虽然只涉及新几内亚人和欧洲白人生活方式的差异，但它可以推而广之，联系到现代世界上更大规模的一系列悬殊差异。这些差异是如何形成的？其中的关键问题是什么？欧洲人用枪炮、传染病和钢铁工具征服了非洲和美洲，这是人所共知的事实。然而非洲人和印第安人作为人类的一部分，他们的智慧和能力并不亚于欧洲人。所以戴蒙德希望寻找更终极的原因：为什么最后带来枪炮、病菌和钢铁的竟是欧洲人，而不是非洲人或印第安人？

戴蒙德花了二十多年时间思索、研究、寻觅，企图回答耶利的问题，于是有了这部有点奇特的著作。戴蒙德思索的触角伸到了百万年前人类始祖的时代，跨越漫长的岁月，一直到现代。这是一本研究人类历史的书，其中涉及人类的社会发展、农业、科技和文化的演进，甚至对文字和语言也做了研究。在研究人类史的著作中，这本书颇有个性，也有点另类。不过还是值得一读，可以开拓思路。

2006 年 7 月 23 日于四步斋

人类的理想

对现代人来说，世界年纪小的时候，是远古时代，那时的景象我们不太清楚，有传说，我们也可以置疑不信。对将来的人来说，现代生活，也是世界年纪小的时候。那么，以“当世界年纪还小的时候”作为名字的一本书，会讲些什么故事，会告诉读者什么道理，读者当然有所期盼。

德国作家于尔克·舒比格幻想中的年轻世界，是一个奇妙的世界，走进去看看，有点陌生，却也似曾相识。他有时站在古老的土地上，有时在现代人的世界，有时又好像走到了将来。他的故事，似乎是胡思乱想，随手拈来。一些故事好像刚刚开了头，却戛然而止，让人错愕；一些故事，仿佛在自说自话，走着一条看不见终点的曲折小路，把人引入迷宫。开始读他的故事时，我曾经生出疑惑：这是写给孩子看的吗？

不过，书中的有些故事还是吸引了我。譬如《三张椅子》《小女孩和死神的故事》《巨大的面包》《如何寻找帮助》。那是我不曾听说过的故事，新鲜有趣，像是古典童话中的人物复活，也像是现代人奇幻的梦境。

这本书的作者是一位智者，他的幽默和智慧常常在不经意间流露，让人莞尔一笑的同时，悟出幽深的哲理。

我在他的故事中发现了惊人的想象力。《狮子吼》里的动物们竟然可以交换声音，狮子的吼声在老鼠小小的喉咙里落户，结果会怎样呢？老鼠的吱吱声没有了家，在山野里到处游荡……《汽车》里那辆任性可恶的汽车，破坏了安宁和谐的生活……

有两个故事特别耐人寻味。一篇是《书》，另一篇是《一千件糊涂事》。《书》中那本书的遭遇似乎荒诞，却可以引发每一个读书人思索，如何读书，如何对待知识。《一千件糊涂事》是本书的最后一篇，读完这篇引人入胜的作品，再也不会埋怨作者不会讲故事。这是一个发生在未来的故事，是一个小魔鬼和一群孩子之间的故事，在这个故事里，魔鬼和孩子们互相关心，天堂、人间和地狱失去了界线，而统领这一切的，是一个“爱”字。这是于尔克·舒比格的理想，也是人类的理想。

2006年9月6日深夜于四步斋

时光的魅力

周克希新译的《追寻逝去的时光》第一卷《去斯万家那边》，这次能在众多新版书籍中被选为佳作，我以为当之无愧。

普鲁斯特的这部七卷本长篇巨著，是 20 世纪最伟大的小说之一，这早已是世界公认的事情。这部小说诞生在 20 世纪初叶，大半个世纪以来在中国一直没有一个完整的译本。我最早看到的部分译文，是在卞之琳先生 1937 年编译的《西窗集》中，只是第一卷开头的那段，写对时间的印象，写梦中似睡非睡、似醒非醒时的一些幻觉。后来有些译本为这段文字取名为《睡眠和记忆》，很妥帖。我喜欢这段文字，也曾经奇怪，一部长篇小说怎么会以这样的文字开头，没有情节，却引人入胜，我无法想象全篇小说会是怎样的面貌。直到上世纪 80 年代，中国才有了一个全译本，这就是江苏译林出版社的《追忆似水年华》，然而不是一个理想的译本，有很多人参与其事，不同的翻译者，不同的理解，不同的文笔，水平参差不齐，导致全书风格的不统一。对中国这样一个翻译的大国来说，这是一件令人遗憾的事情。被公认的世界名著，在中国总会有多个译本，而普鲁斯特的这部巨著是个例外。这和它浩大的篇幅和艰涩的文字有关系，翻译这部巨著耗时费力，是一个困难艰巨的大工程，很多人因此望而生畏。我曾经很有兴味地读完了全书，对我来说这是一次很愉悦的阅读，但遗憾是很明显的，这就是对译文的不满。我由此想起傅雷先生，如果傅雷先生还在，他大概会以一己之力独立译完这部巨著，为中国读者提供一个比较完美的译本。现在还有谁能胜任这件事呢?在译林的那个译本中，我注意到了周克希翻译的那一部分，篇幅不长，只是第五卷《女囚》的前四分之一，一百来页而已，但在全书中，他的译笔是我所欣赏的。前几年，周克希先生开始重译普鲁斯特的这部巨著，对他来说，这是一个很有勇气的选择，这件工作可能要使他后半生伏案劳顿，呕心沥血，但对中国的文学爱好者来说，这应该是一个好消息，我相信周克希能为华语读者提供一个优秀的译本，能将普鲁斯特独特的风格以恰当的形态转化成汉字。

现在我们终于读到了全新的普鲁斯特汉译本，周克希没有辜负读者的期盼。这是一部精心翻译的书，周克希先生在语言的转化上颇费心思。曾听一些国外的朋友说，普鲁斯特的法语原版读起来很费力，有不少地方晦涩难懂，犹如文字游戏。转化成汉语的小说译文，忠实传达了作者的原意，阅读时并无艰涩感，其中包含着译者的智慧和心血。

我一直以为，文学创作是一种回忆，是对经历过的生活的回忆，是对过去的情感积累的回忆，是对历史的回忆，是对曾经发生过的思想活动的回忆。即便是在小说中展现未来的生活，其实也是回忆，回忆曾经产生过的幻想和假设。

普鲁斯特为我们提供了独特的回忆方式。他的回忆有如微风飘拂，踪迹诡谲，读者无法预知风向。它们有时因一棵树甚至一阵花香悄然飘临，有时因一块甜饼或者一杯椴花茶不期而至。有时小说还会把读者带入他的梦境，使人在似真似幻的气氛中体味他童年的感觉。我还从来没有见过哪个作家，能把童年的梦境回忆描绘得如此生动真实而且深刻。在梦境中，他用诗意的语言构筑他对时空和生命的种种感受。小说开始时，普鲁斯特便用好几页篇幅为读者描绘了他的一些梦境。在这些梦境中，现实和回忆，实景和幻觉如水乳交融般糅合在一起，形成一种真实而又奇幻的景象。从前读过的书中的故事，汽笛、鸟鸣以及各种各样的声音，童年时一些难忘的事件和人物，对一些房间和家具的追忆和幻想，男女间的肌肤之亲……这些凌乱的毫不相干的内容，无序地出现在同一个画面上。这是荒诞却真实的梦幻。我惊异普鲁斯特竟能把这样的感觉描绘得如此生动真切。

且读一下周克希的译文吧："一个人睡着时，时光的序列，岁月和星辰的顺序都围绕着他。他醒来时，会本能地根据这些信息，用一秒钟工夫就能得知自己处于地球的哪一点，度过了多少时间；但是它们的排列可能会发生混乱，甚至出现中断。比如说，夜里没睡好，清晨时分睡意突然在看书的当口袭来，这时他的睡姿跟平时全然不同，他只消稍稍抬一下胳膊，就能让太阳停住甚至往后转，结果刚醒来时的刹那间，他没有了时间概念，还以为自己刚刚躺下呢。再有，如果他在打盹儿，姿势更随便更出格，比如说餐后坐在扶手椅里，那时，逸出轨道的日月星辰就整个儿乱套了，这张魔椅载着他飞速地在时间和空间中遨游，等到睁开眼睛时，他会以为自己是在好几个月以前睡过的另一个地方。而我，哪怕是在自己床上，只要睡意很浓，弥漫到了整个脑海，那些序列就会乱套；这时，我在哪儿这一地点背景，会从意识中飘走，我在夜间醒来，非但不知道自己身在何处，有一瞬间甚至连自己是谁都弄糊涂了。我仅有一种原生态的存在感，一头动物在它的灵魂深处，想必也萌动着这种感觉。我比石器时代的穴居野人还要蒙昧；而这时记忆——不是我此刻所在的地方，而是我曾经在过的那些地方，以及我原本说不定会在的地方的记忆——向我而来，犹如高处伸下的援手，把我拉出这片我无论如何独自挣脱不了的虚无的泥潭。我在一秒钟里就越过了人类文明的一个又一个世纪，朦胧中影影绰绰瞥见的煤油灯的影子，然后是翻领衬衫的轮廓，渐渐地拼凑起了我的自我的本来面貌。”

我曾将这段译文和译林版作过比较，在句式、语气和文字上有一些微小差别，但由此可以看到译者的精心和功力。虽然周克希的译本只出了第一卷，但管中窥豹，可以预期，周的全译本将给中国读者带来真正的惊喜。

这次选送的翻译作品中，任溶溶先生翻译的《夏洛的网》也很可称道。美国作家怀特的这部童话小说情节奇妙，能给人无穷遐想。而任溶溶的翻译，以通俗生动的口语展示了小说的精髓。读这两部新出版的译著，也生出一点感慨。中国的翻译出版一直很热闹，每天都有新的译作问世，可谓五花八门，让人眼花缭乱。但翻译界似乎也存在浮躁之风，从选题到翻译的质量，可质疑点甚多，市场上的译作可以说是鱼龙混杂，良莠不齐。但愿多一些像任溶溶和周克希这样严谨认真的翻译家吧。

2004 年 7 月 27 日于四步斋

北京城南，苍老美丽的面孔

——读肖复兴新作《蓝调城南》

前些日子去成都参加一个活动，同行者中有肖复兴和韩少功，一路叙谈甚欢。临分手时，复兴说："我新出了一本书，你是否想看看？"我说当然想啊。他便拿出了他的新著，厚厚一本，沉甸甸的，深蓝色封面，书名为《蓝调城南》。他说，这是一本写老北京的书，这两年，他的心思都花在这本书上了。我的心里为之一震。我和复兴是相识很多年的老朋友，这两年中，我们每年总有一两次见面的机会，我也看到他不断有新作发表，他的文字涉及内容很广泛，谈天说地，写事记人，但我并没有听说他在写一本讲述老北京故事的书。当他把这么厚重的一本书送给我时，我确实有些惊奇，他在书里写了些什么呢？

回到上海，我花几天时间读完了《蓝调城南》。促使我读完这本书，并非因为老朋友所作，而是书中的故事和情景吸引了我。复兴写的只是北京一部分，城南的概念，只有北京人才知道，对一个外地读者来说，书中写的就是老北京，老北京的街道、胡同、戏院、寺庙、老字号商铺，老北京形形色色的人物。虽只是写城南，但却凝集着北京乃至中国数百年中很多风云人物跌宕的命运，以及无数北京普通百姓值得回味的生活。在那些看似普通甚至破败的建筑中，涵藏着让人想象不到的非凡历史。那里竟然还能找到明代谢叠山、杨椒山的故居。而清代以来的人物曾在这里落过脚的，就有了一大串：朱彝尊、纪晓岚、林则徐、龚自珍、谭嗣同、康有为、梁启超、林琴南、鲁迅、林白水、叶盛兰……他们的故居淹没在北京城南行将消失的老建筑群中，有的已经被人忘记。肖复兴寻访这些历史人物故居的过程，让人读来颇有兴趣，他访问的人物中，没有一个是这些名人的后裔，他们朴实平凡，却热情仗义，他们帮助作者深入到老北京的历史中。

肖复兴是以建筑为线索，一个胡同一个胡同地寻找，一个个四合院、大杂院地访问。他说，“两年来，我成了城南的‘胡同串子’，常常游走在密如蛛网的胡同里”，那些他本以为很熟悉的地方，在访问的过程中，却感到了陌生，许多记忆像丢失了历史身份一样，显得不可靠、不真实，让他感到彷徨和迷惘。其原因是现实中发生的种种巨变对历史的冲击，是那些古老建筑正处在破败、解体和消失的过程中，是很多人对逝去岁月和先辈经历的漠视和淡忘。这种现状，使肖复兴忧心忡忡，也成为他完成这本书的一种精神动力：他要用自己的文字记下这些残存的历史，保留一点有意思的记忆。这大概也是一个文人对历史、对故乡力所能尽的一点责任吧。

这本书的插图，作者居然是肖复兴自己，这很有些出乎我的意料。插图中除了摄影，还有很多素描速写，他甚至自己手绘了北京城南的地图。复兴并不是画家，但他为北京城南的那些老建筑所画的速写，却线条流畅，造型生动，颇得北京老建筑的神韵。我知道，他是带着感情在为这些珍贵的老房子造像，正如他以饱含情感的笔墨写这本书。

《蓝调城南》这本书，不仅是一个文人对逝去的岁月的追怀，对即将消失的古老文化的珍惜，也是对故土的深厚情感。肖复兴的祖籍并不是北京，但北京这座城市生养他哺育他，毫无疑问就是他血土难离的故乡。这情形，犹如上海之于我，前些年我写长诗《沧桑之城》，在扉页题了这样一句话：谨以此诗献给我的母亲之城上海。我想，肖复兴对北京的感情，类似我对上海的感情，这是对故乡的感情。中国人传统中故乡的概念，大多是乡村，是田野山川，这其实是古代文人的诗文留给我们的印象。古老中国几千年来一直是农耕社会，大部分人生活在农村，舞文弄墨的文人写故乡，当然都和乡村的记忆有关。随着社会发展，城市扩大，农民进城，乡村城市化，故乡的概念也发生了变化，对很多一辈子生活在城市中的人来说，他们的故乡就是城市。肖复兴在他的书中引用了土耳其诗人纳齐姆·希克梅特的话："人生有两件东西不会忘记，那就是母亲的面孔和城市的面孔。"这是一个生活在城市里的诗人发出的感慨。我们对希克梅特的这句话都有共鸣。

复兴用自己的真情文字和画笔，描绘出母亲之城苍老而美丽的面孔，令人感佩。我想，中国人对老北京的面孔一定都有兴趣，因此《蓝调城南》不愁没有读者。

2006 年 10 月 29 日于四步斋

中国屏风
——谈毛姆

在乐山过夜，耳畔有江水流淌的响动。天上，一弯残月，满天星斗，把银色微光撒落在江上，水中星星点点的波光，梦幻般闪烁。江对岸，有闻名天下的大佛，夜色中，看不清大佛面容，只有远山神秘的轮廓，在深蓝色天幕下变幻逶迤。我知道，大佛的目光亘古如一，沉静，安详，正在月光下俯瞰大江，俯瞰从他眼前流过的岁月……

想起三十七年前的一个秋夜，也是这样的残月和星光，只是星月下的江面更为辽阔。那时，我在崇明岛“插队落户”，一天晚上，和村里的几个年轻人坐在长江的堤岸上聊天，话题是对未来生活的期待。期待什么呢？一个十五岁的少年说：“我没有别的想头，只想每天有肉吃。”少年正在发育，个子却怎么也不见长高。他想吃肉，一是因为饿，二是以为天天吃肉就能长高。一个正在谈恋爱的小伙子说：“我想有一件‘的确良’衬衫。”他身上穿着自家织的芦扉花粗布衬衫，他认为如果穿上“的确良”衬衫，他在姑娘的眼里就会很有风度。另一个高中刚毕业的青年，想了想，说：“我想造两间瓦房。”他家住的是草房，三代人挤在一起。他的关于造房子的想法，当时遭到大家的嗤笑，认为他属于痴心妄想，是做梦。而我那时最大的念头，是到大学读书，随便什么地方，任何一所大学。那时，中国的大学都停止了招生，我的念头，确实是梦想。至今，我还记得月光下那些黝黑瘦削的脸，那些凝望着大江的明亮而惆怅的眼睛。

当年的这些梦想，现在看起来算什么呢。那时看来遥不可及的目标，现在似乎都触手可得。中国这几十年中发生的变化，让世界感到惊奇。一个古老贫穷的大国，封闭了很多年，一打开门窗，便活力四射，压抑已久的向往和激情喷涌而出，满世界都可以听见她奔跑的脚步声和热情的呼喊声。这片土地上所有的人，都情不自禁地随她奔着跑着，由不得你多想，前方是黎明，是开阔地，是梦想的入海口。回头看一看，大道已在身后，车辙如麻，脚印杂乱。物质的丰裕满足了人们的需求，也催生着各种各样的欲望。那个当年想造一间房子的年轻人，现在住进了有十几间房间的大楼房，每天志得意满地环视着儿孙，心里也许在想，什么时候给孩子买一辆轿车，或者送他出国去……

世界在变，人也在变。我一直在想，中国人的心智和情感这些年中是否也有了一些变化呢？

这些天，在旅途中读英国作家毛姆的《在中国屏风上》，此书写于20世纪之初，距今将近90年。我读过毛姆的几部小说集，《月亮和六便士》《刀锋》《天作之合》，可是却没有一本书比这本更吸引我。之所以吸引我，是因为毛姆以真实的笔触描绘了上世纪初的中国，他的生动文字将时空的距离瞬间消除，引我走进了我的祖父辈生活的年代，看见了80多年前中国形形色色的风。毛姆这本书，主要是描写那时旅居中国的英国人和其他来自欧美的洋人，对那些以居高临下姿态生活的外来者，他犀利的笔墨中不无批判和嘲讽。然而，更使我感兴趣的，是他对中国人的看法，是他对当时中国各阶层人物的描绘。毛姆写了中国的知识分子，写了附庸风雅的贪官污吏，写了低头哈腰的买办，也写了很多普通的劳动者，农民、脚夫、轿夫、船工、僧侣……在一个外国人的眼里，那时的中国人在做什么，想什么？

在毛姆的笔下，能看到大部分中国人的穷困的生活状态。他们“神情萎靡，衣着寒酸”，从事着人间最艰辛的工作，犹如一群“忧愁的亡灵”。“在中国，驮负重担的不是牲畜，而是活生生的人”，毛姆曾向一些在中国的外交官表示对这些苦力吃苦耐劳精神的钦佩，这些外交官不以为然，“他们会无所谓地耸耸肩，然后告诉你，那些苦力不过是些牲畜，两千年来他们祖祖辈辈都是挑担子的”。他写到他在一个乡村客店的见闻：“一切都沉寂下来，唯有隔壁一个男子痛苦的咳嗽声。这是一种痨病似的反反复复地咳，听他整夜不停地咳，你不禁怀疑这个可怜的家伙还能活多久。”这是一个象征，这就是外国人心目中“东亚病夫”的形象。

毛姆的书中也写到了中国人一些不文明的习俗。譬如中国人不懂得尊重妇女，不讲卫生，到处是臭气熏天的肮脏环境。一个女传教士对他说：“这是一个远离文明的地方。”令人震撼的，是那时很多人对生命的漠视。书中有一篇题为《小城风景》的文章，写到一座婴儿塔，塔边有深坑，专供人们活埋弃婴。这座城市中有一家孤儿院，五个外国修女管理着它，为了劝说人们把婴儿送来，她们给每一个送婴儿来的人两毛钱。一个修女向毛姆解释道：“除非给他们一些钱，否则他们才不会费这个事呢。”他们认为把婴儿活埋在塔下，比送到孤儿院来更省事。但是，有两毛钱可拿，他们就会给婴儿一条活路了。两毛钱！

在一篇文章中，他写了一个英国外交官看一个中国犯人被枪毙的过程，审判者、行刑者以及旁观者那种冷漠的态度，让人心寒。

在毛姆的书中，看不到中国人为自己拥有这片古老的土地而骄傲。也许毛姆所见所闻有限，但那是基本的事实。百年前的中国，饱经外强欺负蹂躏，原来的那种天下唯我独大的优越感几乎荡然无存。知识分子不是崇洋媚外丧失自我，就是与世隔绝浑噩度日。书中引人注目的一篇《哲学家》，是记录他访问辜鸿铭的经历。辜鸿铭是留德博士，回来却潜心国学，认为中国的哲学远比西方哲学幽深高明。辜鸿铭对外国人的不卑不亢，以及他对东方文化的热爱和自信，赢得了毛姆的尊敬。但是毛姆也写了辜鸿铭的陋习：狎妓，吸鸦片。还有一篇《戏剧学者》，写一个留过洋的中国大学教授，他认为外国的一切都比中国优越。毛姆和他谈及庄子，那个教授居然张口结舌，只是茫然回答："他生活在很久以前。"两千多年前的庄子，如果飘然归来，会怎样看这样的中国读书人？

毛姆写这本书，对中国人并无恶意，他只是客观地描述他的见闻，发几句感慨。他没有看到中国人的出路何在。有一篇《江中号子》，写的应该就是川江一带的纤夫，那些文字读来让人怦然心动："他们的歌声热切、激昂，那是与汹涌波涛战斗的号子。我不知道该如何形容这号子努力要表达的东西，我想它表达的是绷紧的心弦、撕裂的肌肉和人类战胜无情的自然力量的不屈不挠的精神……他们的号子是痛苦的呻吟，是绝望的叹息，是揪心的呼喊。这声音几乎不是人发出的，那是灵魂在无边苦海中发出的有节奏的呼号，它的最后一个音符是人性最沉重的啜泣。"这些饱含真情的文字，引起我的共鸣，读这些文字时，我很自然地回忆起 30 多年前在崇明岛上听到的劳动号子，农民肩负重担在田野中行进时，就是这样呼号着，那些发自灵魂深处的声音，我永远无法忘怀。世界上，大概只有中国人曾经这样惊天动地呼号过。这呼号已经刻印在历史的屏风上，发出令人深思的隐隐回声。

回想遥远的昔日中国，对比今天的景象，中国人可以扬眉吐气。作为一个中国人的骄傲，再不是空洞的口号。这些年常有机会出国，在任何地方都会遇到中国人，那种异域邂逅的场面，不知要比毛姆在中国遇见他同胞的几率高多少倍。中国人的声音，正在世界的每个角落发出各种各样的回声。我曾领略中国音乐家在欧洲的音乐厅演奏时的优雅，也见过钱囊鼓鼓的中国游客在外国商场购物时的疯狂；我听说很多中国学子在异域默默苦读的故事，也听见过一些自以为发迹的中国商人在安静的厅堂里大声喧哗……去年冬天，在法国尼斯的一个宾馆大厅里，一个衣冠楚楚的中国人和我擦肩而过，我听到他大声咳嗽了几声，喉中有痰，回头看时，只见他低头对着电梯门口的一个精致的烟灰筒，毫无顾忌地吐出一口浓痰。这时，一个黑人服务员应声走过来，我无法忘记他那种厌恶鄙视的目光……

我的联想也许可笑，但那些细节印入我的脑海，我无法驱除它们。我当然知道什么是大势，什么是支流，也知道瑕不掩瑜的道理。毛姆笔下那些曾经被外国人蔑视的陋习，并没有随着经济的发达自动消失，这怎能不让人深思警醒。当代中国如一架奇妙的巨大屏风，正在向世界展现清新而有活力的景象，可是我们千万不要忽略了屏风上那些刺眼的瑕疵，必须用心把它们擦干净。

夜色幽深，我的耳畔是江水沉缓的声音。对岸的山影，隐没在云雾之中。凝视朦胧的云山，我的心里仿佛有一幅神奇的屏风升起。屏风上，有大佛沉静的目光，这目光穿过夜色，透射在波涛起伏的江面上，满天星光正是那目光的反照。

2006 年 9 月乐山—上海—深圳

浑浊和清澈

——卢一萍和他的《二傻》及其他

卢一萍不是大红大紫的小说家，很多读者不熟悉他。他是军旅作家，以前写过不少纪实文学，获过各种奖。这几年，他开始写小说。

但纪实文学和小说毕竟是不同的。两者的区别在于，前者是记述客观事件，后者是讲述虚构的故事。一个是记录生活，一个是虚构创造。卢一萍的长处在于，写纪实文学的经历让他获得了丰富而独特的生活素材和社会经验，不过这一长处也很可能成为他写小说的局限——因为习惯忠实于客观事件而忽略了小说所需要的想象力。但在读了他的一些作品以后，我的这些顾虑被打消了。我相信，读过他小说的人，会记住卢一萍这个名字，并对他的创作风格留下深刻印象。

我第一次读到卢一萍的作品，是中篇小说《二傻》。这是他给《上海文学》的来稿，一篇表现当代军人生活的小说。编辑将这篇小说交我送审时，说了一些好话，认为此文有特色。所谓的特色，就题材来说，就是出其不意。军旅小说一般都写得严肃冷峻，但《二傻》却似乎是一篇有点荒诞色彩的小说，小说题目就有戏谑成分，一个解放军战士怎么会和“二傻”这样一个名字联系在一起？我读这篇小说时，情绪随之起伏。卢一萍的小说语言基本上是朴素的白描，但这些白描绘就的故事，却是一波三折，引人入胜。开始，我感觉其戏谑的色彩太重，担心因此而失去分寸感，使小说不具备真实感人的力量。但读到后来，渐渐被小说中的故事吸引，也被人物的喜怒哀乐感动。

当下小说创作，似乎逐渐放弃了小说的审美价值，而是一味委身于认识价值，对表现人性丑恶的欲求远大于对真善美的表现。仿佛一旦遵循了传统美学的原则，就会有失水准，失去所谓思想的深刻。然而很多这一类小说并没有给人留下深刻印象，更不用说引起读者的感动和共鸣了。有时，它们甚至可能给读者带来冷漠与冷酷。倘若小说不再能温暖读者，感动读者，慰藉读者，净化读者，那么在今天，有些小说渐失读者也是一个必然的结果。

回到卢一萍的《二傻》上来。文本的成功之处在于塑造了一个生动的小人物形象。二傻这个人物，看似荒诞夸张，其实是对美好人性的追索和呼唤。二傻本名张冒，是一个从农村参军的新兵。在最初的军营生活中，张冒时时犯错，屡教难改。开始人人都认为其呆傻无教，最后却立功获奖，小说展现了常人难以想象的滑稽经历。

且看作者如何写张冒的傻。二傻是张冒的乳名和绰号，参军前，乡里人都称他二傻，他的学名没几个人知道。参军后，他为再也没有人以这个绰号称呼他而窃喜。“他觉得自己终于从一个危险重重的地方挣脱出来，像一条终于蜕掉了皮的蛇，一身轻松，心情舒畅。”然而没有几天，“二傻”的绰号便又在部队传扬。新兵训练第一天，因他个子高，被排在了第一排第一名。当新兵班长在操练时喊：“第一名，出列！”张冒却不知是叫自己，班长连叫三次，他都无动于衷。班长责问他为何没有反应，他在情急之下回答：“报告班长，我不叫第一名，我叫二傻！”哄笑之中，“二傻”在部队一举成名。小说中还有不少张冒犯傻的情节，部队操练跑步喊口令，别人喊“一二三四”后，他会接着喊“五六七”。因为上厕所迟到了几分钟，竟然心甘情愿被班长每天头顶一碗水罚站四五个小时。在新兵营的会操和阅兵典礼上，他喊错了口令，令所在连队脸面尽失。事后连队总结，连长骂他是“混蛋加白痴”，他难过得泪流满面，却还从队伍中出列敬礼报告，大喊“谢谢连长”。接下来，小说中出现这样的场面：

> 连长和全连都愣了半晌，然后忍不住大笑起来。他自己又愣了半晌，也忍不住破涕为笑了。他人高嗓门大，开始笑时，因为心怀羞愧，有意地压制着自己的笑声，但过了没多久，他就把什么都忘掉了，所以就放开声笑了起来。那声音把大家的声音都盖住了。他哈哈大笑，笑得痛快淋漓。大家惊骇地盯着他，都止住了笑。只有他仍然忘乎所以地笑着。大家更加吃惊地瞪着他，眼睛越瞪越大，好像平地里冒出了一个只会大笑的怪物。张冒却好像没有感觉出来，他像成熟的高粱，一次次笑弯了腰。直到好几分钟过去了，当他猛地抬起头，见大家都没有笑，全都瞪着他看时，他才戛然住口。他显得不知所措，愣了半晌，像是明白了什么，又“啪”地一个立正，一本正经地、满怀愧色地说：“报告连长，我笑错了！”

这些漫画般的细节，完成了对“二傻”的“傻”的交代。作者津津乐道写张冒的傻，其实仔细想一下，他的傻都是因为憨厚和老实，不会耍滑头，不会脑筋急转弯，心里想什么，嘴里就说什么。在常人的眼里，当然是傻了。如果“二傻”的故事就讲到这里，那他确实像是个弱智者。因为傻，他无法再在原来的连队待下去，即便那个心里喜欢他的班长想留下他，但连长坚决不同意，其他连队也无法容忍他。于是他被调换到养猪场，成了一个饲养员。张冒没想到自己穿了军装却还要来养猪，有点想不通。到养猪场报到时，有这样一段对话：

> 生活服务中心的李主任对他说："你连口令都不会喊，除了干这个，你还想干什么？想当将军吗？"
>
> "不敢想，但是我喜欢打仗。"
>
> 李主任听他这么说，忍不住笑了，说："那就等第三次世界大战打响了再说吧，现在，你把这78头猪养好就行了。你就把它们当作你的部下吧，这样，你可了不得了，一下带了78个家伙，相当于干上一个连长了。"
>
> 他听主任这么说，一下子兴奋起来："哦——，是吗？"
>
> 李主任带着他检阅了每眼猪圈里的大猪小猪，最后对他说："这78个家伙就交给你了，你一定要记住，这些都是部队的财富，你要像爱护自己的生命一样爱护它们。"
>
> 那些猪都很瘦，好多差不多就是皮包骨。这是他的前任"猪倌"不负责造成的。但他没有说什么，只对李主任说："主任，我记住了，你放心吧！我喊口令不行，干这活儿还是在行的，三个月内，我保证把它们喂得膘肥体壮，让你满意。"

这段对话，处理得风趣真实。采用什么样的语言风格来准确地表现人物性格，是对作家的考验，也能窥见作家的功力。这基于作家对生活和人物的了解。我想，生活中，张冒大概有其原型吧，这个原型在小说里获得了另一个世界里的生命。接下来的故事，就更富于文学上的意趣——

没有想到，这次似乎是惩罚性的调动，却成了张冒人生的转折点。进入养猪场，张冒如鱼得水，他的秉性和才能在这里得到了发挥。他是个喂猪的好手，而且干得尽心尽力。三个月后，那一群瘦猪就被他喂得膘肥体壮。他把所有的心思，都用在了养猪上。母猪断奶，他居然用自己所有的津贴和积蓄去买奶粉喂小猪。团长来参观养猪场，发现张冒的敬业，由衷感叹："谁说他是二傻呢，这是个很好、很可爱的小伙子嘛。"他怀拥着一群小猪疲惫入睡的情景，还被团政委摄入镜头，成为一幅动人的摄影作品。

张冒的立功，也几乎是漫画式的：一只小猪落水，不会游泳的张冒竟然奋不顾身跳下去抢救，差点送了命。就是这件事让他所在的部队决定为他报功。这件事，好像有点荒唐，一个军人竟因为救一头小猪而立功。看似夸张，其实也合理，这是对一个恪尽职守的战士的奖励，因为他的岗位就在养猪场，保护猪是他的职责。

小说中有一条贯穿始终的爱情主线，这条主线犹如浑浊河流中一股清澈的泉涌，时隐时现，贯穿全部。描绘这股清流时，作者就很自然地收起了他的调侃和诙谐，仿佛在写一首令人心颤的爱情诗。小说中很用心地表现张冒对自己心爱女人的真挚和执着。张冒的参军，起因就是恋爱。他爱上了村长的儿媳妇，年轻的寡妇李淑芬。然而这样的恋爱不合时宜，村长动员他服兵役远走他乡，就是为了让他断绝恋爱的念头。张冒对李淑芬的一片痴情，却无法被割断。也正是他对爱情的态度，使那些原来认为他傻的战士们改变了看法，他用大实话叙述自己对李淑芬的爱恋和思念，使听者感动落泪。那个曾经用近乎残忍的手段惩罚他的班长，也因为他对李淑芬的爱情表白而收敛起自己的粗暴。小说中这条爱情的线索，使张冒看似粗笨的外表下涌动着深挚的柔情。人间的真爱，终究改变了旁观者的偏见。

小说的结尾，是张冒躺在医院病床上做的一个梦，写得很有意思。张冒梦见自己死了，他死后团里马上给师里打报告，要追认他为革命烈士。但师里很快就否决了，认为他为救一头小猪死得太轻率，师里不但没有通过，还把这件事作为事故通报了全师。他因此没能进入烈士陵园，只能被埋葬在营墙外炮兵靶场里的一个荒凉的小山岗上。张冒在他的新坟陷入无边的孤独。然而即便在这时，他仍牵挂李淑芬，想着千万不能让李淑芬知道他的死讯，担心她因此伤心。就在他这么想着的时候，李淑芬出现在他的坟边。她穿着素服，怀抱着鲜花，悲伤而娇弱。她把鲜花放在他的墓碑前，捧了三把土，撒在他的坟上，然后坐在坟茔前的阳光下，轻轻地为他唱歌……

梦醒后，张冒发现自己还活着，他为自己死而复生庆幸，尽管泪水湿透了枕头，却笑得合不拢嘴。美好的生活和爱情在等待他。相信读者会和小说中的二傻一样高兴。

小说家的创作，贵在能以自己虚构的故事塑造出个性鲜明独特的人物，并通过人物命运的跌宕表现人性的曲折和幽邃。卢一萍的《二傻》做到了这一点。《二傻》为中国当代的小说人物创造了新鲜的人物形象。这篇小说幽默诙谐的风格，使我想起了高晓声的《陈奂生上城》，也使我联想起捷克作家雅罗斯拉夫·哈谢克的名著《好兵帅克》。和《好兵帅克》相比，两篇小说中的诙谐和幽默，漫画式的场景，夸张的情节，可谓异曲同工。《好兵帅克》是一部讽刺小说，帅克看似呆傻，其实是别样的智慧，他内心充满对那些权贵的鄙夷和憎恨，人物嬉笑怒骂，都是对丑恶势力的嘲讽。而《二傻》并不是讽刺小说，那些幽默和夸张，衬托的是人性的美——诚实、真挚。也许正是因为有这样的区别，《二傻》中有些情景描写显得过分夸张，如张冒上厕所的描写，班长罚张冒顶碗的情节，让读者感到小说似乎太刻意追求搞笑的效果，这样可能使读者质疑故事的真实性，对人物也多少有点损伤。不过，这并不影响这篇小说的成功。《二傻》在《上海文学》发表后，得到读者的好评，也被多家刊物转载。这篇小说，可以说是卢一萍创作道路上的一个重要里程碑。

最近，我读了卢一萍的《高原四题》，这是他写新疆少数民族生活的四个短篇，这一组短篇小说和《二傻》的风格有差异，但同样展现了他的创作才华。小说中优美如诗的情景，单纯却耐人寻味的故事，粗犷纯朴的人物，高天阔地的情怀，对爱情的讴歌和向往，对故乡草原的深挚情感，可以结结实实地抓住人心，感动读者。小说中那些对爱情的描写尤其动人。《二傻》中那种幽默诙谐的风格，在这些小说中也时有展露。一个汉族作家，能把表现少数民族生活的小说写得如此传神生动，充满生活气息，让人惊讶。卢一萍所在的部队是在新疆，我读过他写新疆风情和文化的散文，他对边地的民俗风情和文化传统有深入的了解和研究，他的足迹曾留在戈壁冰川和草原上。我想，《高原四题》中的故事和人物，不是小说家的凭空想象，而是有坚实的生活积累作为基础的。

卢一萍小说的风格，也许还没有定型，但毫无疑问，以他的才华，以他开阔的视野和洞察生活的能力，以及极富个性的叙述表达，他会渐渐树立起自己的风格，在中国的小说界营造出一片风景独特的园地。且让我们期待。

2008 年 10 月 19 日于四步斋

历史的回音壁
——读周海婴 80 摄影集《镜匣人间》

周海婴先生来上海，约我在他和母亲许广平曾住过多年的淮海坊见面，并赠我一本他新近出版的摄影画册《镜匣人间》。画册出得厚重精美，是他 80 年人生的一个生动深沉的见证。

我知道海婴先生是一位科学家，也撰文著书，却不知道他还是一位造诣很深的摄影家。翻开《镜匣人间》，浓郁的历史气息扑面而来。海婴先生从少年时代就开始摆弄照相机，并以他独特的眼光，将很多珍贵的画面摄入镜头。其中有他母亲许广平先生的很多生活照，许广平的表情中，有一个母亲的温和慈爱，也有一个女革命家的坚毅果决，而他的三叔，也就是鲁迅先生的弟弟周建人先生，面对着侄子的镜头，严肃中带着亲切。海婴先生还为鲁迅的很多朋友拍了照片，宋庆龄、茅盾、巴金、萧军、王任叔、曹靖华、内山完造、胡风的家人……还有很多著名的民主人士：沈钧儒、李济深、沙千里、黄炎培、吴若安……这些黑白照片，可以把人带进历史，也带进海婴先生的成长环境，引人遐想。

海婴先生的镜头，不是仅仅对着家人和朋友。他的眼界开阔，情怀博大，对身边出现的一切事物都兴致勃勃。在上世纪 40 年代末，中国的社会风云变幻，民间的悲苦铺天盖地，海婴先生的镜头记录了当时很多触目惊心的景象：上海街头惊惶的难民，在艰难中挣扎求生的小贩，眼睛里流露出绝望的乞丐、麻风病人、流浪者……人间的苦难，汇集在他的镜头里。新中国成立后，海婴先生的镜头中也洋溢着对新生活的欢呼和希冀。他拍摄了上海人民庆祝解放的游行，50 年代北京的市井生活，照片中的人物表情开朗，展现了发自内心的喜悦。欢颜取代了悲情，曾是那个时代的主题。

《镜匣人间》有几个历史的瞬间尤其珍贵。1950 年 2 月 6 日，上海遭国民党飞机轰炸，海婴先生拍摄了不少“二·六”轰炸后的惨象，火光和浓烟、废墟和死难者、悲恸的市民，至今仍让人触目惊心。1976 年清明节，人民在天安门广场悼念周恩来总理，海婴先生抓拍了当时的壮观景象：素洁的花圈，静穆的人群，汇集成山峰和海洋，这是中国人的良心。海婴先生将这些珍贵的瞬间定格在自己的镜头中，它们将成为我们民族不会忘却的记忆。

摄影集中有“彩色篇”，这是海婴先生引以为傲的部分。其中最早的彩色照片拍摄于 1954 年，那时，中国人还不知彩色摄影为何物。海婴先生告诉我，这些彩色照片都是他自己配料冲印的。其中有 1956 年鲁迅墓迁移典礼上的镜头，因为画面有了色彩，历史的距离感仿佛瞬间消失。

读海婴先生的摄影集，打动人心的是那种自然朴实的真实感，没有人为摆布的造作，没有哗众取宠的卖弄。真实的力量远胜过任何花哨的噱头。前不久，在上海鲁迅纪念馆举办了海婴先生的个人摄影展，参观者在那些珍贵的画面前久久停留、沉思，仿佛面对着余音绕梁的历史回音壁。

2009 年 2 月 19 日于四步斋

读傅抱石《编撰苦瓜和尚年表缘起》

傅抱石是现代国画大家，他的国画，笔墨酣畅多变，意境幽邃阔大，风格独树一帜，是名副其实的大师。傅抱石也是美术史论家，写过不少关于美术史和画家画论的文字。画家的文字，多感性，多色彩，多诗意。而傅抱石的文章，却不同于一般画家的随笔，从行云流水的文字中，可以看到他的理性和严谨。

《编撰苦瓜和尚年表缘起》，是他一篇带有学术考证性质的散文。文风平实朴素，很可一读。其中写到明末清初的两位重要画家八大山人（朱耷）和苦瓜和尚（石涛），都是我喜欢的画家。傅抱石将八大山人和苦瓜和尚的艺术风格作了比较和总结，他认为两人的画风，都是“将其愤慨的情绪，寄托于残山剩水、一草一木之中”，“两人的艺术都比较坚实，如天马行空，锐不可当”，并赞扬了他们的爱国精神。这样的评价，虽只是寥寥数语，却精辟而准确。

谈八大山人，必定提及青云谱，八大山人曾经在那里生活创作，这是南昌最令人神往的历史人文景观。我曾经两次去青云谱，那是被绿树环抱的简朴幽静的屋舍，八大山人的画挂在厅堂里，几百年前的笔墨今天依然鲜活灵动。傅抱石在这篇散文中描绘了青云谱，他没有为青云谱的风光多花笔墨，只是简要介绍了那里收藏的八大山人的遗作，并提到了徐悲鸿对八大山人遗作的关心。徐悲鸿 1931 年游览青云谱后，从南京写信给傅抱石，信中谈到八大山人的画作及其保存的方法，他担心八大山人的遗作会在战乱中散失。本文重点是谈石涛，所以这部分一笔带过。不过虽写得简略，还是很有意思，让人联想到傅抱石和徐悲鸿的交往，两个现代大画家之间的友谊，早已传为佳话。

傅抱石写这篇文章，主要是向读者交代他编撰石涛年表的缘起，以及在编撰过程中追寻探求的心得。石涛画作传世不少，但关于他的身世和生平事迹，材料很少，编撰年表是一件难事。傅抱石观石涛的画作很多，但他绝不是人云亦云，有些画，他认为不是真迹。对画作的真伪，作为一个功力深厚并深谙其中奥秘的大画家，他有发言权。但对石涛的事迹及其生平，却无法凭经验和猜测来断定。如何解决这样的难题？傅抱石表现出一个评论家做学问时的智慧和严谨。他在文中列出三点，先列出和石涛同时代的一批画家，从而断定传主生活的大体年代："石涛与八大山人、施愚山、梅瞿山、黄云等是同时代之人"；再将石涛与清初画坛"三王"中的二王作比，推断出更具体的年代，"石涛的年龄，稍后于王时敏，稍早于王原祁"；第三点，是一个具体的推断："清代康熙三十八年己卯（西历 1699 年）石涛的年龄是 70 岁。"此据石涛的一首诗，题为《重午即景》："亲朋满座笑开眉，云淡风轻节物宜。浅酌未忘非好酒，老怀口口为乘时。堂瓶烂经葵枝倚，奴翼甭髻艾叶垂。耄耋太平年七十，余年能补几篇诗。"诗后落款"清湘道人己卯旋宾于大涤堂下"。此诗有写作年代"己卯（1699 年）"，诗中有"耄耋太平年七十"之句，由此可明确考定他的生卒之年。这样由远而近，由大而小，由模糊而具体，推断出石涛所处的年代和他的年龄，既有考据的科学，也有学术的技巧。

然而傅抱石并不自信这样的推断一定精确，文后附注：“中国的诗词，因须顾及字数及音韵的配合，数字往往多为大约的成数。通常‘年七十’，应该理解为六十六到七十五岁这个时段为妥。”读这段附注，令人感慨。比照傅抱石作为一个学问家的细致和严谨，现今一些习惯于拿着鸡毛当令箭的考古者，应自觉汗颜。

2009 年 11 月 7 日于四步斋

一切源之爱
——读吴子健《教育在哪里》

中国的中小学教育，世人都在关注。不同职业和年龄的人，对教育问题会有着不同的立场和看法，有人赞美，有人批评，有人骄傲，有人担忧。对教育的批评，一直非常热闹。教育关乎下一代的成长，关乎国家的未来，关乎每一个家庭，教育成为社会的热点，一点也不奇怪。我们的教育，究竟状况如何？前些日子，收到吴子健先生寄赠的著作，书名《教育在哪里》，使我产生阅读的兴趣。吴子建先生是上海建青实验学校的校长，身在教育第一线，对教育问题有发言权。而他担任校长的那所学校，学生可以从幼儿园一直读到初中毕业，这使他有机会观察从幼儿到中学生十几年的成长经历。这本书，是一位教育实践者缜密的实践记录，也是一位教育专家对教育现状的深层次思考，很值得一读。

在这本书中，这位校长不是孤独一人自说自话，他和教师在一起，和学生在一起，在教学中发生互动，引出很多有意思的话题。他认为如果把教育比作一门艺术，教师就应该是一位艺术家，而课堂教育就是教师与学生共同完成的艺术创造。艺术作品都会留下遗憾，于是又有了再创造，从课堂教学的遗憾中寻找新的突破口。教育的智慧就在于发现问题，研究问题，解决问题。

吴子健先生的很多看法，引起我的共鸣。譬如有些教师认为学生课业重，时间少，不必要求他们读文学原著，只要多做一些教辅，学会做阅读题就可以，吴子健认为这是一个误区。他在听课时发现，不少学生之所以在理科学科上的学习能力出现问题，很重要的原因是由于阅读理解能力差。必须加大学生阅读能力的培养，鼓励学生的课外阅读，读有价值的人文类著作。

学校教育，绝不是单纯传授知识，教会学生如何应付考试，更重要的是教会学生如何做人。在吴子健的书中，有一些有趣的故事。一个六年级的女生给他写信，批评同学中乱扔垃圾、不讲公德的不良风气，为校风担忧。信中说："如果我是学校校长，我会把自己打扮成扫地工或花匠，在校园里勘查调研。你平时西装革履的样子在校园里走动、巡查，同学们一眼就会从人群里认出你，于是便立刻表现得十分乖巧，表现出另一面，这有什么用呢？"吴子健在全校教工会议上读了学生的信，提倡在学校里广开言路，并将这封信和一位教育名家的文章一起推荐给教师。另一次，校长在一篇学生的日记中看到对学校的批评，学生在学校的厕所里发现烟味，便发出如此议论："要评上无烟学校，不光要贴表语，更要从实际行动中体现。如果是老师抽烟，希望老师能到校门口或者对学生没有影响的地方抽烟；如果是学生抽烟，希望老师路过厕所闻到烟味的话能进去查一下。"学生的议论，让这位校长感觉脸红。于是有了一篇《从厕所中的烟味到哥白尼式的革命》，研究学生成长的心理，也研究教师如何为人师表。

教育在哪里？吴子健这样回答："就在于我们面前充满朝气的学生，他们就像初升的太阳，当每天从东方跃出时，给我们带来的是千变万化的朝霞，没有重复，不会倦息。教育生涯的每一天都会给我们带来惊喜，新的希望，新的成功。”这样的回答，当然不是科学结论，却是一个热爱教育，热爱学生的校长的心声。这使我很自然地想起了冰心的话：有了爱，就有了一切。

2011 年 4 月 10 日于四步斋

慧眼观星，妙手采花

——读李元洛《新编今读唐诗三百首》

去年除夕，收到评论家李元洛先生从长沙寄来的两本书，一本是《新编今读唐诗三百首》，另一本是《历代文人爱情诗词曲三百首》。两本书，都是元洛先生编选的新书，使我读兴盎然。春节期间，这两本书成为我案头佳侣。

中国人熟知清人孙洙编选的《唐诗三百首》，这本诗选，这两三百年来成为中国人了解唐诗最重要的途径，所谓“熟读唐诗三百首，不会作诗也会吟”，已经成为一句民谚，可见它的巨大影响。孙洙之后，也有很多人编过唐诗选本，但影响无法和孙洙的选本相比。

李元洛的这本新编唐诗选，所选诗作三百三十首，和孙洙选本中的作品无一雷同。他的编选原则是“选名家之名作”、“非名家之佳作”、“从未进入古今任何选本之佳作”。《全唐诗》中有四万八千九百余首诗，孙洙的《唐诗三百首》，只占其中的一百七十分之一。唐诗中，精彩的篇章如星汉浩瀚，无法胜数。孙洙的选本，选的大多是流传很广的佳作，但三百多首诗，只是沧海一粟，难免有遗珠之憾。如称为“鬼才”的天才诗人李贺，在孙洙的选本中竟然一首未选，晚唐大诗人罗隐，也不入孙洙法眼。被闻一多誉为“诗中之诗、顶峰上的顶峰”的张若虚之《春江花月夜》，孙洙也视而不见。在李元洛的选本中，这些“遗珠”，都被他一一捡入。名家名作中，有李白的《望庐山瀑布》《独坐敬亭山》《哭晁卿衡》，杜甫的《江畔独步寻花》《赠花卿》《戏为六绝句》《饮中八仙歌》《赠李白》，李商隐的《咏史》《晚晴》，刘禹锡的《石头城》，杜牧的《江南春绝句》，这些都是脍炙人口的名诗，而李贺的诗作，入选有八首，其中有他的名作《梦天》和《李凭箜篌引》。《梦天》大胆绮丽的幻想，犹如天马行空的科幻神话，《李凭箜篌引》则是文字对音乐的奇妙想象，都是唐诗中奇峰突起的佳作。

选名家名作，这是任何一本古诗选本的题中必涵之义，挂一漏万，必定难免。李元洛的选本，和孙洙的选本一样，也会有遗珠之憾。然而一个新选本，除了选遗漏的名家名篇，更可贵的，应是将那些不为人知的佳作介绍给读者。这些佳作的作者，可能是一些被忽略的诗人，也可能是民间的草根作者，甚至没有留下名和姓。这本新编唐诗三百首中，选了好几位女诗人的作品，其中有薛涛的《筹边楼》，鱼玄机的《寄李亿员外》，李冶的《八至》，崔莺莺的《答张生》，湘驿女子的《题玉泉溪》，尽管数量不多，但也给了唐代的女诗人们一个应有的地位。薛涛是中唐最负盛名的女诗人，当年元稹曾以这样的诗句赞美她：“言语巧偷鹦鹉舌，文章分得凤凰毛。纷纷词客皆停笔，个个公侯欲梦刀”，因为是女性，所以历来被忽略。入选的薛涛诗《筹边楼》是一首七绝：“平临云鸟入窗秋，壮压西川四十州。诸将莫贪羌族马，最高层处见边头。”如此气势雄健、格调苍凉而又涵义深远的作品，出自一位弱女子笔下，实在难得。李冶的《八至》：“至近至远东西，至深至浅清溪。至高至明日月，至亲至疏夫妻”，以浅白的词语，完成奇崛的构思，诗中蕴涵的哲理，至今仍能让读者共鸣。崔莺莺的《答张生》：“待月西厢下，迎风户半开。拂墙花影动，疑是玉人来。”是一首清新优美的爱情诗，少女情怀，却幽雅动人。李元洛的这个选本，把这些女才子郑重地请上了和现代人见面的舞台，而她们被选的诗作，确实耐人寻味，无愧佳作。

特别值得一提的，是这个选本中选录的几首无名氏的作品，它们的来源，并非《全唐诗》，而是来自长沙铜官窑的瓷片之上，来自敦煌洞窟中的手抄本。这些诗作，多为唐代的民歌和民谣，曾被研究者称为“唐诗的弃儿”，然而这些“弃儿”，却风姿绰约，生机盎然，以朴素而真挚的风格打动人心。如五绝《君生我未生》：“君生我未生，我生君已老。君恨我生迟，我恨君生早”，李元洛在点评中称它：“是一种形式与情调都颇为‘另类’与‘新潮’的民歌”，文字极简，却有丰富的内涵和张力，且有音乐之美。

元洛先生的新编唐诗三百首，编排的方式和体例完全不同于从前的选本，诗目的编排不以诗人的生卒年代和诗的体例为序，而是以诗的题材和内容分辑，全书分为社会、自然、人生和艺术四大篇章，每个篇章又分设不同的栏目，从目录上看，诗的题材和类别一目了然。这本诗选，另一个令读者欣喜的特点是“今读”。书中对每一首入选的唐诗都有深入浅出的解读，而且绝非人云亦云，而是元洛先生的独特见解，既有历史的探寻和文学溯源，也有现代人的智慧观照。

元洛先生是诗评家，也是中国古典诗歌传播推广者，他的散文集《唐诗之旅》《宋词之旅》和《元曲之旅行》，是中国古典诗词在当代作家心中激荡起的汹涌美妙的波澜，流传甚广。他的新编今读唐诗三百首，为普及推广中国古典诗词，又做了一件功德无量的事情。

2013年2月20日于四步斋